U0105034

古典文獻研究輯刊

三八編

潘美月・杜潔祥 主編

第40冊

太玄集義（第四冊）

劉韶軍 整理

國家圖書館出版品預行編目資料

太玄集義（第四冊）／劉韶軍 整理 -- 初版 -- 新北市：花木蘭文化事業有限公司，2024〔民113〕

目 4+198 面；19×26 公分

（古典文獻研究輯刊 三八編；第 40 冊）

ISBN 978-626-344-743-1（精裝）

1.CST：（漢）楊雄 2.CST：太玄 3.CST：注釋

011.08　　112022605

ISBN-978-626-344-743-1

古典文獻研究輯刊
三八編 第四十冊　　ISBN：978-626-344-743-1

太玄集義（第四冊）

作　　者　劉韶軍（整理）
主　　編　潘美月、杜潔祥
總 編 輯　杜潔祥
副總編輯　楊嘉樂
編輯主任　許郁翎
編　　輯　潘玟靜、蔡正宣　美術編輯　陳逸婷
出　　版　花木蘭文化事業有限公司
發 行 人　高小娟
聯絡地址　235 新北市中和區中安街七二號十三樓
　　　　　電話：02-2923-1455／傳真：02-2923-1452
網　　址　http://www.huamulan.tw 信箱 service@huamulans.com
印　　刷　普羅文化出版廣告事業
初　　版　2024 年 3 月
定　　價　三八編 60 冊（精裝）新台幣 156,000 元　

太玄集義（第四册）

劉韶軍　整理

目次

第三冊

第四冊

太玄集義卷三

減

☷ 減：陰氣息，陽氣消，陰盛陽衰，萬物以微。

范望曰：三方一州一部一家。人玄，陽家，一水，下下，象損卦。行屬於水，謂之減者，立秋氣終於昆首，處暑氣起於此首之初一。斗指申，夷則用事，陰日已盛，陽日已衰，萬物減損，故謂之減。減之初一，日入翼宿十五度。

司馬光曰：陽家，水，準損。入減初一四十一分一十七秒，處暑氣應，次九日舍軫宿。王本作陰息陽消，小宋本作群陰息陽氣消，今從宋、陸、范本。

陳仁子曰：減者陰盛而日損乎陽也。天下事當損而損，與不當損而損，皆過也。故損人欲以益天理，損上而益下，皆當損也。反是，則非所當損而損矣。《易》損之六爻，皆所當損也，一曰酌損，二與上曰弗損，四曰損其疾，五曰無損而有大益，皆得損之宜也。獨六三則以損一人言，蓋以下卦三爻之乾，益上卦三爻之坤，是損陽以益陰者也。《玄》於陽盛則喜其增，於陰盛則疑其減，若減疾，若善減，若心減，減之云乎，其不足矣乎。

葉子奇曰：減之初一，日入翼宿十五度。立秋氣終此首，處暑氣起於此首之初一。斗指申，夷則用事。

陳本禮曰：人玄起，陽家，一，水，下下，日入翼，斗指申，律中夷則，處暑氣應，卦準損。《傳》：減損之漸也，此時陰氣日益以息，陽氣日益以消，消則形質變，精華竭，有搴裳去之之意，微，式微也。時當陰盛陽衰君臣逃亡之後，城郭空虛，人民彫瘵，故萬物以微。

孫澍曰：準損，君子以知過乎行，喪過乎哀，用過乎儉。

鄭維駒曰：兌來居內，故陰息，艮往居外，故陽消。

鈴木由次郎曰：第五十五首，陽，一水，三方一州一部一家。減，漸損。息，生長。微，式微，衰。陰氣日益生長，陽氣日益消衰，陰盛陽衰，萬物凋落。

初一：善減不減，冥。

范望曰：一，水也。善減，自損也。不減者，不能自損也。常能自損，若水之性，內自淪下，人不見之，故冥也。

司馬光曰：陸曰：沖，虛也。光謂：一為思始而當晝，常自謙沖，善減者也。自損者人益之，故不減。一為下下，善減之謙，不減之益，皆在冥昧之中，人莫得見也，故曰冥。

葉子奇曰：以陽德而在減初，故能以道自損，其終至於不損，然其自謙之意，隱微難見，故冥也。

陳本禮曰：水，晝。

鄭維駒曰：懲忿窒欲，是為善減。性分之中，還其固有，是為不減，功效皆不可見，故冥也。

鈴木由次郎曰：八月二十二日，晝，翼十五度，水。鷹祭鳥。善自謙遜而減損，則人反而助之，絲毫不減損。此事已行于幽冥中，人未知覺。

測曰：善減不減，常自沖也。

范望曰：常自沖虛，故冥之也。

陳本禮曰：沖，虛也。

鄭維駒曰：《老子》：大盈若沖。

次二：心減自中，以形于身。

范望曰：二，火也，亦為陰位，陰中之火，光而不炎，故減自中也。火為心，形，見也。心而自損，故見身也。

司馬光曰：宋、陸本形作刑，今從范、王本。人之進德修業，必自強於心，然後顯著於外。二為思中而當夜，志先減矣，德業何從而益乎？是其中先自困也。子謂冉求曰：力不足者中道而廢，今女畫。

葉子奇曰：心之全體，萬理具備，今不能充其本然之量，是自虧損其中心之全體，以致外形于身，使其行亦不能全也。

鄭維駒曰：忿欲增，故心減。

鈴木由次郎曰：八月二十二日，夜，火。為了進德修業，必須使心中充實，如今卻不能使心充實，反而減損其心，其弊現于外，現于身，德業衰。

測曰：心減形身，困諸中也。

范望曰：內自困責，求之中心也。

次三：減其儀，利用光于階。

范望曰：三為進人，必其當進，故先自損，損己益人，故減其儀也。無德不離，必至於四，從四承五，位當公侯，故登階陛，有光榮也。

司馬光曰：三為下上，為思終，為進人，居上則多驕盈，思終則形於外，發於儀貌矣。減其儀者，自貶損禁約也。階者所以進也，自損而得進，有光輝者也。

葉子奇曰：儀，禮，物之品數也，如減膳徹樂之類。三以陽德，獨能約身節己，減其禮物之儀品，所以利于登進之地也。

陳本禮曰：木，晝。

鄭維駒曰：三為木，於事為貌，故曰儀。減其儀者，退然自下也。艮為庭為光輝，故利用光於階。

鈴木由次郎曰：八月二十三日，晝，翼十六度，木。儀，禮。此指禮物之品數。自己儉約而減少禮物之品數，此為逐漸立身而至光輝之道。

測曰：減其儀，欲自禁也。

范望曰：自守以約，禁己之非也。

陳本禮曰：欲不可侈，減儀所以節欲，故曰自禁也。

鄭維駒曰：內肆則外侈，故減儀由於窒欲也。

次四：減于乂，貶其位。

范望曰：乂，治也。金性剛彊而在陰位，自減於治，不重不威，故貶位也。

司馬光曰：范本艾作乂，今從諸家。艾與乂同音。范曰：乂，治也。光謂：四為下祿而當夜，小人不勤於為治，無以臨眾則不能保其祿位矣，故曰減於艾，貶其位。

葉子奇曰：乂，治也。四以陰昏，是以失於治民之道，無以稱其位也。

陳本禮曰：金，夜。

鄭維駒曰：四為金，事言，用從捣，乂減於乂，則不能出令以治民，故貶其位也。

鈴木由次郎曰：八月二十三日，夜，金。艾通乂，治。貶，墜，失墜。治民之道有所虧，不能保其祿位。

測曰：減于乂，無以蒞眾也。

范望曰：居高據眾，以德威民也。

鄭維駒曰：互坤為眾。

次五：減其黃貞，下承于上，寧。

范望曰：五為天子，處於中央，故稱黃也。居中得正，故貞。必正其道，為下難附，故減貞也。臨長四方，故曰下承。奉天以禮，時節和調，故上寧也。

司馬光曰：范本作減其黃貞，今從諸家。王曰：得位當晝，能為減主，又得黃中貞正之道，眾所咸歸，故下承于上而獲安寧之福也。光謂：中和莫盛於五，故曰黃。以陽當位，故曰貞。夫盛極則衰，不可不減。臣用此道以承其上，乃可自安，故曰臣道當也。

葉子奇曰：五居尊高之位，乃復退然損抑，而以中正之道自處，此乃下承于上，臣尊于君之道。君臣理得，所以安寧也。

陳本禮曰：土，晝。

鄭維駒曰：地不減黃則玄黃戰，非永貞之道也。損有坤在乾中之象，故云下承於上，如是則地道寧也。

鈴木由次郎曰：八月二十四日，晝，翼十七度，處暑，土。黃，中之色。次五為天子，在中央。在天子之位而抑損謙退，自正其身。下從上命，國家安寧。

測曰：減黃貞，臣道丁也。

范望曰：丁，當也。臣敬於上，故道當也。

葉子奇曰：丁，當也。

鄭維駒曰：五為地道，即臣道當之也。

次六：幽闈積，不減不施，石。

范望曰：六為水，故稱幽。施祿及下，故曰闈積。家性為減，減而不施，故謂之石也。

司馬光曰：施，失豉切。范曰：六為水，故積幽。宋曰：大開曰闡。光謂：六與家性皆為水，故曰幽。六為上祿，故曰闡。又為盛多，為極大，故曰積。君子當裒多益寡，稱物平施，今乃不減不施，其頑如石，故曰澤不平也。

林希逸曰：幽，微也。闡，大也。無大無小，皆自積聚，而不能減損以施人，其頑如石，不知稱物平施之道也。

葉子奇曰：幽，深也。闡，發揚也。積，委積也。石，頑然不知覺之物也。六處上祿，陰邪好利，惟深知發揚於委積之貨財，既不能減其所斂，復不能施其所積，徒頑然如石，沒身於利而不覺也。

陳本禮曰：水，夜。幽，深也。闡，宏大開廣貌。六處上祿，陰邪好利，惟知宏大其委積之貨財，既不能減其所斂，復不能施其所積，徒硜硜然如石之頑而不靈也。

鄭維駒曰：天一生水，坎猶隱伏，故曰幽。至地六成之，則闡發其幽，且積而為兌澤，是宜施祿及下而善用其減也。如不為兌之決而為艮之止，則六雖上田亦石而已矣。艮為小石。

孫詒讓曰：范注云：減而不施，故謂之石也。案：石與碩通，積次六云：大滿碩施，得人無亢，測曰：大滿碩施，人所來也，此石與彼碩正同，言不減不施則其積日見碩大也。司馬光釋為不減不施其頑如石，尤誤。

鈴木由次郎曰：八月二十四日，夜，水。闡，宏大開廣貌。陰邪而盛大，積蓄貨財，而不減之以施於民。如石一樣頑固。

測曰：幽闡不施，澤不平也。

范望曰：不施如石，故其恩澤不行者也。

次七：減其疾，損其卹，厲不至。

范望曰：卹，憂也。厲，危也。七，火也，為水所克，故為疾也。家性為減，盈（原作毎，誤）則損之，疾除憂解，所惡者消，危懼之難，故不至也。

司馬光曰：范曰：卹，憂也。厲，危也。王曰：七居過滿，危之道也。而得位當晝，是能自減其疾患，損其憂戚，則厲無從而至矣。光謂：七為禍始而當晝，在於減家，故有是象。《易》曰：損其疾，使遄有喜。

葉子奇曰：卹，憂也。七過中而入禍，已不能無疾與憂，幸值陽明，故能補弊扶傾，而減其疾，損其憂，尚得遠其危而不至也。

陳本禮曰：火，晝。

鄭維騊曰：兌毀折疾象，時數皆陽，故能滅其陰疾。七為火，其情樂，故損其衃。

鈴木由次郎曰：八月二十五日，晝，翼十八度，火。衃，憂。次七之位過中而入禍，故遇疾與憂，但幸而當陽，當晝，故減其疾，損其憂，不至危險，而遠禍。

測曰：減其疾，不至危也。

范望曰：所害以除，故不至於危亡也。

次八：瀏漣漣，減于生根。

范望曰：八，木也。秋木始衰。瀏，㳅也。漣漣，㳅垂之貌。木衰而憂，故不漣也。生根見減，故益憂也。

司馬光曰：王本無下漣字，今從諸家。瀏，音留，又力久切。漣，音連。范曰：八，木也。秋木始衰。瀏，㳅也。漣漣，㳅垂之貌。㳅，古流字。光謂：八為木，為沈天，為疾瘀，為剝落。沈天，秋冬之交也。木之所以生者，根也。所以榮者，滋液也。今滋液下流漣漣然，減其資生之根，則何以復能盛榮乎？

葉子奇曰：瀏，小水漣漣流貌。物之消減，非一朝一夕之故，其所由來者漸，如瀏之漣漣，涓然不絕，是積減而至于極小也。于生根本之至微，是積減而至于極微也。《漢策》曰：寖微寖滅是也。八為減時之極，故其取象如此。

陳本禮曰：木，夜。

鄭維騊曰：瀏漣漣，水深而成文也。損下兌，互震澤中有木象，八又為木，木本得水而生，然在水行，水過深則無以生木，而反傷其根矣。

鈴木由次郎曰：八月二十五日，夜，木。瀏通流。漣漣，水流貌。瀏漣漣，木之滋液流于外。木之滋液漣漣而下流，日減其根之勢，終則木枯。

測曰：瀏漣之減，生根毀也。

范望曰：秋木衰落，故根毀也。

上九：減終，利用登于西山，臨于大川。

范望曰：九最後，故減終也。在西為金，故曰西山也。金生於水，故積大川者也。山下有川，故相臨也。登山履高，能自損減，故利也。

章詧曰：九晝，為減之極，九為金，亦為上山，故稱西山。君子處極則知其變，今減必增，故利用登高山，臨大川，謂能復其高大也。故測曰誠可為也。

司馬光曰：范曰：在西為金，故曰西山。金生水，故曰大川。光謂：物極則反，故減終必增。登山臨川，以高臨下也。西者物之成也。夫登高臨下，鮮有不危，以減處之，故可為也。

葉子奇曰：九居減之終，損極必益，退極必進，所以利于登西山，臨大川也。

陳本禮曰：金，晝。

鄭維駒曰：兌在西，艮為山，中孚下兌亦稱大川，懲忿窒欲至於終極，則高如山深如川，而德成矣。

鈴木由次郎曰：八月二十六日，晝，軫一度，金。上九在五行當金，金之方位在西，故曰西山。金生水，故曰大川。西，成物之位。物窮而復反，上九為減道之終，宜登西山而臨大川。

測曰：減終之登，誠可為也。

范望曰：減道已終，履其至險，以濟艱屯，臨於大川，以救昏墊，誠可為也。

唫

☵ 唫：**陰不之化，陽不之施，萬物各唫。**

范望曰：三方一州一部二家。人玄，陰家，二火，下中，象否卦。行屬於火，謂之唫者，言陽在於上，陰在於下，陰陽唫閉，故謂之唫。唫之初一，日入軫宿三度也。

司馬光曰：陰家，火，準否。陳音欽，又音琴。小宋、吳皆巨錦切。《說文》曰：口急也。與噤同，今從之。陸曰：唫，閉塞也。凡陽施其精，陰化其形，萬物乃生。處暑之氣，陰不化，陽不施，萬物各閉塞之時也。

林希逸曰：準否，音欽，又音琴。

鄭氏曰：唫，舊音欽，噤也。又吳今切。按：區今切者，不寒而口噤也，吳今切者，寒噤而呻吟也。首以噤閉為義，則音欽乃合經旨也。

陳仁子曰：唫者陰與陽不交而物悲也，蓋三陽為否之時也。天地不交則萬物熄，男女不交則萬世熄，君臣不交則萬化熄。凡陽交於陰而生蹄角之類也，剛交於柔而生根荄之類也，陰交於陽而生羽翼之類也，柔交於剛而生枝幹之類也。《易》以天地不交為否，《玄》以陰不交為唫。凡唫於血，唫於穀，唫於體，唫於不雨，陰不交陽然乎然。

葉子奇曰：唫音欽，唫，閉也。唫之初一，日入軫宿三度。

陳本禮曰：陰家，二火，下中，卦準否。舊注吟同噤，作閉塞字解。《傳》：唫，呻吟也。息夫躬曰：秋風為我唫，正是此吟字。此時節届處暑，陰之不化，恃強梗也。陽之不施，脂膏盡矣。以強梗不化之陰，而誅求脂膏欲盡之陽，責其貢賦，索其幣帛，陽難供應，陽形益減，故萬物悲。秋唫者，蛩唫於野，樹唫於風，各唫其苦，以自傷也。

孫澍曰：準否，陰陽不交，君子以危行言遜。

鄭維駒曰：地閉於下，故不化，天閉於上，故不施。萬物閉其生機，故各唫也。閉口為唫。

鈴木由次郎曰：第五十六首，陰，二火，三方一州一部二家。唫同吟，呻吟，發嘆聲。陽氣施其精液，陰氣化其形體，萬物得以形成，如今當處暑之節，陰氣不化其形體，陽氣不能盡其精液而施之。萬物呻吟而苦傷。

初一：唫不予，丈夫婦處。

范望曰：一為下人，而在唫者〔家〕，陽不之施，故婦處也。

司馬光曰：予與與同。王曰：唫閉而不與物接，丈夫而效婦人之處室也。光謂：一為思始而當夜，處乎窮下，君子思道，將以及人，今乃唫而不與，若丈夫而婦處也。夫孤立無親則人皆違而去之，故曰人所違也。

葉子奇曰：一為陽數，乃值陰柔，故不為眾所予。蓋以剛陽之丈夫，乃以妾婦之道自處也，能無羞乎？

陳本禮曰：水，夜。予同與。一以水在火世，陰陽不和，猶夫婦之反目也。唫不予者，自己哀唫其窮，而不肯分惠及人也。是時陰既不化，陽愈不施，陰嫌陽之絕己也，不樂與之為偶，故聽其哀吟而不予其請也。丈夫婦處者，是昔為鰥夫之吟，今化而為嫠婦之泣矣。

鄭維駒曰：乾為施，故予，坤吝嗇，故唫不予。數陽而時陰，是丈夫而婦處也。

鈴木由次郎曰：八月二十六日，夜，水。獨自呻吟于困窮中，不敢與人以恩惠。雖是男，卻如女人一樣哭泣。

測曰：唫不予，人所違也。

范望曰：志不丈夫，故人違之也。

次二：唫于血，資乾骨。

范望曰：血以諭濡，二，火也，故乾。陰中之陽，故稱骨。家性為唫，故無濡潤之所施也。

司馬光曰：范本臞作矐，呼縛切，諸本皆作臞。小宋音具，吳音衢，今從之。王曰：唫其血以資乾肉，懼於臞瘠，思以自肥。光謂：二為思中而當晝，能蓄其德以美其身者也。《大學》曰：富潤屋，德潤身。

葉子奇曰：乾，平聲，血，資身之物。二居否閉之中，獨能全己自養，是唫閉其身之血以資其身之乾骨也。

陳本禮曰：火，晝。二在火世，本無濡潤之氣，然思中當晝，猶能蓄養其血，以自資也。乾骨者，瘦而僅存其皮骨者也。

鄭維駒曰：陰為血，噬嗑九四噬乾胏，肉帶骨為胏，謂陽為骨也，在坤闔戶之中，故唫於血，然二得陽時，資以為骨，血不出乃以自潤，而使之不乾也。

鈴木由次郎曰：八月二十七日，晝，軫二度，火。乾骨，瘦而骨立。蓄養其血，瘦而骨立而欲使之肥。

測曰：唫于血，臞自肥也。

范望曰：矐省而自肥也。

葉子奇曰：矐，呼縛切，瘦劣也。

陳本禮曰：矐，許縛切，省也。省而自肥也。

鄭維駒曰：陰附陽，肉附骨，骨苟養之以血，則終為肉所附，而臞者自肥也。乾為肥。

次三：貌不交，口（原無口字）哄凝，唫無辭。

范望曰：二〔三〕者陰家之陽，而在唫世，故樸素也。貌無容飾，不能交人。哄凝，有聲而無辭也。

司馬光曰：范、王本無口字，今從二宋、陸本。哄，去吏切。凝，魚記切。范曰：哄凝，有聲而無辭也。王曰：人道殆至於微絕也。光謂：三為思終，又為成意，思慮既成，則言貌可以接人矣。而家性為唫，當日之夜，尚閉塞而不交，則人道幾乎絕矣。《易》節之九二曰：不出門庭，凶。

葉子奇曰：哄，去吏切。凝，魚忌切。哄凝，有聲而無辭貌。三居否閉之時，情隔不通，然貌既不交，無以察其色，復哄凝無辭，無以達其忱，上下不接如此，寧無唫乎。

陳本禮曰：木，夜。貌不交，則是覿面未識之人而欲其濡血潤己，故口欲開而難啟，聲欲唫而無辭也。

鄭維駒曰：三為木，於事為貌，乾為言，乾坤不交，故無辭。

鈴木由次郎曰：八月二十七日，夜，木。哄嶷，口欲開而難開，欲語而無辭。容顏雖好不能與人交，張口而無言，自我呻吟。交際之道衰。

測曰：貌不交，人道微也。

范望曰：不能交人，故微漏〔陋〕也。

陳本禮曰：人情之道微也。哄嶷有聲而無辭也。

鄭維駒曰：貌不交則情離，是否之匪人也，故人道微。

次四：唫其穀，不振不俗，纍老及族。

范望曰：四為公侯而在唫家，祿不施賜，又不振救族類之老，順俗垂亘〔從宜〕，故為纍也。

陳本禮曰：金，晝。振同賑。纍同累。四為公侯，祿豐享厚，既不肯振俗垂惠，以通有無，又不肯憐念族老，以勸施予，惟有閉其穀以自養而已矣。

孫澍曰：《書》曰：凡厥正人，既富方穀，而乃禁閉其粟，不以與人，是斂怨也。為富不仁也。不仁如是，州閭鄉黨猶欲希其厚施者幾希。

鄭維駒曰：不俗，不狥俗也。四下祿，不足及遠，故不振不俗，所及者纍老與族而已。纍義同羸。

鈴木由次郎曰：八月二十八日，晝，軫三度，金。振通賑，出穀救饑饉。纍老，家之老人。纍通累，室家。不欲賑貸穀物以救世俗之人，本族之老人也不憐憫。只知積蓄其穀物而自肥。

測曰：唫其穀，不得相希也。

范望曰：世之唫閉，故不得相希望也。

陳本禮曰：人不得希望也。

次五：不中不督，腐蠹之嗇。

范望曰：五為天位，陰家之陽，故不中不督也。賦斂不中，故稼嗇腐也。

司馬光曰：小宋曰：祿以待賢，廩粟紅流，腐蠹猶嗇，其唫非也。光謂：督亦中也。君子積而能散，可唫則唫，可施則施。五居盛位而家性為唫，當日之夜，失其中道，故腐蠹而猶吝嗇也。

林希逸曰：督，衣縫之中也。不中不督，言不知中道也。積而不能散，雖腐蠹之物，亦吝嗇之，此唫閉之道也。

陳本禮曰：土，夜。督，正也，察也。田夫謂之嗇夫。五居天位，凡取之於民者，既不中不正，而又廩而藏之，任其腐蠹而不之察，則是田間之嗇夫也。

鄭維駒曰：督脈當人身之中，為陽脈之都綱。《儀禮．特牲饋食》：主人出寫嗇於房，嗇同穡。五類為稼為嗇，五居中為都綱，有嗇而不施，則必至於腐蠹，惡在其為中督也。

鈴木由次郎曰：八月二十八日，夜，土。督，中，正。腐蠹，米腐爛而出蠹蟲。嗇，吝嗇。《方言》：「凡貪而不施，或謂之嗇。」次五在天子之位，行不中正，米倉之米已腐敗而生蟲，也不賑施于民。

測曰：不中不督，其唫非也。

范望曰：唫而不予，故為非也。

次六：泉源洋洋，唫于丘園。

范望曰：六，水也，故為泉源。洋洋，大水之貌也。丘園以諭高也。水性就下，故唫於高也。

司馬光曰：二宋、陸、王本譏作幾〔譏〕，今從范本。范曰：六，水也，故為泉原。丘園以諭高也。光謂：六為盛多，為極大，蓄水於高，待時而施，則所及者遠。今日之唫，乃所以為異日之澤，故不可譏也。

陳本禮曰：水，晝。洋洋，水深貌。六為陰之主，宜大有德澤及人，奈井泉之水更為火耗，祇可自為灌溉邱園，計不能分潤於人也。

鄭維駒曰：否互艮山，巽木，丘園象德，如泉原而唫於丘園，君子以儉德避難，不可榮以祿也。

鈴木由次郎曰：八月二十九日，晝，軫四度，水。次六當水，故稱泉源。泉水洋洋而流，集于丘。不能灌溉田地，但他日恩澤可遠及。

測曰：泉園之唫，不可譏也。

范望曰：所施唯謙，人何譏之也。

陳本禮曰：譏，諷刺也。泉源無多，不能荒已之邱園，而博濟眾之名，故無譏焉。

次七：唫于體，黃肉毀。

范望曰：體謂綴體相連，若子孫也。七為失志，失志無道，唫於親親，內不相附，故骨肉毀也。

司馬光曰：王本黃肉毀作黃骨肉毀，今從宋、陸、范本。七為消，為敗損，而又當夜。黃，中也。骨肉在中，故曰黃肉。夫氣血所以養體也，唫而不及於四體，骨肉毀傷矣。恩澤所以綴親也，唫而不及於九族，則內外乖離矣。

陳本禮曰：火，夜。體與黃肉相連綴者也。民貧亦國之病也。況加之以重賦苛斂，剝削民膏，而黃肉有不毀者乎？

鄭維駒曰：《釋名》：體，第也，骨肉毛血表裏大小相次第也。黃，坤之色，陰為肉，蓋唫於體，非徒骨傷也。黃肉亦與之俱毀，言陰陽俱傷矣。

鈴木由次郎曰：八月二十九日，夜，火。黃肉，同骨肉。黃，中之色。骨肉在體之中，故稱黃肉。血液毀損骨肉，身體衰弱而呻吟。

測曰：唫于體，骨肉傷也。

范望曰：九族不睦，故傷也。

次八：唫遇禍，禱以牛，解。

范望曰：八為過〔禍〕中，以五為牛，木剋於土，故為禍也。牛以解禍，庶獲其福（原作禍，誤）。家性唫嗇，在六不施，八，六子也，故遇其禍也。

司馬光曰：范曰：牛為大費。王曰：雖遇唫招禍，而能禱之以牛，以解其凶。光謂：八為禍中，故曰唫遇禍。當日之晝，故曰禱以牛，解。不愛費以解禍，其道當也，故曰大費當也。

葉子奇曰：八居禍中，故遇禍，逢晝之陽，故禱以大牲則解，言厚費以當災，厚禮以祈祐也。

陳本禮曰：木，晝。八以敗木而在火世，上遇不雨之金，無以克火，禱以牛祈雨以禳災也。牛屬丑土，土為金母，故以牛禱，冀其子以生水也。

鄭維駒曰：用坤之牛，以上交於天，則天孚其誠，雖處禍中而可解矣。

鈴木由次郎曰：八月三十日，晝，軫五度，木。遇禍而呻吟，供牛以祈神禳災。

測曰：唫遇禍，大費當也。

范望曰：牛為大費，請禱蒙福，故當也。

陳本禮曰：大費，牛也。

鄭維駒曰：禴祭以受福，大費以解禍，散宜生獻紂之事似之。

上九：唫不雨，孚乾脯。

范望曰：九，金也，金生水，家性為唫，唫而不施，故不雨也。孚，信也。唫而不雨，信當枯槁，無潤施民，如脯之乾，無恩澤也。

司馬光曰：范曰：孚，信也。王曰：九居唫極而當夜，陰陽俱閉，故不雨。光謂：潤澤既竭而無望，信乎肉乾而為脯矣。言王澤竭而民物悴也。

葉子奇曰：陰陽和而為雨。九居否閉之極，陰陽不和，是以不雨。乃欲以乾枯之脯，求其感孚，是求非其道，且乾脯不能以自潤，又惡可望其潤澤之及哉？

陳本禮曰：金，夜。八木畏火，金亦畏火，八能不惜大費，以牛禱解，九不肯用牛，惟薦以一臠乾脯，而欲求天降大雨，是雨日益無而脯日益乾，焉能望其有感耶。孚乾脯，信如脯之乾也。

鄭維駒曰：九為金，於事為言，厥咎恆暘，又否之時，乾陽不施，故不雨。不雨則肉乾而為脯，甚言其無生意也。在火行，故稱乾。

鈴木由次郎曰：八月三十日，夜，金。旱天持續不斷而呻吟，肉已乾枯而成乾肉。

測曰：唫不雨，何可望也。

范望曰：唫無潤，故無可希望也。

陳本禮曰：引范注：孚其枯槁無潤，故無可希望也。

守

𝍇 守：陰守戶，陽守門，物莫相干

范望曰：三方一州一部三家。人玄，陽家，三木，下上，亦象否卦。行屬於木，謂之守者，言二氣相對，上下否隔，各守其位，故謂之守。守之初一，日入軫宿六度。

司馬光曰：陽家，木，準否。

陳仁子曰：守者陰與陽不交而峙立也，亦否也。夫陽薄陰則繞而為風，陰囚陽則奮而為雷，陽和陰則為雨為露，陰和陽則為霜為雪，皆非角立而互守者也。《玄》象否有二，曰唫者，以陰逢二火之陽，形容二氣不交之用，曰守者，以陰迎三木之陽，形容二氣不交之體，言迷自守，言群陽不守，言其守貧，是不交而固守者然也。

葉子奇曰：門戶謂陰陽各有所守。守之初一。日入軫宿六度。

陳本禮曰：陽家，三，木，下上，卦準否。《傳》：戶，地戶，門，天門。是月也，殺氣浸盛，陰防陽之突出，賈其敗殘之眾在襲己也，故謹守其戶，陽亦畏陰之潛師全出而肆虐以攻己也，故謹守其門。天門既守，地戶又把，萬物出入無所，上下否隔。干，求也。小民遇有凶荒飢饉之歲，艱難困苦之時，窮無所告，亦惟有向隅自泣而已矣。

孫澍曰：準否，《太玄》以用晦積學自牖。

鄭維駒曰：《易》以爻言，則前遇奇為戶，遇偶為門。以卦言，則陰陽通稱戶門。如乾闢戶坤闔戶，又皆為《易》之門是也。此門戶則指泰卦乾坤而言。謂陰居泰之乾戶，陽居泰之坤門也。否，天地不交，故陰陽反類，守其戶門，萬物不通，故莫相干也。

鈴木由次郎曰：第五十七首，陽，三木，三方一州一部三家。干，求。陰氣守戶，陽氣守門。陰陽二氣互背離，萬物無所告訴。

初一：閉朋牖，守元有。

范望曰：閉，塞也。朋，黨類也。牖，戶牖也。元者善之長也。有其身而閉黨類，守其身之善者，則守家之道也。

司馬光曰：王、小宋本作閉明牖守元有，今從宋、陸、范本。范曰：朋，黨類也。光謂：《易》曰：憧憧往來，朋從爾思，言心有所感則物以其類應之。牖者所以窺外也。元，始也。《樂記》曰：人生而靜，天之性也。感於物而動，性之欲也。一為思始而當晝，能閉外類之誘，守其始有之性者也。

葉子奇曰：一以陽明而在守初，故能絕其朋黨之門，以貞正自守，豈不足以守其元本之所有乎？

陳本禮曰：水，晝。牖，戶牖閉者，即《老子》絕聖去智之謂也。元有，本來自有之好德也。能守其自有之好德，不為外物所誘，則為善保其有者也。

鄭維駒曰：坤為閉，兌為朋，又為孔穴，故曰牖。《爾雅・釋詁》：元，始也。坤純陰，象月之魂，初三哉生明，象震，上弦象兌。自兌以往，盈為乾，退為巽，消為艮，而又藏滅為坤，此由盛而衰之象也。一為水，月初之精，初守其田，震而兌之，始兌之月。牖閉之而恐其失視，持盈保泰者也。又居其最初矣。泰坤乾，互震兌，象月之魂，由始生歷上弦而盈甲也。否乾坤，互巽艮，象月之盛極，艮消而為魄也。此陰陽消長之象，具見於兩卦中者也。

鈴木由次郎曰：八月三十一日，晝，軫六度，水。元有，本來所有之德。閉明窗，守其本來既有美德而不失。

測曰：閉朋牖，善持有也。

范望曰：守一不移，持有善道也。

次二：迷自守，不如一之有。

范望曰：二，陰位也，亦為目，目在陰中，故迷也。迷而自守，太〔本〕行不正，故不如一。守身脩善，諭〔能〕持正業也。

司馬光曰：宋曰：以，用也。無所用自守也。王曰：二守其迷，一守其道，故不如一之所有也。光謂：二為思中而當夜，誘於外物，迷而失其所守者也。《書》曰：惟民生厚，因物有遷。

葉子奇曰：二以陰暗，故迷於自守之道，不如初一之善守其有也。此因上贊為義。

陳本禮曰：火，夜。二為思中而當夜，守固為美，然泥於執中而不知權變，是迷於守也。固不若一之渾然全德，應變無方也。

鄭維駒曰：坤為迷，迷於眾陰之中，不如一之得陽也。

鈴木由次郎曰：八月三十一日，夜，火。次二當思之中。思之中是美的，但固執於中而不能變化。自守而生疑，於是迷惑。應保持己之所有的心之全德。

測曰：迷自守，中無所以也。

范望曰：以，用也。不先自守，故無所用也。

陳本禮曰：以，用也。徒膠執中道，無以適於用也。

次三：無喪無得，往來默默。

范望曰：三為進人，當進德脩業，以及於時。家性為守，故能檢身，不求於人，無喪無得，無咎無譽，常自循守，故默默也。

司馬光曰：三為進人，為自如，為成意，當日之晝，德成於內，能守而勿失者也。外物之往，於我何喪。外物之來，於我何得？默而成之，不言而信也。《易》曰：無喪無得，往來井井。

葉子奇曰：三在守世，僅能自守，故亦無所喪，亦無所得，往來但默默然而已。

陳本禮曰：木，晝。

鄭維駒曰：得朋喪朋，坤象，陽往陰來，否象，三思終，默默者，思道也。無得喪於外，無往來之形，故云默默。

鈴木由次郎曰：九月一日，晝，木，軫七度，禾乃登。德若已成，則外物之來去，在我心中完全不以為失得，只是默默自守而不他求。

測曰：無喪無得，守厥故也。

范望曰：默而自守，故守其故也。

陳本禮曰：守其故根，是能安於土者也。

鄭維駒曰：乾為老為舊，故曰故。守故者，守其本然之天也。

次四：象艮有守。

范望曰：四於〔為〕戌，為苟〔狗〕。象，似也。艮，難也。似能難人者，若芻苟〔狗〕也。有狗之名，而不能御，故言似也。

司馬光曰：宋、陸本象艮有守作象皃自守，小宋本作象貌有守，今從范、王本。慖與怙同切。宋曰：皃，音狗。陸曰：慖，禁禦也。言象狗不能有所廉察禁禦也。范曰：象，似也。若芻狗也。光謂：皃音狗，當云艮為狗，字之誤也。象狗猶言象龍也。

鄭氏曰：艮，難奴切，艮為山，為狗，夫狗之能外人，猶山之能難人也。《易》坎水為難，則艮山亦為難，故曰艮難也。

葉子奇曰：艮，山也。人能有守，重厚不遷，有象於山，則其守固矣。

陳本禮曰：金，夜。艮，狗也。四在陰而當夜，故有似乎守戶之犬。

鄭維駒曰：互艮，故象艮。

鈴木由次郎曰：九月一日，夜，金。艮，《說卦傳》：艮為狗之象。象通像，似。次四當陰夜，故曰似守門戶之狗。似守家之犬，犬守家之周圍，沒有必要警戒家之中。

測曰：象艮之守，廉無慖也。

范望曰：廉察而已，不慖有之。

葉子奇曰：慖，古怙字。

陳本禮曰：廉，堂廉，悃，禁禦也。外戶有犬守護，則堂上之禁禦固毋庸設也。

鄭維駒曰：四為金，屬秋，《月令・孟秋》，否七月辟卦，其四廉以深。廉，嚴利也，過於廉利則少親。乾為父，不與父親，故無怙也。

次五：守中以和，要侯貞。

范望曰：五為天子，守中和之道，以有其國，諸侯之正主也，故貞。以道正國，國人所歸，雖處要荒，莫不畢至，故曰要侯也。

司馬光曰：二宋、陸本守中以和作守中以一和，王本要侯貞作要侯之貞，今皆從范本。范曰：五為天子，守中和之道，諸侯之正主也。光謂：素，向也。中和莫盛乎五，守中和之道以要約諸侯，諸侯之所取正而歸向也。

葉子奇曰：要，平聲。五以剛陽中正之君，能守其中和之道，中則不至於偏，和則不至於戾，且此道也非獨華夏可施，雖要荒之君侯，亦必以此為正也。

陳本禮曰：土，晝。《周禮・春官》太史有約劑要盟之辭，所以合諸侯也。五為天子，守中和之道，以要約諸侯，雖在要荒，莫不畢至，故得其正也。

鄭維駒曰：以猶與。五土中，四方之所和會也。守其中和，則群后會歸得其貞矣。舉要侯者，該遠近也，周成洛邑朝諸侯似之。

鈴木由次郎曰：九月二日，晝，軫八度，土。要，約，約束。守中和之道，与諸侯盟約。得其正。

測曰：守中以和，侯之素也。

范望曰：侯，君也。居中以正，君之素所修也。

鄭維駒曰：素，情素，五守其中和，諸侯之所以通情素也。

次六：車案軔，圭璧塵。

范望曰：六為上祿，下之所奉，車而案軔，不通神靈，不來不往，告祭不時，故圭璧塵也。

司馬光曰：王本不接鄰作交接鄰，今從諸家。軔，而振切。小宋曰：軔，礙車輪之木也。禮：諸侯比年小聘，三年大聘，相厲以禮，此天子所以養諸侯，兵不用而諸侯自為正之具也。執守失貞，不接鄰國，車輪按軔以靡行，圭璧生塵而不用。光謂：家性為守，六過中而當夜，自守太過者也。

林希逸曰：軔，礙車輪之木也。案，止也。車為軔所止，圭與璧皆積於塵埃之中，此閉吝而不與人交際者之喻。

葉子奇曰：六為上祿，過中在否，是國君不交於隣國，車則按軔而不行，圭璧則生塵而不用，其德孤矣，國可守乎？

陳本禮曰：水，夜。軔，止車木也。天子執守失貞，不接侯國，故車案軔不行，圭璧塵不用，則諸侯朝覲聘問之禮廢矣。

鄭維駒曰：坤為大輿，軔者不發軔，艮止之象。此坤之不交於乾也。乾為玉，故稱圭璧。圭璧不用則塵，此乾之不交於坤也。

鈴木由次郎曰：九月二日，夜，水。軔，阻礙車輪轉動之木。案通按，止。圭璧，王侯朝聘祭祀時所用之玉。車輪受軔而不得進，圭璧蒙塵而不用，天子失正，諸侯不向天子行朝覲聘問之禮。

測曰：車案軔，不接鄰也。

范望曰：祚〔澤〕不遠被，無所接及也。

次七：群陽不守，男子之貞。

范望曰：七為陽，世皆陽，故稱羣也。為六所克，故不守。守身求二〔三〕，三是其世，因三問二，所介者遠，在守之世，自脩而已，故男子之正也。

章詧曰：七晝，為少陽而處陽家，得其類，故稱群也。在守之世，執操不偶，以全陽德，故不字育，乃得男子正，能守其正，人所信服，故測曰守正信也。

司馬光曰：王本群陽不守作群陽不字，今從諸家。

葉子奇曰：陽動陰靜，陽行陰止，七在陽家之陽，是羣陽行動而不居，得陽之道，所以為男子之正也。

陳本禮曰：火，晝。七為陽家之陽，故曰群陽。字，孳生也。男子無孳生之理，守其陽之貞也。

孫澍曰：群陽喻君上，有位之人不守失其道也，男子，丈夫美稱。政紊於上，民禍於下，賢者溷跡畎畝，其守貞固足以幹事，以待天下之清，此窮不失義，大有作用。人如伯夷太公二老者，足以當之。

鄭維駒曰：乾三陽，為群陽守，則闚觀婦貞，非男貞也。以陽交陰則不守，是為男子之貞。

鈴木由次郎曰：九月三日，晝，軫九度，火。群陽（次七為陽，守首亦陽）被次六（水）所勝而不能守身。只行男子之正。

測曰：群陽不守，守貞信也。

范望曰：守正無欲，故貞信也。

鄭維駒曰：貞在己而信孚人，此不守之守也。

次八：臼無杵，其碓舉。天陰不雨，白日毀暑。

范望曰：八，木也，故有臼杵之事，亦陰陽之道也。天不施雨，草木枯槁，故毀暑也。

司馬光曰：王曰：臼而無杵，守之而終無所用。碓舉而不下，守之而終無所成。光謂：其碓舉，無米可舂也。天陰不雨，無澤可冀也。白日毀暑（闕），八為禍中，為耗，故有此象。

林希逸曰：有臼而無杵，不舂米也。其碓舉而不下，無所碓也。天陰不雨，澤不下流也。白日宜熱而陰晦之，故曰毀〔暑〕。此貧不得時者之喻。

葉子奇曰：碓舉而無杵，天陰而不雨，白日而毀暑，凡此三象，皆言有其用而無其器，有其道而無其應。蓋八居否塞之將窮，無能有以致其通也。

陳本禮曰：木，夜。臼無杵，其碓舉，待米舂也。天陰不雨，無澤可望也。時白露節近，而殘暑未退，無雨生涼，坐看白日沈西，待炊不至，是空使白日坐毀於薄暑之中也。描寫斷炊之家情景可憫。

孫澍曰：民之憔悴於虐政，猶困於酷暑也。

鄭維駒曰：坤為地，掘之為臼，互艮止象，下止上動，為杵臼。今泰之互震，反為巽木，而不下交，故無杵而碓舉。天陰不雨，亦不下交之象也。乾大明為白日，坤為暑，白日在上而暑傷於下，則萬物不通而又被其害矣。

鈴木由次郎曰：九月三日，夜，木。碓，舂米之具，石造，用足搗。白日，太陽。雖有臼而無杵，其碓上舉，而不搗米。天空有雲，不下雨。太陽沉於西北，暑熱少退。守貧而無所告。

測曰：臼無杵，其守貧也。

范望曰：碓舉不用，故貧也。

陳本禮曰：此正陰陽各守門戶之時，故百姓窮無所告也。

鄭維駒曰：守虛臼故貧，易坤爻多稱不富也。

上九：與荼有守，辭于盧首，不殆。

范望曰：荼，白也。盧，黑也。九，西方，故白，守以類相求，故辭黑首也。守道之家，四方無虞，安民得人，不用旅力，故白首之人並列位也。

司馬光曰：宋、陸本經作有荼有守，測作其荼其守，今從范、王、小宋本。荼，音徒。宋曰：愈猶勝也。范曰：荼，白也。盧，黑也。九，西方，故白。光謂：荼，茅莠也，其色白。九為禍終而當晝，能悔其禍者也，故思老成白首之人，與守其故道，而辭去黑首諞言之士，則國家不至于危殆也。《秦誓》曰：番番良士，旅力既愆，我尚有之。仡仡勇夫，射御不違，我尚不欲。

葉子奇曰：范望曰：荼，白也。盧，黑也。九居守之終，終能有守者也。如貞正之婦，甘與白首之夫相守，初無務於黑首少年之心，蓋從一而終，得于婦道之正，故不至于危也。甘與同守，雖則故舊，愈勝于新也。

陳本禮曰：金，晝。荼，白，盧，黑也。九為禍終而當晝，能堅其節而甘於白頭共老，不羡少年黑首初終易志，故不至於為人遺棄也。殆，棄也。

鄭維駒曰：巽為白茅，故曰荼。坤為黑，乾為首，盧，首象，白首為故交，其志同也，新交者或未能然，故當守此而辭彼。

鈴木由次郎曰：九月四日，晝，軫十度，金。荼，草名，色白，故喻白。盧通驢，黑。交于白首老人而守古道，辭退黑首少壯之巧言之徒而不與之交。沒有危險。

測曰：與荼有守，故愈新也。

范望曰：老見任，日以新也。

陳本禮曰：《詩》：誰謂荼芒，其甘如薺，茹苦有守，故久而味愈新也。

翕

☷ 翕：陰來逆變，陽往順化，物退降集。

范望曰：三方一州二部一家。人玄，陰家，四金，中下，象巽卦。行屬於金，謂之翕者，處暑氣終於此首之次二，白露節起於此首之次三。陰上為逆，陽下為順，萬物日衰，故曰退也。降集，自斂也，故謂之翕。翕之初一，日入軫宿十一度。

章詧曰：陰乘其王，逆以從變，陽既乘衰，去以順化，物咸退集，將就其成。《衝》曰：翕也入，《錯》曰：翕也內，悉其義也。

司馬光曰：陰家，金，準巽，入翕次五一十八分二十四秒，白露氣應，日次壽星，斗建酉位，律中南呂。陸曰：巽者入也，翕亦入也。王曰：翕，合也。光謂：巽為雞，故翕多飛鳥之象。二宋、陸、王本陽往順化往作陽往以順，今從范本。宋曰：陰來從下，故以逆言之。陽往從上，故以順言之。光謂：陰升而害物，故曰逆。陽降而育物，故曰順。

陳仁子曰：翕者陰盛而物以合也，陽為吐氣，陰為含氣，吐氣主舒而生物，含氣主聚而成物，故大簇之氣應而草木萌動，夷則之氣應而禾乃登，生於春，成於秋，一噓一吸，孰從而詰其故。《易》以一陰而伏二陽之下，將卑巽而入，故曰巽，《玄》以三陰居四金之會，將翕合而入，故曰翕。若翕冥，若翕其羽，若翕其腹，若翕繳，翕云乎哉，翕云乎哉！

葉子奇曰：翕，歛入也。翕之初一，日入軫宿十一度。處暑氣終于此首之次二，白露節起于此首之次三。

陳本禮曰：陰家，四，金，中下，日入軫，斗建酉，律中南呂，白露氣應，卦準巽。《傳》：翕，合也。曰陰來者，見其氣勢甚張，曰逆變者，見其不守臣節，直欲逆上而生變也。陽往順化者，陽為強陰所脅，反往聽其命令而行也。陽既如此，則萬物之隨陽而往者，亦皆降集自退，莫敢與之抗也。

孫澍曰：準巽，感而善入，陰降陽育，《太玄》以德風化品物。

鄭維駒曰：變化者進退之象也，陰逆而進為變，陽順而退為化，巽為進退，陰進則陽退也。翕，引也，起也，又歛聚也，陰相引而起，則物歛而聚集。曰降者，巽為入也。其以翕象巽者，翕字從羽，取巽為雞之義，又巽互離為飛鳥，故贊中多取鳥象。

鈴木由次郎曰：第五十八首，陰，三方一州二部一家。四金。翕，合，指鳥欲飛而歛羽之狀。陰氣盛而欲逆變，陽氣為陰氣所脅，而聽其命令順從之。萬物日衰，自退而不敢抗陰氣之勢。

初一：狂衝于冥，翕其志，雖欲逍遙，天不之茲。

范望曰：翕，順也。水性流行，無內不入，故稱狂衝。初發自源蒙蒙然，故謂之冥。波蕩順志，不拘於法，水之性，故言順其志也。水之流行，是天之性，雖欲逍遙，天之不順，故曰天不之茲。茲，此也，言不令如此也。

司馬光曰：宋、陸本翕其志作以翕其志，不字作下，今從范本。范本梢搖作逍遙，今從二宋、陸、王本，梢搖與逍遙同。王曰：茲，古滋字。光謂：一為思始而當夜，小人有不善之心，狂蕩衝激於冥昧之中，翕歛其志，未形於外。逍遙，自縱釋〔適〕之貌，言雖欲縱釋〔適〕其志，天未之與，不得滋長也。

葉子奇曰：狂衡，放縱之意。逍遙，逸樂之事。一在翕初，性本陰險，所存不正，有放縱之意，冥而未著，尚斂其志，雖欲徼幸於富貴逸樂之事，然其所存邪侈，天必不與之如此也。

陳本禮曰：水，夜。衡，盱衡，揚眉上視貌。此時陽已順化，萬物退降，陰氣奄有華夏，其志滿矣。翕者如鳥之翕羽欲飛也。冥，青冥。梢搖，扶搖也。賊心陰懷逆變，直欲上干雲霄，欲如鯤鵬之搏扶搖而上者九萬里也。志願雖奢，無如天之不茲何。茲，許也。

鄭維駒曰：巽為木，於事為貌，厥咎狂，數兆於天一而木之咎來，衝於冥冥之初，是巽之陰慝引起其志，欲逍遙於六合，天固不助陰而益之也。

吳汝綸曰：茲，益也。不，依宋陸作下，言天愈益使之下也。

鈴木由次郎曰：九月四日，夜，水。狂衝，以猛烈之勢對物狂衝。茲通滋，益。初一為思之始，當夜。喻小人有不善之心。小人有不善之心，冥昧之中欲遂其野心而做準備。縱使遂其志而放縱，天也不增長之。

測曰：狂衝于冥，天未與也。

范望曰：水宜流行，天未與之逍遙者也。

陳本禮曰：史稱莽盱衡厲色，則其目無君上，狂放縱恣，非一日矣。

鄭維駒曰：五月姤卦，巽消內乾也，八月觀卦，巽消外乾也，故巽亦屬八月。姤初觀四皆巽為主，內乾外乾，皆消於巽，乾為天，故天未與也。

次二：翕冥中，射貞。

范望曰：二為平人，不隱不仕，故曰翕。翕，順也。中，中心也。順其中心，自近念遠，不違正道，故貞。家性翕順，每自順從冥也。

司馬光曰：王本正予作正弓，今從諸家。予與與同。二為思中而當晝，君子有善心，亦翕斂於冥昧之中。如射之有志，正己而發，發無不中，故曰射貞。正予，猶言唯正是與也。

葉子奇曰：二居下之中，得陽之正，是能收斂其志于冥靜之中，無有偏倚，使其發于外，必無過不及之差。所以為射之貞，言其正己而後發，發無不中矣。

陳本禮曰：火，晝。火在水世，故相射。二在思中當晝，能冥翕其中，故曰翕冥。中射貞者，射必正己而後發，發無不中，正者，射之鵠也。

鄭維駒曰：當巽陰引起之時，二能冥冥以守其中，如射者之反己而得其正也。互離為矢射象。

鈴木由次郎曰：九月五日，晝，火，軫十一度。次二當思之中，當晝。喻君子有善心。翕，鳥欲飛而斂羽，轉指準備。君子有善心，準備于冥昧之中。正如射弓先正己一樣，如此則發矢無不中。

測曰：翕冥中，正予也。

范望曰：予，我也。我謂二也，言二正處中正也。

陳本禮曰：予同與。予，施也。鵠得其正，則射之者亦得正其矢以施之也。

鄭維駒曰：二陽，時數不從陰慝，而能正予也。

次三：翕食嘬嘬。

范望曰：三為進人，順意欲上，祿食於四。嘬嘬，食疾之貌也。疾欲仕進，違於推讓，故嘬嘬也。

司馬光曰：嘬，楚夬〔快〕切。范曰：嘬嘬，食疾貌。王曰：嘬嘬盡臠，貪之甚也。欲利之速，如舞之赴節。光謂：三為成意而當夜，上近於祿，小人見祿，貪而務入，無所不至之象也。

林希逸曰：嘬，楚快切。翕食，貪食也。嘬嘬，貪食之貌也。小人多貪，見利如舞，無所不至矣。

鄭氏曰：嘬，舊楚快切，《禮記》注云：一舉盡臠也，故為食疾之貌。

葉子奇曰：嘬嘬，一舉盡臠之意。三陰邪而不中，其貪利嗜祿，有一舉盡臠無厭之欲，雖不言其凶，凶可知矣。

陳本禮曰：木，夜。嘬嘬，一舉盡臠意。翕食，與人共食也。與人共食，不相推讓，其貪饕無厭之求可知矣。

鄭維駒曰：互兌口食象，三為木，當巽木陰盛，正其黨縱肆之日，故翕食嘬嘬然，一舉而盡，此所謂狂之咎也。

鈴木由次郎曰：九月五日，夜，木。翕食，與人共食。嘬嘬，全部吃光，貪食。與人一起吃飯，不推讓而貪吃。小人見祿而貪而無所不至。

測曰：翕食嘬嘬，利如舞也。

范望曰：所利不方，故如舞也。

陳本禮曰：言其嗜利之急，如舞之赴節也。

鄭維駒曰：巽為利為木為風，故如舞，如舞者，利動之也。

次四：翕其羽，利用舉。

范望曰：羽，朋友之用善稱，相翼之謂也。五為土，土生金，親近於五，常見舉用，故利也。朋友相翼，進在祿位，有似叔牙之相管仲也。

司馬光曰：四為下祿，又為外他，當日之晝，如鳥翕其羽，利用舉，士得朋友之助，利於進也。

葉子奇曰：翕斂其羽，鳥欲飛之勢也。所以利用舉，有可進之階也。然鳥無羽翼，則不能騫騰，人無朋援則不能顯達，自古無有特成其功者也。

陳本禮曰：金，晝。羽，友朋也。四近於五，土能生金，得友之助，且進在祿位，故利用舉也。

鈴木由次郎曰：九月六日，晝，軫十二度，鴻雁來。金。次四當金，次五當土。土生金，故言得次五朋友之助而進有利。收其羽，正宜高飛。能得朋友之助。

測曰：翕其羽，朋友助也。

范望曰：朋友者，朋助之謂也。朋友相衛，是其力助也。

鄭維駒曰：巽互兌，二陽為朋，四金屬兌，得陽以為之助，故翕而能舉也。

次五：翕其腹，辟金穀。

范望曰：五為大〔天〕位，而在翕家，翕斂順志，故其口腹無施祿之意。金穀辟藏，專足於已，故翕其腹也。

司馬光曰：范、王、小宋本辟穀作辟金穀，今從宋、陸本。范、小宋本譽作舉，今從陸、王本。五為中祿，又為腹，而當日之夜，但能翕其福祿以自與者也，故曰翕其腹。夫自與者人必奪之，此乃辟去福祿之道也，況令名何從而得之。

鄭氏曰：范注云：金穀辟藏，專之於已，讀為襞積之襞也，必益切。一說讀為癖積之癖，是腹病，故曰翕其志，辟金穀，匹亦切。

葉子奇曰：辟，絕也。金穀，美食也。五以陰暗，其養不充，閉腹絕食，徒存高世之想也。

陳本禮曰：土，夜。

鄭維駒曰：互離為大腹，五為腹器，又為稼，互兌金，故曰金穀。翕其腹，斂其腹也。辟金穀，則腹虛，為其無陽以充之也。

鈴木由次郎曰：九月六日，夜，土。次五為中祿，為腹，當夜。穀，祿。

翕其腹，集合福祿只給自己，而不施於人。然人必爭祿，則反而要避爭祿之事。所以不被稱譽。

測曰：翕其腹，非所以舉也。

范望曰：自翕以欲，故作貞舉之君也。

葉子奇曰：翕羽則可舉，翕腹則不可。

陳本禮曰：轝，舉也。翕腹，辟穀，豈求仙沖舉之方？

鄭維駒曰：五時陰，無陽以為之助，故曰非所以舉。

次六：黃心鴻翼，翕于天。

范望曰：六為五心，五處中色黃，故黃心也。位尊心正，所在必賢，故翼鴻也。臣賢君明，下順於上，故翕天也。

司馬光曰：宋、陸、王本利作和，今從范本。六為中上，故稱黃。鴻，鳥飛之高者也。六又為盛多，居福之隆，當日之晝，君子以中庸為心，輔之者眾，如傅鴻翼，其高飛無不至矣。

林希逸曰：黃心，得中也。鴻翼，大翼也。翕於天者，合於天也。得大中之道，而合於天，賢者之喻也。

葉子奇曰：黃，中色。鴻，大也。六在尊宗之地，得陽之明，既有中正之君，復有鴻大之臣，宜其翕入于天，垂高遠之業也。

陳本禮曰：水，晝。君子以黃中為心，鴻翼為臣，臣賢君明，下順於上，故能翕於天也。

鄭維駒曰：當巽四爻互離，是得黃離之中爻以為心也，心順乎陽，而二陽亦為之翼，則如隨陽之鴻，翕於天矣。

鈴木由次郎曰：九月七日，晝，軫十三度，水。黃，中之色，次六當中之上，故稱黃。黃心，以中庸為心。鴻翼，喻輔佐之臣多。以中庸為心，則輔之者多，如鴻得翼，可以高飛上天。

測曰：黃心鴻翼，利得輔也。

范望曰：鴻翼之正，臣相輔助也。

次七：翕繳惻惻。

范望曰：七為繩，為射，射用繩者，繳之謂也。七為失志，又為飛鳥，鳥而失志，故高飛。飛而遇繳，欲去不得，故惻惻也。惻，痛心也。

司馬光曰：繳，音灼。范曰：七為繩、為射，射用繩者，繳之謂也。光謂：七為禍階而當夜，故被離害也。

林希逸曰：繳音灼，以繳取鳥，人見之惻惻然，而見利者不顧，他日必自離害也。

鄭氏曰：繳，舊音灼，按：矰繳者，矢有絲也，以矰矢射之而繳絲嬰之，則飛鳥墜矣。《詩》云：弋鳧與雁是也。翕繳惻惻，謂順繳而下，其必如此也。被離，被，蒙也，離，遭也。

葉子奇曰：繳，生絲曳矢以射。惻惻，痛心貌。七失中入禍，如鳥被射，其心惟惻惻然而已，無能脫也。

陳本禮曰：火，夜。

孫澍曰：惻惻，痛，痛愴也。

鄭維駒曰：巽為繩，離為矢為絲，繳象。

鈴木由次郎曰：九月七日，夜，火。繳，絲或繩結于矢而捕鳥之器。惻惻，心痛貌。鳥高飛，而中繳，心悲痛。

測曰：翕繳惻惻，被離害也。

范望曰：飛而遇繳，故離害也。

鄭維駒曰：離矢害之也。

次八：揮其罦，絕其罥，殆。

范望曰：七為罔罟而在八前，故有罦罥之難。八為青龍，龍遇罔罟，必免其害，故絕罥也。罥絕罦敗，所緩〔絓〕不禁，故有殆也。揮而去之，何傒〔縲〕之有也。

司馬光曰：撣與揮同。罥，古縣切。王曰：晝可以自危，雖不至於終凶，亦殆之甚。小宋曰：罦，覆車也。罥，罔也。光謂：八為禍中而當晝，故得免也。

林希逸曰：撣與揮同。羂，古縣反。罦，覆車也。羂，網也。小人以罦羂害物，一旦揮絕而去之，則雖危而可以自免矣。此為惡而知悔者之喻。遂，安也。

葉子奇曰：罥，古縣切。罦罥皆網也。八在禍中，故亦被于罦罥，以逢陽剛，則能揮而絕之，雖則漏網而脫，則亦可謂危矣。此危而後安之占。

陳本禮曰：木，晝。

鄭維駒曰：互離網，故曰罦羂。值陰盛之時，身陷其中如罦羂，然八時陽，故能揮而絕之，然亦殆矣。

鈴木由次郎曰：九月八日，晝，軫十四度，白露。木。罦，為捕鳥而在覆於車上之網。羂，捕獸之網。揮力而脫罦，從羂逃出，但猶有危險。

測曰：揮罦絕羂，危得遂也。

范望曰：羅〔離〕罔而去，得遂龍之志矣。

上九：揮（原作揮，下同）其角，維用抵族。

范望曰：九為兵，為極禍。抵，擊也。金稱角，諭刺害致禍。揮而去之，故擊其族類也。

司馬光曰：王本族作撲，今從諸家。抵，音紙。范曰：抵，擊也。王曰：揮其角以拒物，物所同惡。光謂：九為殄絕、為禍極、為猛、為角而當夜，翕禍不已，至於窮極，猶欲用猛取勝，故至於絕族也。

鄭氏曰：抵，訓繫之抵，從氏，訓距之抵，從氐，俗書訛，宜別之。

葉子奇曰：揮，搖角貌。欲觸之甚也。角剛而在上。抵，及也。九居翕之極，故極其剛躁，如搖動其角，欲觸傷於人，人必害之，維用自及於族滅而已。

陳本禮曰：金，夜。揮，奮也。抵，觸也。戴角為獸，族，獸類也。九為殄絕，為禍極，不自懼禍悔過，猶欲奮其角以觸人，則人必殺之，是自取其滅族之禍也。

鄭維駒曰：金類為角，易姤其角，內巽也。此揮其角，內外皆巽也。巽陰盛於內，外乾之善族，不已殄乎！

鈴木由次郎曰：九月八日，夜，金。抵，犯。上九為禍極。遇於禍，不知自悔而懼，猶揮其角以犯親族。

測曰：揮其角，殄厥類也。

范望曰：殄絕其族類也。

聚

𝌿　聚：陰氣收聚，陽不禁禦，物相崇聚。

范望曰：三方一州二部二家。人玄，陽家，五土，中中，象萃卦。行屬於土，謂之聚者，言陰盛陽衰，萬物衰落，陰氣收取而崇聚之，故謂之聚。聚之初一，日入軫宿十五度。

章詧曰：陽能生育而不能畜聚，陰能畜聚而不能生育，今陰氣已盛，故萬物崇聚。《衝》曰：聚集，《錯》曰：聚事虛也，悉家性之義。

司馬光曰：陽家，土，準萃。入聚次七，日舍角宿。《易》曰：萃，王假有廟，故聚多鬼神之象。崇亦聚也。

陳仁子曰：聚者陰盛而物自斂也，天地間氣有發舒，必有收斂，故雷之鳴也而收，水之生也而涸，蟲之蜎飛也而坯戶，果蓏之華秀也而成實，此歸根復命之時。昔也動而舒，今也靜而聚。《易》以坤順兌說，陰據於上而為萃，《玄》以陽微陰盛，陰升於上而為聚。《月令》曰：多積聚，《玄》經曰：萬物崇聚，時為之也。

葉子奇曰：聚之初一，日入軫宿十五度。

陳本禮曰：陽家，五，土，中中，卦準萃。陽非不欲禁禦也，特苦力弱不能敵陰故也。傳：聚者群陰彙聚也。陰乘陽之順化，不能禁禦，輒敢招集黨侶，收兵聚眾，意在為亂。物相崇聚者，謂若妖邪狐狸之屬，及鬼魅精怪之類，莫不崇聚壇廟，以俟陰之大舉而竊發也，故曰聚。

孫澍曰：準萃，剛中而應，王者以致孝鬼神，使民率性。

鄭維駒曰：互艮止，故禁禦。互巽為高，艮為山，故崇。坤兌巽皆陰，八月兌主，令陰氣收斂，非艮之一陽所能禁止，而萬物方相聚於坤土之上也。崇聚義本《詩》崇丘。

鈴木由次郎曰：第五十九首，陽，五土，三方一州二部二家。物，妖邪狐狸及鬼魅精怪之類。崇聚，聚焦。崇亦聚之意。陰氣聚焦其同伙，其勢愈強，陽氣不能禁而防之。狐狸妖怪之類聚焦，待陰氣大舉，而竊欲先發。

劉按：此解物非是。首辭全是講陽，陰，與物，有時稱萬物，有時只稱物，其實都是一樣。此解為怪物，無根據。

初一：鬼神以無靈。

范望曰：一最在下，故稱鬼神。神視之無形，故言無，如無所見，故靈也。謂無形而言者也。

司馬光曰：見，賢遍切。王曰：鬼神以無形為靈。陳曰：聚者，陰氣收聚，萬物衰落，有形復於無形，物歸其本。本之無者，非靈而何。夫精氣為物，游魂為變，聚則為物，散則無形，故鬼神以無形為靈也。光謂：一為下下，又為水，幽深之象也。

林希逸曰：鬼神之靈，以不可見也。

葉子奇曰：凡物形則碍，碍則塞，無形則通，通則靈，鬼神以無形故靈也。《易》於萃、渙二卦，皆言王假有廟，蓋人之精神既散，乃於廟聚之，故《玄》言祭鬼神之道乃於聚贊發之。

陳本禮曰：水，晝。鬼，陰之靈，神，陽之靈，一在土世，水為土克，故無形與聲，然其靈在於冥漠之中，固以弗見弗聞為貴，若鬼見其形，神聞其聲，則是怪矣，故曰以無靈。

鄭維駒曰：乾為神，坤為鬼，陰之精氣曰靈，七月以後，坤見乾伏，乾之神亦化為鬼，故皆謂之靈。一為水，類為鬼，初在冥中，隱伏不見，故曰無。然鬼神固以無而靈也，艮為宗廟，故贊中多言鬼神。

鈴木由次郎曰：九月九日，晝，軫十五度，重陽節，水。鬼神無形無聲，雖為無，亦在冥昧中有靈。

測曰：鬼神無靈，形不見也。

范望曰：形之不見，故鬼神也。

鄭維駒曰：靈在無中，特形不見耳。

次二：燕聚嘻嘻。

范望曰：二為平人，不隱不仕，平於世間。家性為聚，故相收會。燕飲嘻嘻，取樂而已也。

司馬光曰：范本愆作衍，小宋本作衎，今從宋、陸、王本。二為思中、為平人，當夜，相聚冥〔宜〕樂，過則成愆。

葉子奇曰：嘻嘻，笑樂聲。二以陰昏，羣聚而不節，至躭于燕聚，嘻嘻然而荒於笑樂，樂勝則流矣。

陳本禮曰：火，夜。二為游魂而當夜，群鬼喜陰將大舉，得功有日，勒勛名於金石，盟帶礪於山河，故燕聚為樂，笑語嘻嘻也。

鄭維駒曰：嘻嘻，本家人九三，二為火，《易》中號笑歌泣，多離火象也。二無陽不能威如，故聚而燕樂。

鈴木由次郎曰：九月九日，夜，火。嘻嘻，喜笑貌。相聚集而宴樂，嘻嘻而喜笑。

測曰：燕聚嘻嘻，樂淫衍也。

范望曰：樂而無節，故淫衍也。

陳本禮曰：衍，游衍自恣也。

鄭維駒曰：水溢為衍，淫衍，兌澤象。

次三：宗其高年，群鬼之門。

范望曰：三為門，宗，尊也。高年，可高而宗也。鬼，歸也。進德之人，修業及時，當為王臣，故羣歸其門也。

司馬光曰：二宋、陸、王本年皆作辛，今從范本。范曰：三為門。（闕）

林希逸曰：宗，尊也。高年之人，能尊敬之，則其心可以事鬼神矣。

葉子奇曰：宗高年，所以盡事人之道，即所以盡事鬼之道也。故曰羣鬼之門。門謂道。

陳本禮曰：木，晝。鬼，歸也。門，冥漠之門，人至高年，雖未必就木，然精神離形，與鬼近矣。宗，尊也。宗高年，所以盡事人之道，即所以盡事鬼之道也。高年去冥漠之門不遠，一入其門，則為鬼矣，故曰群鬼之門。鬼出入是門以圖祭祀，以享烝嘗，故曰鬼待敬也。

孫澍曰：三為思成而當晝，陰幽之義，朕於無形與聲，群鬼是也。凡人百年以前，俱高曾行，故曰高年。《中庸》：洋洋如在其上，如在其左右。測曰待敬，猶云致孝乎鬼神。

鄭維駒曰：艮為門闕，坤為鬼門，三為木，貌恭，撝肅，故能尊其高年，能事人斯能事鬼，故群鬼歸之也。

鈴木由次郎曰：九月十日，晝，軫十六度，乙鳥歸。木。尊重老齡之人，不久其人死而為靈魂，此所以尊重靈魂也。老齡之人不久就歸幽冥之門。

測曰：宗其高年，鬼待敬也。

范望曰：賢者所歸，故待之以敬也。

葉子奇曰：鬼待敬人之敬以敬己也。

鄭維駒曰：敬者恭肅之謂。

次四：牽羊示于叢社，執圭信（原本有辟字）其左股，野。

范望曰：家性為聚，三，木也，木聚故稱叢。五土而封聚，故謂之社。三亦為震，震為股，四為羊，五為天位，四為公侯，公侯執羔，故牽羊也。社稷之臣，故言叢社也。圭以為信，亦股肱之臣也。股肱左辟，故股野也。

司馬光曰：范本信其左股作信辟其左股，測曰不足勞也，今從二宋、陸、王本。信與伸同。羊，中牲也。依叢林而為社，鬼之微者也。執圭，重禮也。

拜當伸右股。四當日之夜，雖有福祿，不能用之，如牽羊但示於叢社而已，不足榮也。執圭而拜，乃伸其左股，不免於鄙野也。

葉子奇曰：與人讓者必左，故曰左股。《詩》曰：宛然左辟是也。野，粗俗無禮也。禮以敬為主。四之陰暗，不明於禮，牽羊示於叢社，是任交神之事，執圭以通君信，是任聘隣之職，乃不能致敬以盡禮，讓之則其左股，乃粗俗而無禮，是事神事人之道俱失也。

陳本禮曰：金，夜。信音申。叢社，秋林之社，神所憑依以為享祀之所也。羊，牲也。圭信，幣帛也。牲不殺，惟牽以示之而已。執圭，重禮也。拜當屈左而伸右，今乃辟其左股，是不免於鄙野也。四為金而在土世，金乃土生，時當節屆秋分，正秋社報賽之期，其禮之粗野如是，豈事神事鬼之道乎？

鄭維駒曰：兌為羊，義與祈同，坤艮皆土，其神為社，互巽木則為叢社，四為金類，為重寶，故曰圭。巽為股，在東南，故稱左股。牽執，艮手象，牽羊執圭，有似乎敬，而信其左股，則不敬矣，故云野。

鈴木由次郎曰：九月十日，夜，金。叢社，木中之社。用羊作祭祀用的犧牲，但不殺羊只是牽到叢社作表示，執瑞玉而拜，當屈左股而伸右股，今則伸左股而拜，此皆無禮而卑野。

測曰：牽羊于叢，不足榮（原作勞）也。

范望曰：奉羔進君，非勞苦之事也。

陳本禮曰：不殺而牽，何必勞此一獻也。

次五：鼎血之蕕，九宗之好，乃後有孚。

范望曰：孚，信也。蕕，臭草也。五為天子，故有鼎俎血食之祭，九宗羣會，燕好肅敬，不違於道，然後相誓以忠信也。

司馬光曰：王曰：蕕與槱同，謂薪燎也。

林希逸曰：蕕與槱同。鼎欲薦血，而薪槱之熟之也。既祀而享其九宗，以誠意相好，乃有後也。以王命而從事者，其心亦如此誠信可也。

葉子奇曰：鼎血，血食也。蕕，臭草也。九宗，九族也。五居福祿之中，其得鼎肉之多，至于臭腐，推而以與九族共之，其得惇敘之道如此，其終有孚信之道感人也。

陳本禮曰：土，晝。蕕同槱。《周禮・大宗伯》：以血祭祭社稷五祀五嶽。蕕者，積柴實牲燎以祀，司中司命風師雨師也。九宗之好，宗廟之禮也。祭有禘祫春祠秋嘗之禮，九宗者，合九族之宗主而祫祭之也。有孚者，惟天子乃能祭天地，享親尊祖，一誠之感，然後乃孚於禮而非僭也。

孫澍曰：蕕，《說文》：水邊草也。《爾雅》：蕕，蔓于，《本草》注：其氣蕕臭也，故謂之蕕。血，牲也，蕕以醮鼎，取其臭，上升之義也。好，和睦也，宗廟之中，九族咸在，以有事為榮。孚，信也，《書》曰：彰信兆民，王者追遠報本，以親九族，九族既睦，平章百姓，故曰信王命也。

鄭維駒曰：陰稱血，王者聚族而燕，未嘗遽用大牲，雖鼎血有臭，而九宗好之，為其有孚於人也。巽為臭，故曰蕕。

鈴木由次郎曰：九月十一日，晝，軫十七度，二百二十日，土。鼎血，鼎俎血食。陳鼎俎而祭。蕕，香草。九族之好，祫祭九族之宗主。陳鼎俎而有香草，合祭九族之宗主。此可說是有誠。

測曰：鼎血之蕕，信王命也。

范望曰：天王之命，以信為本也。

陳本禮曰：《禮》：不王不禘，信王命，正君道也。莽居攝元年正月祀南郊，自謂黃帝虞舜後，乃立祖廟五、親廟四，以漢高為文祖廟，是豈能有孚乎禮而信乎人也？

鄭維駒曰：五為土，於性為信，巽為命，九族之聚，由於王命，故云信王命也。

次六：畏其鬼，尊其體，狂作�（原作昧），淫亡。

范望曰：亡，無也。昧，迷也。淫為淫祀也。不正稱狂。六為宗廟，郊祀天地，告事於廟，敬鬼神而遠之，故迷淫亡也。

章詧曰：六夜，小人之道也，在聚之時，淫祀鬼神，妄有所禱，不從其法，故曰暗昧。過禮所以淫亡，測曰禮過其正也。

司馬光曰：范本眯作昧，今從二宋、陸、王本。王曰：眯者目無所見也。狂瞽而求淫祀，亡則冥焉。

葉子奇曰：《傳》曰：國將興，聽於人，將亡，聽於神。今六過中，昧於人道之所宜，褻於鬼神之不可知，不智甚矣，宜其狂昧以致淫亡也。

陳本禮曰：水，夜。狂作謂非其鬼而祭之也。昧，迷也。淫謂淫祀也。莽以黃帝為初祖，虞舜為始祖，追尊陳胡公為陳胡王，田敬仲為齊敬王，謚濟北王安為愍王，立廟祭祀，此所謂狂作昧淫也，其亡必矣。

孫澍曰：鬼自不狂而人畏之，又不敬而遠之，有附于鬼者，張其威福，而民遂淫焉。凡畏其狂者，無目者也。《左傳》曰：國將衰，聽於神，則又不僅眯於目，而且眯於心，由是言之，不狂者僅矣。

鄭維駒曰：巽為木，事貌，咎狂，昧淫者闇於理而淫祀也。亡者如《左傳》神降於莘，虢君祭之而亡也。

鈴木由次郎曰：九月十一日，夜，水。狂作，非應祭之鬼而祭之。昧淫，心迷而祭淫祠。昧，迷。畏其靈魂，尊祭祀之禮。非應祭之靈魂而祭之，心迷而祭淫祠，如此則國必亡。

測曰：畏鬼之狂，過其正也。

范望曰：畏敬鬼神，大道之正也。

次七：竦萃于丘冢。

范望曰：七謂下山，山而下者，丘冢象也。火在水上，故竦。火性炎上，故萃丘冢也。

司馬光曰：王曰：竦，敬也。光謂：七為高、為禮、又為禍始而當晝，以敬而聚於丘冢，葬以禮之象也。

葉子奇曰：竦怵，惕起敬之意。邱，冢墓也。所以藏親之體魄。孝子思親，怵惕起敬，思聚祖考精神於邱冢，以歆格之古，惟廟祭無墓祭之文，至漢始為之禮，雖非古，然亦莫非孝子仁人之用心，不可廢也。

陳本禮曰：火，晝。

鄭維駒曰：竦，敬也。坤鬼歸於艮山，丘冢象。

鈴木由次郎曰：九月十二日，晝，角一度，火。丘冢，葬先祖魂魄之處。孝子懼而敬，集于墓場而祀祖先之靈。

測曰：竦萃丘冢，禮不廢也。

范望曰：恒自竦懼，不廢禮也。

鄭維駒曰：七為火，於性為禮。

次八：鴟鳩在林，咙彼眾禽。

范望曰：八為林，七為鳥，鳥言咙怒，故鴟鳩也。鴟鳩，賊鳥所在，眾禽所避，賊人所在，眾賢亦所惡，故咙也。

司馬光曰：宋、陸本咙作呱，王本作呋，今從范、小宋本。咙，於交切，多聲也。王曰：鴟鳩，惡鳥，聚中林必為眾禽所譟也。光謂：八為禍中而當夜，小人惡聲已著，如鴟鳩所在之林，眾禽必聚而譟之。

鄭氏曰：哎，舊於交切，一作㖃，一作笑。按：注云怒也，作㖃者是也。鳥怒噪曰㖃，故字從狠戾之戾，而音如之。哎咋，大聲。多以言眾禽，則不類矣。笑，古作咲。㖃轉為哎，哎轉為咲，皆字誤也。咲轉為笑，失真益遠。

葉子奇曰：哎，於交切。哎，怒聲。八以陰禍而居高顯之極，如鴟鳩之在于林，是以眾怒羣猜，惡其非善類也。

陳本禮曰：木，夜。哎音伐。哎鳥怒譟聲。

孫澍曰：天下之惡一也，本鴟鴞也而謂之鳳凰，眾禽將奔走先後之不暇，焉得而哎之？

鄭維駒曰：《爾雅疏》：茅鴟一名狂，《廣雅》：茅，鴟鳩也。八為木，坤為惡，惡而在於木者，怪鳥也。與眾禽交相哎，故贊測互言之。

鈴木由次郎曰：九月十二日，夜，木。哎，怒噪聲。鴟與鳩（喻小人）在林中，只要聞其惡聲，其他眾禽則皆集而憤怒騷吵。

測曰：鴟鳩在林，眾所哎也。

范望曰：善惡相害，故眾怒也。

上九：垂涕纍鼻，聚家之彙。

范望曰：金生水也。九最處高，故稱鼻。鼻中之水，而從高落，故涕垂也。家性為聚，彙者類也。朋類相追，纍然相連也。

司馬光曰：小宋曰：彙，類也。光謂：九為禍極、為殄絕，如君子生有令德，其死也哀。趙文子成室，曰：歌於斯，哭於斯，聚國族於斯，此之謂也。

葉子奇曰：纍，縈也。彙，類也。九處聚之窮，故有垂涕縈鼻之象。蓋聚極將離，必有死亡，此乃聚家之常彙也。蓋人氣聚則生，氣散則死，乃其常也。

陳本禮曰：金，晝。纍，縈也。九處聚之極，聚極必散，如人之生也，聚死則散矣。垂涕纍鼻，狀死者易簀時也。聚家之彙，彙，蝟也。狀家人環而泣之者，如蝟之集也。

鄭維駒曰：涕，兌澤象。艮為鼻，涕出於目而綴於鼻，老憊甚矣。而猶聚家之彙，蓋巽為利，坤為吝嗇，故不能戒之在得也。

鈴木由次郎曰：九月十三日，晝，角二度，金。纍，巡繞。彙，類。垂淚，其淚繞鼻，為其死，臉色誠悲，全家環繞其死骸而泣之。

測曰：垂涕纍鼻，時命絕也。

范望曰：位終涕垂，絕命之象也。

鄭維駒曰：時命絕則將化為坤鬼矣。絕兌，毀折象。

積

𝍁　積：陰將大閉，陽尚小開，山川藪澤，萬物攸歸

范望曰：三方一州二部三家。人玄，陰家，六水，中上，象大畜卦。行屬於水，謂之積者，言是時陰氣盛上，陽氣尚微，見山川林澤，物之所歸，積聚其中，故謂之積。積之初一，日入角宿三度。

章詧曰：陰陽冥運，無質可窺，假物為形，以知消長。今斗指西方，陰大閉塞，物見信正，當屈舌緘口，而以首積，陽未全盡，往積在內。《衝》曰：積多財，《錯》曰：積也多，悉其義。

司馬光曰：陰家，水，準大畜。王曰：山藪所以畜藏萬物也。光謂：陰盛陽微，故萬物極陽之末，盡皆歸藏於山川藪澤，委積其中也。

陳仁子曰：積者陰盛而物自富也。夫氣一翕則聚，物一聚則積，此自然而然也。凡動植之物，本乎天而生者，著乎地而成，出乎震而館者，說乎兌而聚。萬寶之成，萬物之盈，生生職職，蓋不知其所為使。《月令》之趣民收斂多積聚，積之者雖天也，亦人也。《易》之大畜自大壯而變者也，二陰居上而畜陽，《玄》之積自否而致也，三陰居上而侵陽。一之冥積，四之積善，九之積非，其積不同，而其所以積一也。

葉子奇曰：攸，所也。積之初一，日入角宿三度。

陳本禮曰：陰家，六，水，中上，卦準大畜。《傳》：積，儲蓄也。是時陰將大舉，故先儲蓄其倉廩府庫，而又大閉其關防，恐陽之潛通消息於外也。陽尚小開者，此時玉步雖移，而國家之洪運丕基，固未斬也。漢之宗室猶散處民間，山林藪澤之所藏，民之來歸者，陽尚小開其徑而納之，以待天下勤王之兵起也。

孫澍曰：準大畜，《太玄》以君子泥盤，恒求志懋學。

鄭維駒曰：乾闢戶，故開。坤闔戶，故閉。七月否卦，內乾閉，八月至坤六四，觀為辟卦，外乾初爻又閉，故坤六四《文言》曰：天地閉，賢人隱，自此以往，則將大閉矣。大畜乾闢戶在艮山中，賢人隱之象也。故云陽尚小開，萬物攸歸。畜積之義亦以其時言也。山，艮象，藪澤，互兑象。《易》中有乾者，多稱大川。

鈴木由次郎曰：第六十首，三方一州二部三家，陰，六水。陰氣盛而蓄於內，閉其關之門，陽氣猶是微力而少開小徑。狐狸等陰邪之類悉歸山林藪澤而藏其中。

初一：冥積否，作明基。

范望曰：一，北也，故稱冥。否，不善也，謂秋物衰也。萬物衰落，故言不善。積衰落之物，以備明歲，故作明基，言為明年之基業也。

司馬光曰：宋、陸本始而在惡作已而在惡，范本無已而字，小宋本無已字，今從王本作始而在惡。王本基作資，今從諸家。否，音鄙。范曰：否，不善也。光謂：一為思始而當夜，小人積惡於幽，而取禍於明，故冥冥之惡乃所以為明罰之基也，故曰作明基。

葉子奇曰：否，不善也。一以陰邪，積不善於幽獨之中，將必暴露於顯明之地，此惡之誠於中而形于外也。

陳本禮曰：水，夜。否，不善也。小人陰積不善，以圖明作丕基，其志在於惡舉也。

鄭維駒曰：七月為否，至八月則積否，否積於初，是冥積也，積之於冥，而昭著之地以此為基，言不能善於外也。

鈴木由次郎曰：九月十三日，夜，水。否，不善。小人積不善于幽冥，此是自作其受明罰之基礎。

測曰：冥積否，始而（原無始而二字）在惡也。

范望曰：所積不善，故在惡也。

鄭維駒曰：坤為惡，坤自初至四，變乾為觀，大畜乾居坤惡地初時陰，是在坤惡中也。

次二：積不用，而至于大用，君子介心。

范望曰：二為心，陰家之陰，故稱君子。積善之家，雖不見用，積善餘慶，終於大用也。介，大也。雖不見用，君子猶大其心志以俟時也。

司馬光曰：度，待洛切。范曰：介，大也。宋曰：積久不用，明德深藏，果遇其時，至于大用。光謂：二為思中而當晝，君子積善於中，困於下位，其才德不為時用。然積之不已，其用必大。君子廣大其德心而已，不汲汲於求用也。

葉子奇曰：介，大也。二以思中陽德之美，猶君子積德而不用，期而至于大用，然其所以有此大抱負大經綸，由其有此大心胸也。

陳本禮曰：火，晝。火在水世，無可用之處，然位中當晝，而值積世，故能積其不用以蓄其德，而期於大用。介者，堅確不拔之謂。君子雖困於下位，能堅其不拔如石之貞，其經綸抱負，人固不能窺測也。

鈴木由次郎曰：九月十四日，晝，角三度，火。介，大。君子雖不以時而用，亦積蓄其德，期于將來之大用。故君子為此而廣大其心。

測曰：積不用，不可規度也

范望曰：大人之心，不可度知也。

次三：積石不食，費其勞力。

范望曰：石為四也，在三之上，故為積石，故曰不食，故費力也。

司馬光曰：三為思上而當夜，費心於無用，勞力於非務，如積石之不可食，雖勤而無獲也。

葉子奇曰：三失中不明，徒積其不可食之土石，豈不自費其勞力乎？蓋作無用而費實功之謂也。

陳本禮曰：木，夜。雖勤而不得食也。

鄭維駒曰：艮為小石，互兌口象。

鈴木由次郎曰：九月十四日，夜，木。費心于無用，勞其力于非務，正似積石不可食，終則一無可獲。

測曰：積石不食，無可獲也。

范望曰：雖積非飴，故無獲也。

陳本禮曰：穫，舊訛獲。穫，耕穫也。

次四：君子積善，至于車耳。

范望曰：陰家之陰，故稱君子。家性為積，積善善益，積惡惡聚，四者陰位而在陰家，故積善也。積善成名，故車生耳也。

司馬光曰：小宋本至于蕃作至于大蕃，今從諸家。王曰：蕃謂蕃庶，附袁切。小宋曰：蕃，車耳也，敷袁切。光謂：車耳，兩轓也。至于車耳，言其盈積而著見也。

鄭氏曰：蕃，方煩切，注云：蕃，車耳也，按：贊言至於車耳，測言至於蕃，則蕃為車耳可知也。服虔云：車有藩曰軒，杜預云：軒，大夫車也。測曰：君子積善，至於蕃也，謂至於乘軒也。

葉子奇曰：車耳，車之蕃蔽也。出思入祿，離下升上，又逢陽德，是君子積善之多，至于車耳，言其足以蔽身也。

陳本禮曰：金，晝。車耳，車旁之屏蔽也。四為陰家之陰，而逢陽德，故能積善日益，以蔽障其身，而無意外之虞也。

鄭維駒曰：崔豹《古今》注：車較，重耳也，在車輂上重起，如兩角，然車較為重耳，則車耳在較下，統言之則皆曰車耳也。積善至車耳，極言其積之厚，如《易》言積中不敗也。乾為積善。

鈴木由次郎曰：九月十五日，晝，角四度，群鳥養羞。金。車耳，小車之兩屏，防止人與物從車上落下。君子日積其善，守其身，故不會遇意外之禍。

測曰：君子積善，至于蕃也。

范望曰：蕃，車耳也。車服有章，以顯賢也。

陳本禮曰：蕃，盈衍也。

鄭維駒曰：應劭曰：車耳反出，所以為藩。司馬以轓釋蕃最確。四為公侯，為國蕃衛，猶車之有轓也。

次五：藏不滿，盜不贏。

范望曰：五為君位，雖在積家，陽道不足，故不滿也。積善多福，故不致盜也。

司馬光曰：王本藏作減，今從諸家。藏，徂浪切。五居尊位，受盛福，不務德施而蓄積無已，適足為盜之贏利也。秦積敖倉，為楚漢之資。隋積洛口，為李密之用，皆其類也。

葉子奇曰：五居積聚之中，故以庫藏為義，苟己無貪暴之實，則民無偷竊之心，是藏苟不滿，則盜必不多，藏滿盜贏，固其所也。故夫子語季康子曰：苟子之不欲，雖賞之不竊，上行下效，理必然也。

陳本禮曰：土，夜。

鄭維駒曰：五類為牟，牟，取也，奪也。故曰盜滿矣。而猶不滿贏矣，而若不贏，無厭之詞。

吳汝綸曰：滿讀為盈，此避漢諱。

鈴木由次郎曰：九月十五日，夜，土。次五居積首中位，故有庫藏之意。羸，多。苟藏而不滿，則盜不會多。

測曰：藏滿盜羸，還自損也。

范望曰：多藏必厚亡，損己之謂也。

葉子奇曰：多藏必厚亡。

劉按：多藏厚亡，《老子》語。

次六：大滿碩施，得人無亢。

范望曰：六為大水，水滿則盈，故傾〔碩〕施也。施祿及下，故得人。無亢，言得天下之人，無與亢對也。

司馬光曰：王本亢作方，今從諸家。施，式豉切。王曰：六居盛位，得時當晝，所積大滿，而能大施以濟於物，故得人皆歸之，其道無窮也。光謂：財散則人聚，故得人也。亢，敵也。《詩》云：無競惟人，斯無敵於天下矣。

葉子奇曰：大滿碩施，積而能散也。得人無亢，無競維人也。蓋碩施足以得人，得人所以無敵於天下也。《傳》曰：仁者以財發身，此之謂也。

陳本禮曰：水，晝。亢，敵也。

鄭維駒曰：《易》碩果、來碩，皆指陽言。六時陽，故稱大稱碩。乾為施，子雲《趙充國贊》：料敵制勝，威謀靡亢，亢亦訓敵。

鈴木由次郎曰：九月十六日，晝，水。角五度。蓄而大滿，且大施救人，人皆歸之，此所以天下無敵。

測曰：大滿碩施，人所來也

范望曰：言來致於人也。

次七：魁而顏而，玉帛班而，決欲招寇。

范望曰：魁，藏也。顏，見也。玉帛者，決以其欲，而果決致寇也。

司馬光曰：范本招作收，王本決作快，今從諸家。魁者言其首出也，顏者言其顯著也。班，布也。七為禍始而當夜，積畜不已，首出顯著，玉帛布列，雖可以窮一時之欲，而不知盜乘其後也。

林希逸曰：魁，大也。顏，露也。班，布也。自誇大，自炫露，而玉帛班布而示之人，斷可以致冦也。收者，致之意。

葉子奇曰：魁碩，大貌。班，散布貌。而，語助辭。魁而顏而，冶其容也。玉帛班而，慢其藏也。決欲謂誨淫，收寇謂誨盜。

陳本禮曰：火，夜。七以衰火，受克於家水，當謹慎自救，乃更誇耀於人。魁而者，赫然以財富雄人也。顏而者，侈然以顏色驕人也。玉帛班而者，粲然以寶貨矜人也。庫藏充盈，快其大欲而不知慢藏誨盜，冶容誨淫，已有以招之也。

俞樾曰：決欲招寇，樾謹按：王本決作快，當從之。《方言》：逞、曉、恔、苦，快也，自關而東或曰曉，或曰逞，自關而西曰快。然則快欲猶逞欲也。逞欲故招寇矣。諸家作決，乃字之誤，溫公從之，非是。

鄭維駒曰：魁，首也。乾為首。《方言》：顏，顙也。巽為廣顙，故觀卦曰顒若。乾為玉，坤為帛，班，布列相對也。大畜之時，觀為辟卦，陰將大閉，宜於斂藏，乃魁而如乾，顏而如巽（觀外巽），畜積不已，班如列其乾玉坤（觀內坤）帛，是決其欲而不能自塞也。人道惡盈，慢藏誨盜，適以為盜之招而已。《玄》中公侯等卦，多主辟卦為詞。

鈴木由次郎曰：九月十六日，夜，火。魁，首，而，助字，下同。魁而，此指以財富而夸耀於人。顏，眉目之間。顏而，此指以臉色驕人。班，列，布。玉帛，古時諸侯會盟朝聘之時所用禮物，此指財貨。以財富向人誇耀，以臉色示人驕慢，積財貨而逞一時之欲，則為會盜賊之所乘。

測曰：魁而顏而，盜之招也。

范望曰：多藏厚亡，欲招盜也。

次八：積善辰禍，維先之罪。

范望曰：八，木也，木到秋逢嚴霜，為之作禍，非己之罪也，此乃火爍金故也。金到秋而治於木者，木乃為火高祖父，故致此禍，非己之罪也。

司馬光曰：小宋本辰作展，今從諸家。辰，時也。積不善之家，必有餘殃。八為禍中而當晝，身雖積善而遭時之禍，蓋先人之罪也。

葉子奇曰：八以陽德而在禍中，是人積善反遭時之禍，其禍非己所致，乃惟其先代之遺其咎殃也。

焦袁熹曰：積善辰禍，維先之罪，古語云，貞良而亡，先人之殃，此之謂也。

陳本禮曰：木，晝。

鈴木由次郎曰：九月十七日，晝，角六度，木。辰，時。身積善，雖時遇禍，但這是前世之餘殃。

測曰：積善辰禍，非己辜也。

范望曰：罪由先人，故非己之辜也。

上九：小人積非，至于苗裔。

范望曰：玄孫之後稱苗裔。陰家之陽，故言小人。夫積善之家，必有餘慶。九而積非，先克於木，故木克土，土則金玄孫也。惡之大者，乃至苗裔之家，況於土也。

司馬光曰：王本苗作亡，小宋本作笛，音迪，今從宋、陸、范本。骫，古委字。范曰：惡大者乃至苗裔之家。光謂：積非之極，遇禍之窮，禍所委積，故延及苗裔也。一本作苗家。

葉子奇曰：九居積極，資稟陰邪，是小人積惡之極，遺殃及其子孫也。

焦袁熹曰：小人積非至苗裔，凡心之所思，身之所行，無不違於義而害於物者，是積非也，苗裔非一二世而已，雖其甚遠，殃猶及之。

陳本禮曰：金，夜。九以陰邪，居積之極，是小人陰為不善而不能改，以至日積而惡益日深，天之報應未盡，餘殃必貽禍於子孫也。

孫澍曰：積非延及苗裔，《孟子》所謂名之曰幽厲，雖孝子慈孫百世不能改也。

鄭維駒曰：坤初六《文言》曰：積不善之家，必有餘殃，積至六四，為觀卦，則餘殃及苗裔矣。坤為積惡，為小人。

鈴木由次郎曰：九月十七日，夜，金。苗裔，子孫。小人日積不善，其餘殃必及子孫。

測曰：小人積非，禍所骫也。

范望曰：積非之人，禍所委也。

葉子奇曰：骫，委也。

飾

☵ 飾：陰白陽黑，分行厥職，出入有飾。

范望曰：三方一州三部一家。人玄，陽家，七火，上下，象賁卦。行屬於火，謂之飾者，白露節終於此首之次五，秋分氣起於此首之次六。斗指酉，南呂用事。陰升於西，故言白。陽退於北，故言黑。陰陽分職所主，白黑相襲，故謂之飾。餙之初一，日入角宿七度。

章詧曰：陰氣肅殺於金氣之方，故稱白，陽氣伏潛而不見，故稱黑。白黑之氣分行，各有職守，白黑出處煥若文飾，《衝》曰：飾衰（原作襄，誤）也，《錯》：飾自好，悉其義也。

司馬光曰：陽家，火，準賁。入飾次八三十六分一十五秒，秋分氣應，故兼準兌。兌為口舌，故飾多言語之象。諸家厥作其，今從宋、陸本。宋曰：陰氣出治於上，故以白為飾。陽氣入治於下，故以黑為飾。陸曰：陰時治西，故言白。陽退於北，故言黑。王曰：白為見，黑為隱，白黑分形，飾之象也。

林希逸曰：白黑相錯，所以為文餙也。分行其職，各致其用也。即剛來文柔，柔來文剛之意。

陳仁子曰：飾者陰包陽而若有所繪也。凡物有素地而後可施五彩，人有美質而後可加文飾，故甘受和，白受采，忠信之人可以學禮。陽能生於先，故陰能飾於後，《玄》之飾象《易》之賁者也。前以陽之後而間以陰，則表其為文，今以陽之內而外以陰，則表其為飾，皆以二氣相盪而生也。《易》之賁自否變者也，下體以一柔文二剛，上體以二柔文一剛，故曰賁。《玄》之飾亦自否敘者也，陰居於西而白，陽退北而黑，故曰飾。《玄》曰：出入有飾，測曰：無質先文，蓋以陰飾陽也。

葉子奇曰：飾之初一日，入角宿七度。白露節終于此首之次五，秋分氣起于此首之次六。斗指酉，南呂用事。

陳本禮曰：陽家，七，火，上下，日入角，斗指酉，律中南呂，秋分氣應，卦準賁。《傳》：飾者分別衣色以為標識也。此時陰已大閉其防，使商賈不通，澤梁有禁矣。陽前既已順化，今又私開關隘，以納山川藪澤之所藏，恐陰知而見責，故假托陰白陽黑之說以為標識辨別往來，蓋欲釋陰之疑而使其不防己也。故曰出入有飾。

孫澍曰：準賁，兼兌，《太玄》以君子慎德，遠佞人。

鄭維駒曰：《卦氣圖》，坎、離、震、兌在六十卦之外，為四正卦，《玄》八十一首，坎、離、震兌列於卦氣之中，而釋準解，兼準震，震之用在解也。飾準賁，兼準兌，以言者身之文，兌為口，賁九三至上九有頤象，六二亦曰賁其須，故兼準兌。以從《卦氣圖》之舊也。其復以疑準震，沈準兌者，說在疑、沈二首。然則迎準咸，中準中孚，何以不兼坎、離也？八卦中惟金、木、土有二，而水、火無二，故惟以勤準坎，應準離，明坎、離得坎坤之中有一無二也。乾為晝，故白，坤為夜，故黑。乾分剛上而文柔，則坤之陰反白，故白馬、束帛、白賁，皆白象也。坤柔來而文剛，則乾之陽反黑何也？離在山下故也。剛文柔則出有飾，柔文剛則入有飾，是以得而分行其職也。案：《呂覽》曰：孔子卜得賁，曰：不吉，子貢曰：夫賁亦好矣，何謂不吉乎？孔子曰：夫白而白，黑而黑，夫賁又何好乎？高誘注：云賁色不純也。飾首言白黑如此。

鈴木由次郎曰：第六十一首，陽，七火，三方一州三部一家。陰氣升於西，故稱白。陽氣退於北，故稱黑。以白為見，以黑為隱。陰陽分職，白黑能清楚區別開，故稱為飾。

初一：言不言，不以言。

范望曰：一，陽家之陽，故稱君子。君子之道，非法不言。以道自飾，不虛文也。

司馬光曰：王本贊辭止云言不以言，今從諸家。一為思始而當晝，君子內守其至誠，沉潛淵默，以不言為言。所以然者，不言而信故也。孔子曰：天何言哉。四時行焉，百物生焉。

葉子奇曰：言，身之文也，故飾世皆以言為義。一以陽明，得文之理，言不言，務先行其言，不以言，信在言前，不在於言也。

陳本禮曰：水，晝。

鄭維駒曰：言，兌口象，言不言者，在不言中也。

鈴木由次郎曰：九月十八日，晝，角七度，水。不言而務實行，不會不言而只飾言語。

測曰：言不言，默而信也。

范望曰：非法不言，故默而信也。

次二：無質飾，先文後失服。

范望曰：二，陽家之陰，小人（《大典》有之字）道也。無質而飾，文以取容，故失服也。

司馬光曰：王本貞作真，今從諸家。王曰：無其本質，欲以求飾，雖先以文采，後必失其所服。光謂：二為思中而當夜，小人內無誠實，徒事外飾，其始則文采信美矣，終則失其正服也。服以諭德之形於外也。

葉子奇曰：服，用也。凡物皆先質而後文，蓋無本不立，無文不行。今無質而加飾，是無本而加文，則是徒文而已，其後寧不失所用乎。

陳本禮曰：火，夜。服，衣也。物必先有質而後施以文采也，衣必先織成而後加采色也，今以未織之絲而先飾以文，必不能成衣，是失其製服之道矣。

鄭維駒曰：乾為衣，坤為文，賁內離，是以坤之文，文乾之衣也。二無陽，則無衣之質矣。乾為先，坤為後，當後而先，故失其乾之衣也。

鈴木由次郎曰：九月十八日，夜，火。物有實質，其上再施文彩，若無其實質而先施文飾，則失製作衣服之道。無德而徒飾其外，此非正道。

測曰：無資先文，失貞也。

范望曰：無貞（《大典》作質）而飾，故失貞也。

次三：吐黃（原有酋字）舌，拑黃聿，利見哲人。

范望曰：哲人謂五也。黃，中也。舌，言也。聿，述也。三為進人而在火行，火燥而進，當上於四，四為公侯之位，吐出中言，拑盡道述以奉於五，故利見也。

司馬光曰：宋、陸、范本吐黃舌皆作吐黃酉舌，今從小宋本。宋、陸本拑作柑，今從范、王、小宋本。拑，渠廉切。知與智同。拑，執也。聿，筆也。君子發言著書不失中道，惟智者能知之，愚者不足語也。《法言》曰：言，心聲也。書，心畫也。聲畫形，君子小人見矣。

葉子奇曰：黃，中也。酋，成也。拑，包括也。聿，道也。夫言者貫道之器，三以陽德，在思之成，能出中道之成言，莫不包括于中道也。言而合道，是為至言，宜其利見於知哲之人也。

陳本禮曰：木，晝。黃，中色，舌，言之所從出也。聿，筆也，文之所從出也。拑，執也。《易》曰：君子黃中通理，理通則言無不文，哲人者，黃中通理之人也。

孫澍曰：聿，以律切，音遹，《說文》：所以書之器也，楚謂之聿，吳謂之不律，燕謂之弗，秦謂之筆。

鄭維駒曰：離為黃，兌為口舌，故稱黃舌。言由中出，發為文章，故稱黃聿。是不可以投闇，必見哲人而後可以文之也。楚謂聿，秦謂之筆。王肅云：賁，黃白色也。

鈴木由次郎曰：九月十九日，晝，角八度，木。聿同筆。秦以後把聿寫作筆字。拑，執。發言執筆之時，不失中道，此哲人之所為。

測曰：舌聿之利，利見知人也。

范望曰：因四奉五，利見智德之人。

陳本禮曰：哲舊作知。

次四：利舌哇哇，商人之貞。

范望曰：四為利口。哇哇，展轉之貌也。貞，正也。夫人不言，言必有中，口舌展轉，不可反覆，此蓋商賈之正也。

司馬光曰：宋、陸本利舌哇哇作舌哇哇，范、小宋本作利口哇哇，今從王本。哇，烏佳切。王曰：文飾虛辭以求衒鬻，故為商人之貞，而非君子之正道也。光謂：四為富而當夜，故有商人之象。

葉子奇曰：哇哇，多言之聲。四陰而主利，其利口之哇哇，然以衒鬻于人，乃商人之貞，非君子之所尚也。

焦袁熹曰：利口哇哇，商人之貞，商賈之人心乎利而已，無賤如之，哇哇之口又何尤焉。所謂貞者，猶《孟子》言妾婦之道，以順為正也。

陳本禮曰：金，夜。

鄭維駒曰：八月觀為辟卦，外卦為巽，巽陰用事之日，亦兌金司令之秋，兌為口，巽為商，合之則商人之口也。言商人之貞，則不宜於士人可知。

鈴木由次郎曰：九月十九日，夜，金。哇哇，巧言貌。巧其言而衒于世，此商人之道。

測曰：哇哇之貞，利于商也。

范望曰：哇哇之言，商人之利也。

次五：下言如水，實以天牝。

范望曰：五為天子，水善下人，故其下言，赴下如水，所以獲尊位，實如天子，以牝守之，故曰牝也。

司馬光曰：王本牝作比，今從諸家。小宋曰：剛處於中，能自虛懷，聽其讜議，從諫如流，何有不納。光謂：牝，谷也。天牝謂海也。五居尊位而當晝，能正下以納人言，如此則人爭以善道告之，如流之實海也。海自下而百川赴之，故能成其大。君自下而眾善歸之，故能成其聖。

林希逸曰：天牝，海也。從諫如流，如水下而歸海也。實者，盛之意也。沖，謙也。

葉子奇曰：下言，自謙下之言也。天牝自然，沖虛之道也。五以中正陽明之君，能自處以道，其謙下之言，如水就下，出于自然之勢，由其能以沖虛之道自實也。

陳本禮曰：土，晝。

鄭維駒曰：五為土，兌為澤，天尊地卑，上天下澤，澤在地中，曰天之牝也。言卑下如流水，實以為天之牝故也。

鈴木由次郎曰：九月二十日，晝，角九度，土。天牝，海。牝，谷。自能謙下而聽取人之言，則人爭以善道告之。正如川流匯滿大海一樣。海處低位，故百川入海，而成其大。

測曰：下言之水，能自沖也。

范望曰：能自虛沖，故致尊位也。

次六：言無追如，抑亦飛如，大人震風。

范望曰：如、抑，皆辭也。六為上祿，施祿乎民，賞慶刑威，言不可追。言出如飛，發動震眾，故震風也。

司馬光曰：大人謂在貴位之人。六過中而當夜，失言者也。一言之失，駟不及舌，故曰言無追如。清之而愈濁者，口也，雖欲抑之，已飛揚矣，故曰抑亦飛如。況夫威福在己，發口一言，疾如風霆，為物休戚，可不慎乎？

葉子奇曰：抑，禁抑也。言無追如，一出而駟不及舌也。抑亦飛如，雖禁抑而發，亦易為也。此甚言發言之易，戒人之慎其言也。惟大人之言，感物如風之震動，萬彙莫不靡然從之，其感其應，蓋有不期然而然者也。

陳本禮曰：水，夜。

鄭維駒曰：飛如即《易》翰如，大人之言，如雷動風發，不可不艮其輔也。賁互震，兌互巽，故言震風。

鈴木由次郎曰：九月二十日，夜，水。大人，有尊位之人。震風，風起雷鳴之意，疾也。言辭一旦發出口，則不可追（駟不及舌之意）。言辭是欲抑之而更飛揚。特別是在尊位之人之言，一旦發出口，其疾如風雷，且有關安危，影響重大。

測曰：言無追如，抑亦揚也。

范望曰：福之抑揚，實難知也。

陳本禮曰：既言而欲抑之，亦不及矣，故曰抑亦揚也。

次七：不丁言時，微于辭，見上疑。

范望曰：丁，當也。七為失志之主，不可正諫，故不當言。時，事也。微辭依違，以見於上，冀上自疑，反正道也。

司馬光曰：小宋本無不字，今從諸家。見，賢遍切。范曰：丁，當也。風切而已，不可章灼。光謂：七為禍始而當晝，君子事暴君，非可以直言之時，故微辭風切而已。苟為章見，則上必疑之。孔子曰：君子信而後諫，未信則以為謗己也。

葉子奇曰：丁，當也。七已過中，處衰亂之會，人當孫其言，明哲以保身也。今不當可言之時，則宜隱微其辭，苟以言而自見，上之人不惟不之信而反疑之也。君子苟時然後言，則無此失已。

陳本禮曰：火，晝。丁，當也。

鈴木由次郎曰：九月二十一日，晝，角十度，雷收聲。丁，當。仕于暴君，非宜直言之時。只能以微言諷諫。若明言，則致君疑。

測曰：不丁言時，何可章也。

范望曰：風切而已，不可章灼也。

陳本禮曰：章，明言也。

次八：蛁鳴喁喁，血出其口。

范望曰：蛁，蟬也。恒託於木，其鳴也則血出其口，不鳴則喁喁然。家性為飾，當相飾文（《大典》作文飾）。四金入（《大典》作八）木，金克於木，故曰出血也。

司馬光曰：蛁與蜩同。喁，音顒。王曰：蜩，善鳴之蟲也。光謂：喁喁，猶諄諄也。八為禍中而當夜，君不受諫，臣強以言聒之，不辱則刑矣。如蜩之鳴，喁喁不已，雖復血出其口，誰則聽之，徒自傷矣。

林希逸曰：蛁與蜩同。喁喁，鳴聲不已也。血出其口，自傷也。多言不誠，無以取信，徒自苦耳。

葉子奇曰：蛁，蟬也。喁喁，煩多聲。八居禍亂之將極，徒欲以口舌救之，如蛁鳴之喁喁然，血出其口，有自傷而已，其能及乎？

焦袁熹曰：蟬之類，聲不口出，子雲言蛁鳴喁喁，血出其口，似謂傷於鳴，故血自口出矣。蓋取象之義，假物以明人事，不得拘拘於此。

陳本禮曰：木，夜。

鄭維駒曰：蛁，蟬類，孟夏之月，寒蟬鳴，八月陰氣愈甚，雖口出血，而鳴不已。血賁，互坎象。

鈴木由次郎曰：九月二十一日，夜，木。喁喁同諄諄，此指蟬鳴聲。君不能納諫言，反而諄諄說之，此正如蟬諄諄而鳴，血出其口，人亦不聽，只會自傷。

測曰：蛁鳴喁喁，口自傷也。

范望曰：小人多口，四則哇哇，八又出血，故傷於口也。

上九：白舌于于，屈于根，君子否信。

范望曰：九為言，金為白（《大典》此二句作九為金為白），故白舌也。于于，多難之貌也。苟自文飾也，言無本末，君子不信也。

司馬光曰：宋、陸本測白舌于于作信舌不白，王本于于作干干，測曰言不信也，小宋本作白舌不白，于屈于根，今皆從范本。否與不同，方九切。于于，屈貌。九為禍極而當晝，君子居無道之世，言不見信，正當屈舌緘口而已，此誠可長久之道，勿病不能耳。《易》曰：有言不信，尚口乃窮。

林希逸曰：白舌者，徒費舌而言之也。于于，屈貌。根，舌根也。言不見信，不如屈其舌根而勿言。

葉子奇曰：白，純潔之色。于于，從容自得貌。觀其言論，純潔于于然，從容自得，則固疑其為君子矣。然其本根之實，獨有屈焉，則徒論篤而已，所以君子不信之也。

陳本禮曰：金，晝。金色白，故舌白。于于，猶娓娓，家性為飾，故其辭美而可聽，屈於根，理不直也。否，不也。

鄭維駒曰：舌屈於根，此君子之否也。然待時而宣，或以文傳後，雖暫屈而久信矣。

鈴木由次郎曰：九月二十二日，晝，角十一度，金。上九當金，金色白，故曰白舌。于于，屈貌。君子只應屈舌而沈默，根本已曲之世，君子不被信任。

測曰：白舌于于，誠可長也。

范望曰：人所可長，以為戒也。

葉子奇曰：言其欠誠信，當長之也。

陳本禮曰：長者謂其言之可聽，似乎理有餘而誠，實不足也。

疑

𝌵 疑：陰陽相磑，物咸彫離，若是若非

范望曰：三方一州三部二家。人玄，陰家，八木，上中，象震卦。行屬於木，謂之疑者，言是時陰陽分數，晝夜等齊，對相切磨，萬物彫傷而離散，陰王陽廢，是非有疑，故謂之疑。疑之初一，日入角宿十二度。

章詧曰：春分之節氣晝夜以均，陽日盛而陰日消，秋分之節氣，晝夜復等，陰日盛而陽日消，二氣相敵，故以磨萬彙。秋氣既分，物乃雕離，互為進退，是非莫定，衝曰疑惡也非，錯曰疑猶豫，悉其義也。

司馬光曰：陰家，木，亦準賁。彼飾此疑矣。入疑次四，日舍亢。二宋、陸、王本皆以為象巽，范以為象震，皆非也。磑，五對切。宋曰：物相切劘稱磑。是時陰陽相劘，分數均，晝夜等。陸曰：彫，傷也。離，散也。陰卑而主，陽尊而廢，故若是若非，疑之也。光謂：以氣運言之，若陰是而陽非，以物情言之，若陽是而陰非，故疑也。

陳仁子曰：疑者陰盛而疑於陽也。《玄》曰：格好也是，疑惡也非。夫陽至四乘則喜其格，陰至四乘則惡其疑。《易》曰：陰疑於陽必戰，為其嫌於無陽也。《易》之震乾方交於一陽而成者也。《玄》之疑，象《易》之震也，而震非八月以後之卦也，《易》不以震列於秋，而《玄》以疑列於秋，曰若是若非云者，其將嫌於無陽也，故疑自反、疑彊昭、疑金中、疑無信，其果有疑也。

葉子奇曰：磑，公哀切。磑，磨也。言陰陽相磨蕩，萬物皆彫脫，若是非言疑也。疑之初一，日入角宿十二度。

陳本禮曰：陰家，八，木，上中，卦準震。《傳》：言不以實，彼此相猜，故疑。磑，磨也。相磑，則彼此相傷，物在陰陽氣運之中，故亦各凋而離矣。若是若非者，此陰疑陽之辭也。若以為是，則不應小開闢隘而出入，仍然如故也。若以為非，則陰白陽黑，業已許其分行厥職矣，豈陽之誑我耶，故疑之也。

孫澍曰：準賁，《太玄》以君子昭忠信。

鄭維駒曰：《卦氣圖》以解代震，故《玄》以釋準解，而首贊多言震，震之用在解也。此復位震於西者，取震納庚之義，著其象。坎為月為疑，月生於西，而以東方之震象之，故謂之疑。帝出乎震而生物，陽磑陰也。至八月雷始收聲，而物皆成熟，有開析分散之意，陰磑陽也。月生於西，震之象，月自西而東，陽以漸而盈，於震之象若是矣。乃西方正秋雷收聲，復在於西，於出庚之義，又若非也，若是若非，故謂之疑。

鈴木由次郎曰：第六十二首，陰，八木，三方一州三部二家。磑，磨。彫通凋，彫離，凋落離散。陰陽二氣相磨，萬物皆傷而離散。此時陰為主，陽被廢。從物之情而言，陽為是而陰為非，但從氣運而言，則陰為是而陽為非。

初一：疑恛恛，失貞矢。

范望曰：貞，正也。矢，直也。一，小人也，執志不固，恛恛然從人，故失正直之道也。

司馬光曰：小宋本恛作呬，虛次反。呬呬，笑也。今從諸家。范本不正之疑作疑恛失貞，今從諸家。恛，音回。范曰：矢，直也。王曰：恛恛，昏亂貌。光謂：一為思始而當夜，小人心不正直，多疑少決，終無所定也。

葉子奇曰：恛，音回，恛恛，疑而未定之意。矢，箭也，喻直。一以陰暗而在疑初，其疑不定，失其正直之道也。

陳本禮曰：水，夜。

孫澍曰：小人執志不堅，恛恛然從人，故不正直而無定。

鄭維駒曰：離為矢，互坎伏離，故失貞矢。《玄》以得陽為貞，失貞矢者，初時陰故也。

鈴木由次郎曰：九月二十二日，夜，水。恛恛，疑而不定。貞矢，正而直。小人之心疑而不定，失正直之道。

測曰：疑恛失貞，何可定也。

范望曰：心之多疑，無所定也。

次二：疑自反，孚不遠。

范望曰：二為平人，而在疑家，益以有疑。火性燥上，二上臣五，故自反也。三當上進，四據祿位，以次當升，故信不遠也。

司馬光曰：二為思中、為反復而當晝，君子有疑則當屏去利欲，平除愛憎，清靜其心，自反於身，義則行之，不義則捨之，以此決疑，夫何遠之有。

葉子奇曰：二以陽明，故有疑而能自反，則將至于無疑，其孚通又豈遠哉。人苟自反，理無不通。

陳本禮曰：火，晝。

鄭維駒曰：盛衰可疑而自反於中，則不盈不虧有孚於心，得其本然之體矣。互坎為孚。

鈴木由次郎曰：九月二十三日，晝，角十二度，火。有疑之時，省身去欲，使心清靜，不為外物所惑，如此則直能決疑。

測曰：疑自反，反清靜也。

范望曰：清靜自守，方得位也。

陳本禮曰：清靜自守，不為外物所惑，此除疑妙法也。

鄭維駒曰：清靜者，陽之體也。

次三：疑彊昭，受茲閔閔，于其心祖。

范望曰：祖，始也。彊，彊梁也。昭，明也。三為木而在木行，故疑彊梁而明盛也。必受此疑，故閔閔然而自憂也。於其心意，始時所行，不違於道，故明也。

司馬光曰：范本強作彊，今從宋、陸、王本。強，其兩切。王曰：疑而強昭，暗而強明，宜其受此閔憂於心祖。祖，本也。光謂：三為成意而當夜，故有是象。孔子曰：知之為知之，不知為不知，是知也。《曲禮》曰：疑事毋（《大典》作無）質。

葉子奇曰：昭，明也。閔閔，不明之意。祖，始也，源也。三本陰暗，乃彊其不明以為明，人孰告之哉，徒爾自欺，反受此不明於其心之源也。此戒強明自任者。

陳本禮曰：木，夜。疑則不明，昭，明也。今乃強以為明，必至臨事顛倒錯亂，而心無所主。閔閔者，憂傷也。心無所主，則昏瞀憒亂，有累於其心也。

鄭維駒曰：收聲在酉陽衰可疑，三又時陰，而彊為出庚之明，適閔閔於初心而已。坎為心為恤，故閔閔。月始出庚，故曰祖。祖者始也。

孫詒讓曰：范注云：彊，彊梁也，昭，明也。石為木而在木行，故疑彊梁而明盛也，必受此疑，故閔閔然而自憂也。王涯云：疑而彊昭，暗而彊明，宜其受此閔憂於心祖，祖，本也（《集注》）。案：疑彊昭，王說得之，閔閔當讀為忞忞，《廣雅・釋訓》云：忞忞，亂也，《法言・問神》篇云：著古昔之㖧㖧，傳千里之忞忞者莫如書，李注云：忞忞，心所不了，此言疑而強以為昭，則心受其忞忞終於不了，故測云中心冥也。范注並失之，王詁閔為憂亦誤。

鈴木由次郎曰：九月二十三日，夜，木。閔閔，憂傷。心祖，心之最深之底處。祖，本。心有疑，若欲強行以為明，則心之深處會有憂傷。此《論語・為政》篇所說「知之為知之，不知為不知，是知也」之意。

測曰：疑彊昭，中心冥也。

范望曰：自疑不審，故心冥也。

次四：疑考舊，遇貞孚。

范望曰：考，問也。孚，信也。君子之道，故舊不遺，今而問之，知其疑也。信在於九，遇正也。

司馬光曰：王曰：心有所疑而稽考舊典以明之，則疑必釋矣。光謂：四為外他、為條暢而當晝，故有是象。舊典、舊人，皆可問也。問而遇正信，斯可從矣。孔子曰：疑思問。

葉子奇曰：考，問也。四則陽明，有疑而能問於老成之人，宜其遇貞正而孚通也。《書》曰：好問則裕。

陳本禮曰：金，晝。考，問也。四為陽明而在疑世，有疑而能問者也。舊者前人之典刑先朝之法度也。能咨詢而考問之，則必遇正而有孚，其疑釋矣。

鄭維駒曰：乾為舊，舊者陽之本體也。月者水之精而生於乾之中爻，考之於舊，則得其陽之貞而有孚於心，知其明之所由生矣。

鈴木由次郎曰：九月二十四日，晝，亢一度，秋分，金。考舊，舊指明昔之法度之人。考，問。有疑之時，若問明乎昔之法度之人，則必知正道而有誠。

測曰：疑考舊，先問也。

范望曰：有舊而問，故疑也。

鄭維駒曰：哉生明，有先義，震為言，故問。

次五：䖃黃疑金中。

范望曰：蛛，赤也。土色黃而先言赤者，故疑也。外赤內黃，故言疑。金中陰家之陽，色不純正也。

司馬光曰：宋、陸本䖃作嚇，字書無之，范本作蛛，今從王、陳本。䖃，徒冬切。范曰：蛛，赤也。王曰：䖃與彤同。雖居盛位而處陰當夜，不能辨析所疑，彤黃之色而疑其為金。小宋曰：䖃，音雄，雄黃石也。䖃黃之色光瑩粲然，疑有兼金在其中也。光謂：五居尊位而當夜，疑而不明，大佞似忠，故邪能奪正也。

林希逸曰：蛛音雄，雄黃石也。以其色而疑為金在其中，紫亂朱之意也。

葉子奇曰：蛛音同。蛛，赤土也。黃，中色。五居中而遇陰，其德似是而非，猶赤土之黃，疑其為金中之色，蓋姦而似忠，佞而似賢，莠而似苗，鄉原似德，世之以偽為真者多矣，非君子誰能辨焉。

陳本禮曰：土，夜。雄黃，石屬，光瑩似金。五為土，土生金，黃者中之色也。五處中而當夜，雖居尊位而陰邪不正，如雄黃之藥石，人疑其為金而不知其非中之正色也。

孫澍曰：邪奪正，如莠之亂苗，王莽折節以鼓虛譽，荊舒飾經以文回說，皆是也。

鄭維駒曰：蛛黃與金皆生於土，金中色，蛛黃亦似中色，若是若非者，雄黃之於金也。

鈴木由次郎曰：九月二十四日，夜，土。�黃同雄黃，一種礦石，其光似金。次五當中位，又當夜，故雖在尊位而陰邪不正，正如懷疑雄黃是不是黃金，不知它不是中正之色。

測曰：赧黃疑中，邪奪正也。

范望曰：以赤奪黃，非其色正（《大典》作正色）也。

次六：誓貞可聽，疑則有誠。

范望曰：六為之師，師眾之事，以誓為正，故曰誓貞。貞，正也。事正故可聽也，可聽則無疑，無疑故有誠也。

司馬光曰：王曰：六得位當晝，能釋群疑，誥誓以正，而人皆可聽，以辨所惑。其疑而未悟，則有誠明之道以貫之，則愚迷皆釋矣。申明王命以斷眾疑者也。光謂：物情疑，故誓之。誓正則人可聽矣。誓而人猶疑之，則當申之以至誠，誠則人從，不誠人不從矣。六為上祿，故曰王命。

葉子奇曰：忠信薄而人心疑，然後有盟誓，雖非令典，苟其盟誓得其貞正而可聽，是因疑而有誠信，變而不失乎道之正也。

陳本禮曰：水，晝。六為位當晝，能以誓誥釋天下之疑，解臣民之惑者也。《周禮·周官》：掌詛祝盟誓之事，疑則有誠者要質之於神明也，蓋貞則可聽，疑則盟神，此王政之所以能息眾疑也。

鄭維駒曰：震為言，故誓，六為水，於事為聽，震為長子，長子率師，故誓貞可聽，雖疑而有誠也。

鈴木由次郎曰：九月二十五日，晝，亢二度。水。誓，天子告誡於國民之詞。誓誥。天子告誡於國民的詔敕若正確，則人皆聞之而解惑。雖發詔敕而國民猶有疑，則以至誠重複之。

測曰：誓貞可聽，明王命也。

范望曰：精誠之言，明時王之命也。

鄭維駒曰：乾為王，天命由震而出，故明王命。

次七：鬼魂疑（原有貞厲）嚘鳴（原作嗚），弋木之鳥（原作烏），射穴之狐，反目（原作自）耳，厲。

范望曰：七火六水，水滅於火，故為七鬼也。厲，惡也。六正克七，故貞厲也。嚘嗚，歎也。七為射，又為兵，兵飛而射也。弋，射也。為羽，又為日，日中有烏，八木，七上於八，故烏在木上，而曰（原作日，誤）弋木之烏也。

司馬光曰：宋、陸、范、王本皆云鬼魂疑貞厲，今從小宋本。小宋本耳作貞，今從諸家。諸家本目皆作自，今從宋、陸本。范曰：嚘嗚，歎也。光謂：鬼魂恍惚，若有若無，誠可疑也。莫黑匪烏，莫赤匪狐，易辨者也。目視耳聽，理之常也。七為失志、為消、為敗損而當夜，己既不明，惑之者眾，若鬼若魂，不能判別，嗟嘆而已。烏狐易辨，而或得失，猶不免疑，己之耳目且不自信，反以耳視而目聽，宜其危矣。

林希逸曰：以鬼魂自疑惑，乃有嚘嗚之歎，既以為烏而弋之，又以為狐而射之，烏黑狐赤，至易見也，而亦不能別之，反其目而以耳為信，危矣哉。

鄭氏曰：嚘嗚，上憂下烏。

葉子奇曰：鬼魂言非人之精識也。七為陰家之陰而在疑世，是猶非人之精識而反疑於正，所以厲也。嚘，鳴。鳴，狐鳴聲。烏狐皆惡物，《詩》云：莫黑匪烏，莫赤匪狐是也。凡惡物所止之處，人併其處而惡之，故烏所止之木，人欲戈之，狐所止之穴，人欲射之，故曰戈木之烏，射穴之狐，言可惡之甚也。今烏狐之鳴，反惑聽之，所以厲也。蓋鬼魂疑貞，是小人之疑於君子，烏狐反聽，是君子之惑於小人也。

陳本禮曰：火，夜。鬼魂疑下舊有貞厲二字，衍文，删。嘎，舊訛嚘。弋，舊訛戈。七為陰火，秋夜見燐火飛，遂疑以為鬼魂來也。嘎，風動林木聲，乃疑以為烏，遂張羅以弋之。嗚，風鳴竅穴聲，更疑以為狐，復關弓而射之，一派疑團莫釋，反令人耳視而目聽也，故曰厲。

鄭維駒曰：坎為月為鬼，月之魄則鬼魂也。出庚生明，可無疑矣。而疑於其魂，所以然者，四為夜人，嚘嗚之聲疑於耳，鳥狐之形疑於目，視聽錯迕，明無由生，故反而厲。震為木，互艮為穴為狐，互坎伏離為鳥，故稱鳥。坎為弓，故弋射。

鈴木由次郎曰：九月二十五日，夜，火。嚘，風動樹木之聲。嗚，風吹洞穴所發出之鳴聲。弋，繫有絲之矢，用以射鳥。反目耳，目聞耳見，反其用，此不信自己耳目者。秋之夜燐火飛，見之而疑以為鬼魂來，聞風吹林木之聲而疑為鳥，聽到風吹穴間發出的聲音而疑為狐，於是射所疑之鳥之狐。起疑而顛倒耳目，此誠為危險。

測曰：鬼魂之疑，誠不可信也。

范望曰：鬼魂之凶，誠不可取信也。

次八：顛疑遇幹客，三歲不射。

范望曰：射，厭也。幹，貞也。顛，下也。三，終也。八，木也，而在木行，二木相當，客之謂也。下疑遇幹貞之客，人以名貴，故終歲不厭也。

司馬光曰：射，音亦。范曰：射，厭也。

葉子奇曰：八在禍而逢陽，雖其顛倒於疑慮，乃遇明知有才幹之人，而能親之信之，至於終久而無厭射之情，其疑終必解矣。

陳本禮曰：木，晝。射音亦。顛，狂也。射，厭也。八在木世，木氣太重，故疑而成顛。幹客者，上九之金，金能斧其其腐蠹，削其壅腫，引繩中墨，而顛疑霍然頓愈。三歲不射者，感其醫之神妙，故久而敬之也。

孫澍曰：幹如木之幹，枝葉所附而立者也。射，《詩》：矧可射思，注謂厭也。顛疑，惑之甚者也。枝葉附幹而立，猶甚疑，遇解人而明。三歲，時之久也，久而敬之，明辨惑也。

鄭維駒曰：木，故稱幹。八在三上，木之顛也。顛有所疑，遇有貞幹之客，止而不射，蓋疑則張弧，不疑則說弧，故不為鳥狐之射也。

鈴木由次郎曰：九月二十六日，晝，亢三度，蟄蟲培戶，木。顛通癲，狂。癲疑，疑而發狂。幹客，指上九之金。金以斧伐木之腐蠹，治癒其癲疑。射，厭。疑而發狂，而遇幹客（此指上九之金）以治癒其病。長久敬上九而不厭。

測曰：顛疑遇客，甚足敬也。

范望曰：幹貞之客，故可敬也。

鄭維駒曰：八為木，事貌，用恭，故曰敬。

上九：九疑無信，控弧擬麋，無。

范望曰：九為金，故為弧矢。此（原作比，《大典》作此）疑世也，九位皆疑，故九疑也。無信，無所信也。控弧擬麋，猶曰無者，疑之甚也。

章詧曰：九夜，一首九位，俱有疑貳，九居其終而言之，故曰九疑。不自信曰無信，既控弧矢而擬之以麋也，疑其無麋。小人之道，不能取信於人，抑亦不能自信也，故測曰終無所名也。

司馬光曰：宋、陸、范本疑無信皆作九疑無信，今從王、小宋本。范曰：無信，無所信也。控弧擬麋猶曰無者，疑之甚也。光謂：九為疑極，故有是象。終疑不決，必無所成名也。

葉子奇曰：九居疑之終，疑而能信，終于無疑。今疑而無所信，徒疑而已，猶張弓擬射於麋，麋無有，徒張而已，此其所以終惑而不解者也。

陳本禮曰：金，夜。無信，謂不信其無，疑其為有也。故控弧以控弧以擬之，其實無麋也。無麋而猶張弧以擬之，是其疑終迷而不解也。

鄭維駒曰：九為極，九疑者，極疑也。《京房易傳》曰：震遂泥，厥咎國多麋。所以然者，震為麋，麋善驚，象震，震驚而在泥濕之地，故其咎多麋。乾初與四震，內外主爻也，五月一陰為姤，而內震主爻消，八月四陰為觀，而外震主爻又消，故震收聲在八月。是月也，震九四一爻已伏，所謂震遂泥，國多麋者，欲擬之而全無矣。既無其象，又何以控弧哉？觀此贊，則疑之準震益信。

吳汝綸曰：麋無，即靡無草也。

鈴木由次郎曰：九月二十六日，夜，金。弧，木弓。控，引弓。麋，麋鹿。疑而不能信。疑有麋鹿而引弓，欲射之。

測曰：九疑無信，終無所名也。

范望曰：弧而不發，何所成名也。

鄭維駒曰：震不見震，故無所名，無所名，則直名以疑而已。

視

𝌞　視：陰成魄，陽成妣，物之形貌咸可視。

范望曰：三方一州三部三家。人玄，陽家，九金，上下（《大典》作上上），象觀卦。行屬於金，謂之視者，魄，形也；妣，母也，言陰已成形，謂坤象見也。陽在地下，養萬物根荄，若母之養子也。萬物形貌皆可觀視，故謂之視。視之初一，日入亢宿四度。

司馬光曰：陽家，金，準觀。王曰：是時萬物形貌已成，皆可見。光謂：秋分之時，陰如月成魄。妣當作𡟗（《大典》作媲），匹計切，配也。陰陽中分，成配偶也。

林希逸曰：陰如月，既蝕成魄，而陽為妃偶，言秋分陰陽均平也。

陳仁子曰：視者陰成物而可見也。蓋四陰為觀之時也，《易》以四陰乘二陽，陽居上而為下所觀，則曰觀。《玄》以四陰消六陽，而幾物可見，則曰視。以下觀上則觀也，以人視物則視也。視鴻雁之來，則陽陰漸盛而遷乎南也。視玄鳥之歸，則以陽中至而以陰中歸也。視築城郭，穿竇窖，修囷倉，則民當以陰而入，物當以陰而藏也。至於《玄》之視內視德視瑕，其謹於視哉！

葉子奇曰：上下，餘同范。魄，體魄。妣，母喪之稱。言陽化為陰而將亡也。視之初一日，入亢宿四度。

陳本禮曰：陽家，九，金，上下，卦準觀。《傳》：視，瞻也。魄者，附形之陰靈，所謂游魂為變者也。陰成魄者，狀陰之形體也。是月也以陽視陰，則如晦夜游魂暗影，於愁雲霧雨之中，天地皆為之晦冥，無處而非鬼魅世界矣。陽成妣者，以壯陰視老陽，則骨髓乾枯，形容如妣，萬物之隨陽憔悴者，亦皆變而為老嫗矣。咸可視者，見陰陽之善惡變相，可一望而知之矣。

孫澍曰：準觀，《太玄》以大觀在上，制禮行樂。

鄭維駒曰：坎為月，坤象月魂，自朔至望，盈而為乾，望後象巽，下弦象艮，觀外巽互艮，又象重艮，是已成坤之魄矣。自姤至觀，純乾消，至四爻，觀內坤又互坤，是乾父已成坤妣矣。八月物皆成熟，故形貌咸可視也。

鈴木由次郎曰：第六十三首，九金，陽，三方一州三部三家。魄，依附於形體而存在的陰靈。妣，已死之母。陰氣已成形而依附於形體，陽氣衰而如已死之母，萬物悉隨陽氣而衰，形貌憔悴之狀，一看即知。

初一：內其明，不用其光。

范望曰：自視稱內明，一而內明，內自省視，內省不疚，何憂何懼，故內其明也。謙以下人，以光自耀，故不用也。

司馬光曰：范曰：內省不疚，夫何憂何懼。光謂：一為思始而當晝，收視內明，不用外光。

葉子奇曰：明者光之體，光者明之用。一在視初，伏而未見，是內其體之明，而未施其用之光，此賢者側陋韜晦俟時之際乎！

陳本禮曰：水，晝。內其明，自視其內也。一在金世，金水內明，故君子韜光養晦，不求人之知也。

鄭維駒曰：陰成魄，則消其光，然月者水之精，其明在內，坎內陽故也。初為水，故能反光內照，不用其外之明也。

鈴木由次郎曰：九月二十七日，晝，亢四度，水。自於其內見有光，而其外，則不求人知。

測曰：內其明，自窺深也。

范望曰：深窺己瑕，而自改也。

陳本禮曰：自窺者，仁義根於心，忠信存乎性，明於庶物，察於人倫，故自窺深也。

次二：君子視內，小人視外。

范望曰：君子謂一也，一內其明，故視內也。小人謂二也，陽家之陰，故稱小人。火光外炤，故視外也。

司馬光曰：身之榮悴，人之賢不肖，莫不皆然。

葉子奇曰：君子視內求諸己也，小人視外求諸人也。二逢夜陰，是以不能自見。

陳本禮曰：火，夜。

鄭維駒曰：坤為小人，月明在內，火明在外，離外陽故也。二時數皆陰，為火，故用以視外。

鈴木由次郎曰：九月二十七日，夜，火。君子求之于己，小人求之於人。

測曰：小人視外，不能見心也。

范望曰：光明外照，故不見己之心也。

鄭維駒曰：二思中，故為心為火，故不能見心。

次三：視其德，可以幹王之國。

范望曰：三為進人，日新其德，必升四而為公侯，故幹國也。家性為視，內自省見，故視其德也。

司馬光曰：三為成意，又為進人，當日之晝，德成而外形者也。故王者視其德之大小，任以爵位，為國家之楨幹也。

葉子奇曰：三以剛陽，居下之上，處思之成，能以德業自見，宜其可以幹輔王國也。

陳本禮曰：木，晝。

鄭維駒曰：巽為木，木生於三，故曰乾。乾為德為王，坤為國，觀之時乾象已有，三時數皆陽，乾象消而乾德在，故可以幹王國也。

鈴木由次郎曰：九月二十八日，晝，亢五度，木。幹，堪任其事，才能。王者應視臣下德之大小而任其爵位。

測曰：視德之幹，乃能有全也。

范望曰：能自省料，故全也。

鄭維駒曰：乾不全而能有全也。

次四：粉其題頯，雨其渥須，視無姝。

范望曰：題，額也。頯，面也。渥，美也。姝，好也。粉，飾也。四者公侯之位，而在陽家之陰，故小人也。為小人之道，不飾其心而飾其面，猶姝姝之好而遇於雨，故視無好也。

司馬光曰：宋、陸本無忍字，小宋本無可字，今從范、王本。王本頯作頯，云面權也，小宋本作頩，匹迥切，面無色也，今從范本。頯，薄變切。姝，尺朱切。范曰：題，額也。頯，面也。姝，好也。光謂：四色白，為下祿、為外他，小人飾外貌而得祿者也。偽久必敗，如粉其題頯而遇雨，沾渥其須，他人視之，安有好乎。

葉子奇曰：頯，薄變切，題額也。頯，面也。雨，澤也。渥，潤也。須鬚通用。姝，美也。四陰柔便媚，但飾面貌美髭髯以容悅取人，豈非小人醜態哉？不知由君子視之，殊不見其美也。

焦袁熹曰：粉題遇雨，粉去而質露矣，不能為姝，適令人掩目也。故曰素以為絢兮。

陳本禮曰：金，夜。題，額，頯，顴也。渥須以墨染鬚也。粉欲其白，渥欲其黑，一經雨濕，粉淋墨落，則醜態畢露矣。姝，美也。此刺飾外貌而苟且食祿者。

孫澍曰：頯，當作頩，聘上聲。

鄭維駒曰：巽為廣顙題象為白粉象，四為金，觀八月卦，兌金可命兌為輔頰，故稱頩。頩，《易》作頄，翟云：面顴頰間骨也。雨，兌澤象，兌為口，故稱須。粉其額頩，實似女也。乾之首已無全色，又遇雨以渥其丈夫之須，塗抹不堪，何姝之有？段云：頩須姝為韻，今本頩作頩，誤。王作頩，亦誤。

鈴木由次郎曰：九月二十八日，夜，金。題頩，題為額，頩為顴。渥，饒厚。須通鬚，胡鬚。姝，美色，奇麗。其額與顴塗抹白粉而飾外貌，遇雨而濡濕其胡鬚，眼見其衰，全無美好。

測曰：粉題雨須，不可忍瞻也。

范望曰：飾面遇雨，不可視之也。

陳本禮曰：不能為姝，適足令人掩目。

次五：鸞鳳紛如，厥德暉如。

范望曰：五為天位，故稱鸞鳳。孔子曰：鳳鳥不至，明為天瑞也。紛如，有文章也。暉如，文德之貌也。有文有德，故暉如也。

司馬光曰：小宋本皓作時，今從諸家。五居尊位，受盛福而當晝，王者盛德光暉，嘉瑞來臻，故鸞鳳紛如而多也。賈誼曰：鳳凰翔于千仞兮，覽德輝而下之。

葉子奇曰：鸞鳳，靈禽，喻君子。紛如，多也。暉，光也。五為陽明之君，其朝多君子，故曰鸞鳳紛如。既多君子，其德豈不極其暉光之盛乎。

陳本禮曰：土，晝。

鄭維駒曰：山海經：丹穴山鳥狀如鶴，五采而文，名曰鳳，女牀山有鳥，狀如翟，而五采文，名曰鸞。坤為文，故稱鸞鳳。

鈴木由次郎曰：九月二十九日，晝，亢六度，土。鸞鳳，靈禽，以喻君子。紛如，多貌。暉如，光輝貌。鳳凰多而舞，此喻朝廷多君子，其德光暉如而發光輝。

測曰：鸞鳳紛如，德光皓也。

范望曰：言其德皓皓然盛也。

鄭維駒曰：皓，潔白也，巽象。

次六：素車翠蓋，維視之害，貞。

范望曰：宗廟尚質，故素車也。車素蓋羽，猶為不純，車服不純，惟身之二（《大典》作害）。家性為視，能內自視，改復於正，故貞也。

司馬光曰：六為上祿而當夜，小人無德而祿，外好內醜，如乘素車而張翠蓋，視其外則華，內實無文也。貞者，當以正視之，則其好醜自分矣。

葉子奇曰：六過中不能敦於純儉，雖用素為車，而乃以翠為蓋，徒侈飾以夸視於人，有害於正而已，則何益哉？

陳本禮曰：水，夜。害下舊有貞字，衍。地皇二年，莽仿黃帝造登仙車，華蓋九重，高八丈一尺，金瑵葆載以祕機，四輪車駕六馬，力士三百人，皆衣黃衣幘，車上人擊鼓，輓者皆呼登仙，莽出令在前。是徒飾觀瞻，而不知其諸臣謂似輀車也。

鄭維駒曰：坤為大輿為喪，故曰素車。翠，青羽雀，淮南原道：建翠蓋，注：以翠羽飾蓋也。天如倚蓋，色青，觀，乾二陽在四陰之上，象翠蓋在素車之上也。坤為害，害乾者，坤也。貞者戒而勉之，非稱之之詞。

鈴木由次郎曰：九月二十九日，夜，水。素車，以無文彩之絹繒所飾之車。翠蓋，張以綠色之絹的車蓋。小人無德，以白絹飾車，上有綠絹所飾之車蓋，徒求表面華麗，而此非道之正。

測曰：素車翠蓋，徒好外也。

范望曰：君子之道，被褐懷玉。今高自外飾好，非道之貞也。

鄭維駒曰：乾消於外，徒飾為外觀也。

次七：視其瑕，無穢。

范望曰：七，火也，火性光炎，身不容瑕。家性為視，而內自視，身光已清，故無穢也。

司馬光曰：小宋本無作罔，今從諸家。王曰：七居過滿之地，然得位當晝，是能因時而自視其瑕，戒於未萌，則咎悔不生，故終以無穢也。光謂：七為禍始而當晝，故能如是。

林希逸曰：視其瑕，知其過也。人能知過，則行無疵矣。穢，疵也。矯，飾也。

葉子奇曰：七已入禍，故有瑕，然遇陽明，故能自視其瑕，是過而能自訟，其能改必矣，所以至於無穢也。

陳本禮曰：火，晝。

鄭維駒曰：乾為玉而消於坤，則玉之無瑕者僅矣。坤為惡，巽為臭，故穢。七能自視其瑕，以保其乾德，故無惡臭之穢也。

鈴木由次郎曰：九月三十日，晝，亢七度，火。有過則顧而責己，遂無悔吝之憂。

測曰：視其瑕，能自矯也。

范望曰：自矯以正，故無瑕穢也。

葉子奇曰：矯，強也。

次八：翡翠于飛，離其翼，狐貂之毛，躬之賊。

范望曰：八為震，震為鳥，故翡翠也。於卯為兎。狐，貂屬也。各以文毛之用，遂致殺身之禍，不自視之咎也。

司馬光曰：貂，都聊切，與貂同。范曰：各以文毛之用，遂致殺身之禍。小宋曰：罔離其翼也。光謂：八為禍中而當夜，外觀之美，適為身災，故曰好作咎也。《孟子》謂盆成括小有才，未聞君子之大道，則足以殺其身而已矣。

葉子奇曰：翡翠狐貂，皆鳥獸之美於羽毛者也，皆為人所取用，故離翼躬賊也。言人宜去文存質以免禍。

陳本禮曰：木，夜。悲翠，狐貂，皆羽毛之美者也，美則適為身之災也。

鄭維駒曰：翡翠，亦鳥之有文者，互艮為狐為鼠，故稱狐貂。翡翠以羽離於罔，狐貂以毛而見賊，即山木自寇、膏火自焚之意。

鈴木由次郎曰：九月三十日，夜，木。貂同貂。翡翠因為羽毛美而遭網捕之災，狐與貂因為皮毛美，而被人捕捉，以害身。

測曰：翡翠狐貂，好作咎也。

范望曰：八獨無視，故逢咎也。

鄭維駒曰：言美觀為咎也。

上九：日沒其光，賁于東方，用視厥始。

范望曰：九，西方也。日之將入，故言沒其光也。賁，飾也。《易》曰：山下有火，賁。賁，黃白色也。將入之日，既赤且黃，若初出之時也，故曰用視其始也。

司馬光曰：范曰：賁，黃白色也。小宋曰：日之將沒，賁在東方。光謂：九居視之終而當晝，君子修德立功，慎終如始，如日之將沒，反照東方。《易》曰：視履考祥，其旋元吉。

葉子奇曰：九居視之終，是日沒其光也。終則有始，是日復賁于東方也。終所以為始之地，始所以為終之基，故于九之終，曰用視厥始。

陳本禮曰：金，晝。賁於東方，夕陽返照也。終必始見君子之心，終始如一也。《楚詞》曰：撰余轡兮高馳翔，杳冥冥兮以東行，用視厥始也。

鄭維駒曰：九，西方，日所沒，范注得之。筮法巽六爻在卯，卯為日門，觀上九巽六爻也。八月日沒於正西，出於正東，上九處觀之極，若無視矣。然終則有始，如日沒於西，由坤之上，復出於卯，故云用視厥始。如《楚詞》所云杳冥冥兮以東行也。

鈴木由次郎曰：十月一日，晝，亢八度，水始涸。金。賁，飾。此指黃白色。太陽沒於西，其光返照於東方，而為黃白色。以此而顧日出之始。君子慎終如始，始終如一。

測曰：日沒賁東，終顧始也。

范望曰：終始相顧，不相乖違者也。

陳本禮曰：自滅首起，至視首止，為人玄之初九九首，終。

沈

☵ 沈：陰懷于陽，陽懷于陰，志在玄宮。

范望曰：三方二州一部一家。人玄，陽家，一水，下下，象兑卦。行屬於水，謂之沈（《大典》均作沉，下同）者，言陰氣升上，陽道（《大典》氣）退下，不相交錯，陰陽宜交，今不得通，故相懷戀，志於玄宮也。在下稱玄，土為中宮，陰陽之道，沈沒在下，故謂之沈。沈之初一，日入亢宿七度。

司馬光曰：陰家，水，亦準觀。入沈次四，日舍氐。沈，下視也。諸家以為準兑，非也。宋曰：懷，思也。陰陽別行久矣，咸在於秋中而相思也，故其志俱在玄宮矣。

陳仁子曰：沉者陰盛而陽藏也。夫陽升而在上，則物喜樂而爭暢，陽氣沉而在下，則物凄悲而肅殺。故《玄》之沉象《易》之兑也。兑為正秋之卦，而日說言乎兑，蓋以一陰居二陽之上，喜之見乎外也。沉當八月之間，而曰志在玄宮，蓋以四陰進五陰之交，陽之湮乎內也。曰沉於國（當作閨），沉於美，沉其腹，何況如也！

葉子奇曰：陰家。玄宮，幽玄之府，謂北方。沈之初一，日入亢宿七度。

陳本禮曰：陰家，一，水，下下，卦準兑。《傳》：此時陰陽別行久矣，何以忽然而有懷也。蓋陰氣日益上，陽氣日益下，各欲去而不返，然君臣之誼，未忍恝然忘懷，而時還繫念於心也。玄宮者，北方幽玄之府，陽生於子，北方乃其本根之地，陰極於子，北方乃其歸宿之地，故俱志在玄宮。

孫澍曰：準觀，君子以載明德，發矇瞶。

鄭維騶曰：《卦氣圖》以賁代兌，故《玄》以飾象賁，兼取兌為口之義，此復以沈象兌者，兌為正秋，陽漸消之時也。兌為正西，日所沒之方也。故曰沈。又云陽下陰，亦有沈意。陰得陽以為化，陽得陰而後成，兌為說，陰陽相說，故懷也。玄宮疑即《書》昧谷，日所入也。日入於西，兌又互離，故贊中多言離象。沈以離言，疑以坎言者，月生象震，日沒在兌，欲合四正為一氣也。

鈴木由次郎曰：第六十四首，陰，一水，三方二州一部一家。玄宮，北方幽玄之府。陽生北方，故北方為陽之根本之地。陰極于北方，故北方為陰之歸宿之地。陰氣和陽氣別行已久，此時陰思陽，陽思陰，其志共在北方幽玄之府。

初一：沈耳于閨，不聞貞。

范望曰：貞，正也。一為耳，耳在水中，故沈也。閨，內也。內者婦人之事。一，小人耳，志在於內，不聞正道，故言不聞貞也。

司馬光曰：范曰：一為耳，耳在水中，故沈也。光謂：一為下下而當夜，小人好沈耳于閨，潛聽以下人之隱私，不聞君子之正道。君子垂旒充耳，而物無隱情。

鄭氏曰：一，小人也，按：范注每以陽家之陽陰家之陰為君子，以其純也。陽家之陰陰家之陽為小人，以其雜也。初一陽數而云小人，以沈為陰家故也。首名下注以為陽家，與此不合，蓋以九家奇耦定陰陽，而不以八十一家奇耦定陰陽者，乃林瑀之繆，非范注也，於是明矣。

葉子奇曰：閨，閤也，婦人居之。一在沈初，陰柔居內，是沈溺于婦人之言，烏有得聞於正道哉？此牝晨之戒也。大抵人之所溺，莫甚于色與食，故贊辭皆以二者為義。

陳本禮曰：水，夜。沈，溺也。閨，閤也。不溺於閨閤之言，若弗聞之也者，則正矣。范曰，一為耳，耳在水中，故沈也。

鄭維騶曰：初一水，於事為聽，故曰耳。兌西方，類為門，門小者曰閨，沈耳於閨，所聞不廣，故不聞貞。

鈴木由次郎曰：十月一日，夜，水。沈耳，初一為耳，又當水，故曰沈。小人好豎耳于內室偷聽人之陰私，而不聽君子正道。君子于人之陰私，則塞耳不聽。

測曰：沈耳于閨，失德體也。

范望曰：無有遠志，故失體也。

陳本禮曰：損乾剛之德，失丈夫之體也。

鄭維駒曰：君子以朋友講習為進德也，而晏安於內，故失德體。

次二：沈視自見，賢於眇之眄。

范望曰：二為目，而在沈家，故沈視也。視而沈者，必見其內。內省不疚，無所憂懼，必（《大典》作反）而自見，是賢眇之所眄也。

司馬光曰：范曰：二為目，而在沈家，故沈視也。小宋曰：眇，一目盲也。眄，邪視也。光謂：二為思中而當晝，沈視于身，自見善惡，得其正美，賢於小人不能內省而旁窺它人之是非，如眇目之人，已則不明而好邪視也，故曰賢於眇之眄。

葉子奇曰：人莫難于自見。二以陽明，故能自見，宜其賢于不明者之盼也。

陳本禮曰：火，晝。眇，一目盲也。眄，邪視也。沈視者，返觀內視也。內視於身，善惡自見，豈不賢於眇目者不能審視自己，而好邪窺他人之是非以為明也。

鄭維駒曰：離為目，故見眄。兌毀折，故眇。日入於西，則沈視矣。二時陽，故能返觀而賢於眇之能視也。

鈴木由次郎曰：十月二日，晝，亢九度，火。沈視，視于內。眇，獨目。眄，橫目而視。自己內省心中之善惡，眇目之人好以橫目而窺他人之善惡，以此為明。內省者勝之。

測曰：沈視之見，得正美也。

范望曰：而自省察，道之美也。

鄭維駒曰：反觀內照，非由外鑠，故得正美。

次三：沈于美，失貞矢。

范望曰：矢，直也。貞，正也。三為進人，進不以道，沈淪美色，故沈美也。不得其道，故失正直也。

司馬光曰：范曰：矢，直也。光謂：三為思上而當夜，小人沈溺聲色之美，失其正直之性。《老子》曰：五音令人耳聾，五色令人目盲。謂所聞見皆不得其正，如聾盲也。

林希逸曰：貞矢，正直之道也。為紛華之美所沈迷，則失其道矣。

葉子奇曰：三陰柔過中，而沈溺于美色，故其心志蠱惑，而失正直之理也。

陳本禮曰：木，夜。

鄭維駒曰：離為矢，《楚詞・東君》云：舉長矢兮射天狼，操全弧兮返淪降，即貞矢之謂。小人屈於嗜欲，故失貞矢。

鈴木由次郎曰：十月二日，夜，木。沈溺于聲色之美，失其正直之性。

測曰：沈于矢，作聾盲也。

范望曰：沈放美色，故聾盲也。

葉子奇曰：昏閉於色，故不聰明。

陳本禮曰：《老子》曰：五音令人耳聾，五色令人目盲。

鄭維駒曰：聾盲，兌毀折象。

次四：宛雛沈視，食苦貞。

范望曰：四為西，故稱宛雛，亦為公侯，義不素食，故先苦而後得祿也。得必以正，故貞也。

司馬光曰：小宋本宛作冕，今從諸家。王曰：宛雛，鳳屬。光謂：四為下祿而當晝，君子擇祿而食，守苦節，循正道，如鳳下視四方有道之國，非竹實不食，必擇可食之方然後集也。

葉子奇曰：宛雛，鳳雛也，非竹實不食，以喻君子。言君子沈潛其視，不肯妄食，食雖苦淡，務存正道而已。

陳本禮曰：金，晝。

孫澍曰：《法言》：焦鵬遴集，食其絜者矣。

鄭維駒曰：離象飛鳥，故贊中多言鳥。食，兌口象。宛雛，鳳屬。沈視者，欲覽德輝而下之也。

鈴木由次郎曰：十月三日，晝，氐一度，金。宛雛，鳳凰之雛，食竹之實。鳳凰之雛視下，非竹實不食。君子擇祿而食，守苦節，循正道。苦于得食，且為正。

測曰：宛雛沈視，擇食方也。

范望曰：言其所食必當方也。

次五：雕鷹高翔，沈其腹，好蠅惡粥。

范望曰：粥，出也。蠅，懷也。五為天而位正，以雕鷹諭者，家性為沈，沈於惡位，高翔不復，猶貪暴之君，高志穢行，好懷畜利，惡所出也。

司馬光曰：二宋、陸本蠅作繩，今從范、王本。吳曰：蠅，古孕字。光謂：《管子》曰：蠅婦不（《大典》否下有期字）銷棄。粥與育同。好惡讀如字。

五處尊位而當夜，外望高而志趣卑，如雕鷹鷙鳥，其飛翔非不高，而下視腐鼠，志在攫之以實其腹，始若善而終於惡，故曰好孕惡育也。

林希逸曰：雕鷹，鷙鳥也。沈其腹，飛雖高，志在實腹而已。自好生孕，而乃惡他物之生育，言其喜殺也。孕古孕字。粥與育同。沈，實也。

葉子奇曰：好，去聲。孕音懷，義同。惡粥，臭腐之物也。五陰鷙貪穢而居尊位，如鵰鷹高翔，志在攫食，故沈其腹。然其所食不潔，好懷臭腐之物，此小人姦穢周旋于位者乎。四五贊辭，正用《莊子》答惠子鴟鴞嚇腐鼠之譬。

陳本禮曰：土，夜。孕同孕。粥同育。《樂記》曰：羽者嫗伏，毛者孕育，所以遂其生也。今乃好食其初生之胞胎，而惡其蓄育，其為食也虐矣。

孫澍曰：孕，懷也。粥，出也。貪利之人高視穢行，好懷利而惡出，此志士所以不飲貪泉也。

鄭維駒曰：秋氣肅殺，故鷙鳥高翔。離為大腹，五為腹器，腹以重而沈，飽食若孕，有入而無出，如婦孕之不育，故云好孕惡粥也。

鈴木由次郎曰：雕，鷙鳥。孕通孕，懷孕。鷲和鷹高翔而其望高，但沈其腹，其志趣卑。好養初生之胎兒，但嫌惡生育之，殘虐。

測曰：雕鷹高翔，在腐糧也。

范望曰：為君腐糧，下不足也。

陳本禮曰：腐糧，腐鼠也。出莊子。

鄭維駒曰：五為稼，故曰糧。

次六：見粟如累，明利以正于王。

范望曰：票，飛光也。累，明（《四庫》作重）也。六為上祿，君子之道，重明麗正，光輝遠聞，故利以正於王也。

司馬光曰：范、王本粟作票，今從二宋、陸本。范本纍作累，今從諸家。

鄭氏曰：票，舊匹遙切，按：本作熛，必遙切。如累票如，積累是謂重明。《詩》言緝熙於光明者，乃此義也。

葉子奇曰：票，飛升而上之速也。六上進而居福祿之極，以其陽明兢惕之深，雖其見乎升進之速，乃視之而如累然，見寵若驚，得進而憂，苟能如此，必無貪競之失。而有引避之謙，宜其明達通利以正于王也。

陳本禮曰：火，晝。票同熛，卑遙切。票，火之飛光也。六在水世，上近七火，波光與火光相照耀，如累明也。六為上祿，君子之首重明麗正，光輝宣著，故利以正於王也。

孫澍曰：粟，嘉穀實也。纍，《說文》：綴得理也。利，用也。見理明熟，如粟纍然，而生連綴不紊，有條理也。《孟子》曰：始條理者知之事也，終條理者聖之事也。知且聖，王佐材也。有王者起，必來取法，故曰其道明也。

鄭維駒曰：火飛則易滅，日昃則易沈，故見火飛，即恐日之將沈，為明累也。利正於王，即王假之勿憂，宜日中意。

鈴木由次郎曰：十月四日，晝，氐二度，水。票通熛，火飛。次六為水，近次七之火。見火飛之光（次七為火），火光映照波光（次六為水）而重光，喻君子之道光輝宣著。利以正王。

劉按：鈴木斷句：見票，如累明，利以正於王。

測曰：見粟如累，其道明也。

范望曰：道之分明，故自見也。

次七：離如婁如，赤肉鴟梟，厲。

范望曰：厲，惡也。七為目，故稱離婁，力視之貌也。七為鳥，故稱鴟梟，鴟梟，貪惡之鳥也，故見赤肉而力視之也。

司馬光曰：七，色赤，用明，類為羽，又七為失志而當夜，雖明視如離婁，見赤肉取之，乃得惡鳥。不擇祿而食，危之道也。

林希逸曰：以離婁之明，而食如鴟梟，但食生肉，危道也。赤肉，生肉也。此貪不擇祿者之喻。

葉子奇曰：離婁，視明貌。赤肉，肉腐無皮，故赤也。七不中而禍賊，明于姦穢，其嗜利如鴟梟之於腐鼠，然能無危厲之及乎。

陳本禮曰：火，夜。離婁者，狀赤肉之紛披狼藉也。鴟梟奪食，利在於攫，小雀被攫，羽毛脫落，惟存赤肉之紛披狼藉，故曰離如婁如也。

鄭維駒曰：何晏《景福殿賦》：丹綺離婁，注：縷刻分明也。離如婁如，亦當分明之意。視非不明也，見赤肉而為鴟梟，則與擇食者異矣。七為火，赤，火色。

鈴木由次郎曰：十月四日，夜，火。離如婁如，散亂狼籍貌。鴟梟，性殘虐。小鳥被梟捉，羽毛脫落，赤肉散亂。殘虐是危險之道。

測曰：離婁赤肉，食不臧也。

范望曰：視其非求，故不善也。

陳本禮曰：不臧，言其凶殘慘酷也。

次八：盼得其藥，利征。

范望曰：盼，目之美也，《詩》云：美目盼兮，濁（《大典》作因）盼而視，故見藥。藥以除疾，猶明君求賢以祛蔽也。蔽間（《大典》作開）故利征也。

司馬光曰：范、小宋本利征作征利，今從宋、陸、王本。八為禍中而當晝，故得藥利征也。

葉子奇曰：盼，目明也。藥所以療疾。八在禍中，乃能明于自救，不至沈溺，是善補過者也，豈不利征乎？

陳本禮曰：木，晝。盼，目黑白分明也。目既美又得明目之良藥，則所見益明矣，故利征。范曰，藥以除疾，猶明君用賢以祛蔽也。

鄭維駒曰：兌為金，類為醫，故曰藥。離目明能得良藥，則可以征行矣。

鈴木由次郎曰：十月五日，晝，氐三度，木。盼，目黑白分明貌，眼神清澈。征，行。眼神清澈，且得好眼藥。目益明，利于行。

測曰：盼得其藥，利征邁也。

范望曰：邁，行也。利以行，行於四方者也。

上九：血如剛，沈于顙，前尸後喪。

范望曰：血，憂也。九又為金，故稱剛，亦最在上，故言顙也。家性為沈，九為之終，故沈於顙也。在前為尸，謂木見克也。在後為喪，為火家在後，克九金也。

司馬光曰：宋、陸本血如剛沈於顙作如血如剛沈于之顙，王本作如血如岡沈于之顙，小宋本作如血如岡沈於顙，今從范本。王曰：危亡之道，相繼而至，故前尸後喪。光謂：血猶膏澤也。剛當作岡。沈有漁利之象。九為禍極、為盡弊、為顙，漁利不已，浚民膏澤聚如岡陵，至于沈顙不知已，故危亡相繼也。

葉子奇曰：剛岡通。九居沈溺之極以致禍敗，其聚血如岡陵然，甚至沈沒其顙，前則尸而後則喪，禍敗已極，雖欲救之，其將能乎。

陳本禮曰：金，夜。

俞樾曰：前尸後喪，樾謹按：尸當訓陳，言前雖陳列之，後終喪失也。故測曰終以貪敗也。王曰：危亡之道，相繼而至，故前尸後喪，未得其旨。

鄭維駒曰：陰為血，觀八月辟卦，巽為廣顙（九亦為顙），坤為屍為喪，自兌而後，陰氣益盛，血凝如剛，視冰至尤堅矣。觀上猶有巽象，自剝至坤，並其巽之廣顙而沈之矣。觀下坤前屍也，自剝以至純坤，則又有後艮矣。

鈴木由次郎曰：十月五日，夜，金。血，膏血。剛通岡，音義通。尸，陳。榨取民之膏血而聚集如岡，其多可至埋至纇額。始能多陳列，後則盡失之。

測曰：血剛沈纇，終以貪敗也。

范望曰：進退有禍，故終敗也。

鄭維駒曰：兌西方，收斂萬物，至純坤為吝嗇，為欲，故以貪言之也。

內

𝍆 內：陰去其內而在于外，陽去其外而在乎內，萬物之既。

范望曰：三方二州一部二家。人玄，陰家，二火，下中，象歸妹卦。行屬於火，謂之內者，秋分氣終於此首之次二，寒露氣起此首之次三，言陰氣盡於天地之間，陽氣復其下。既，已也。故萬物已成，將當蓋藏入於室內，故謂之內。內之初一，日入氐宿四度。

司馬光曰：陽家，火，準歸妹。入內次三一十三分二十二秒，日次大火，寒露氣應，斗建戌位，律中無射。宋曰：既，盡也。

陳仁子曰：內者陰盛而陽伏其中也。夫陽發乎外則為發生，陽伏乎內則為揫斂。蓋陽常居大夏，而陰積於空虛無用之處，陽固宜見於外而不宜藏於內也。《玄》之內象《易》之歸妹者也。《易》之歸妹，以三五之陽乘陽，而致意乎貞之一辭，《玄》內以五變之陰閉陽，致警乎內之一首。經曰：萬物之既，測曰：邪其內主，又曰：內不克婦，其不足於內也夫。

葉子奇曰：既，盡也。萬物至是，皆盡。內之初一，日入氐宿四度。秋分氣終於此首之次二，寒露節起于此首之次三。

陳本禮曰：陽家，二，火，中下，日入氐，斗指戌，律中無射，寒露氣應，卦準歸妹。《傳》：內外者，陰陽之大閑也。陰不可去內，陽不可去外，今陰陽道乖，內外踰閑，前沈首陰陽尚有懷戀之情，此則婦棄其內而志在外，夫棄其外而志在內，各自去而不相顧也。是萬物無情，生理盡矣，故曰既。

孫澍曰：準歸妹，《太玄》以序人事，修化原。

鄭維駒曰：歸妹內兌外震，是陰在內，陽在外也。然是時兌金司令，則陰在於外矣。雷已收聲，則陽在於內矣。陰長陽消，故萬物既。

鈴木由次郎曰：第六十五首，陽，二火，三方二州一部二家。既，終，盡。陰氣棄其內而志于外，陽氣棄其外而志于內，各相棄而不顧。萬物生理已盡。

初一：謹于嬰𢀳，初貞後寧。

范望曰：一，水也，文（《大典》作火，是）為之嬰，《春秋傳》：火水嬰，故謹其內。𢀳，正（《四庫》作匹，司馬引亦作匹）也。謹其嬰正（《四庫》作匹），男女道正，故貞。夫婦別，室家安，故後寧也。

司馬光曰：范、王本治女政作始女貞，今從宋、陸本。嬰、𢀳，古妃、仇字。范曰：𢀳，匹也。謹其妃匹，男女道正，夫妻別，室家女。光謂：內者室家之象。居內之初，故戒之也。《易》家人初九曰：閑有家，悔亡。

林希逸曰：嬰古妃字，𢀳古仇字。匹，偶也。娶必擇賢，初得其正，則家終安也。

葉子奇曰：嬰𢀳音妃逑，義同。一居妃配之始，始而得正，後乃可寧，初而不貞，後豈寧乎？夫正始，凡事固所當然，況妃配乃齊家之本，尤宜謹也。

陳本禮曰：水，晝。嬰同妃。𢀳同逑。寧家之道，貴得淑女。謹者慎之於始也。正始之道，《關雎》為風化之首也。

鄭維駒曰：配匹之際，生民之始，萬福之原，故當謹之於始，蓋坤得一以寧，故妻道貴貞於一也。

鈴木由次郎曰：十月六日，晝，氐四度，水。嬰𢀳通妃逑，配偶。妃，在內者。得優秀配偶，謹慎此事，正成家之始，于是家始安泰。

測曰：謹于嬰𢀳，始女貞也。

范望曰：為（《大典》男）女道正，故為賢婦也。

陳本禮曰：子雲著《玄》，於女誡獨諄諄言之，蓋有鑒於當時也。

次二：邪其內主，迂彼黃牀。

范望曰：內主為婦也，火為水妃，必見克害，故內主邪也。迂，遠也。黃，中也。牀亦內也。內主不正，故遠之也。

司馬光曰：范本乎作乃，今從宋、陸、王本。范曰：內主謂婦也。迂，遠也。黃，中也。小宋曰：牀者人所安。

葉子奇曰：內主，妻也。迂，遠也。黃牀，中正之牀也。二在內世而陰邪，猶妻之不正也。妻之不正，宜出遠于黃牀而不御近之也。

鄭維駒曰：九月辟卦為剝，剝取艮象，稱牀，歸妹亦九月卦，故言牀，互離為黃，內主在中，故稱黃牀，必迂而遠之者，居正位而邪行也。

鈴木由次郎曰：十月六日，夜，火。內主，主婦。黃牀，寢室中的睡牀。黃，中之色。迂，遠。主婦不正，應自家中而遠之。

測曰：邪其內主，遠乃寧也。

范望曰：性相克害，故遠之乃安寧也。

陳本禮曰：邪者，非淫即妒，遠者出之也。

次三：爾儀而悲，坎我西階。

范望曰：三，陽位也。內者昏姻之道。仲春之月，木盛東方。坎，憂也。爾，汝也。汝，三也。悲，悲己也。納內之世，親迎之道，婦升西階，有代親之義，故而自非，憂感而已也。

司馬光曰：范曰：坎，憂也。親迎之道，婦升西階，有代親之義，故悲也。王曰：儀，匹也。小宋引《昏義》曰：厥明，舅姑共饗，婦以一獻之禮奠酬。舅姑先降自西階，婦降自阼階，以著代也。

葉子奇曰：坎，陷失也。西階，婦升西階，代母之位也。《禮》云：婚禮不賀，人之序也。以其易代，故見其儀而悲，蓋前者去而後者繼，婦任事而姑退，聽是以陷，失我母所居之西階也。

陳本禮曰：木，晝。坎，款也。我，母自謂也。《昏義》：厥明舅姑共饗婦，以一獻之禮，奠酬，舅姑先降自西階，婦降自阼階，以著代也。著代者，子代父事，婦代姑事。儀者，代之儀。爾儀而悲者，婦代姑任事，姑退聽於西階，見婦成禮而有感也。三以木在火世，火盡薪傳，故有著代之義。

俞樾曰：爾儀而悲，坎我西階，樾謹按：范注曰：坎，憂也。親迎之道，婦升西階，有代親之義，故悲也。然坎我西階甚為不辭，且既言悲，不必更言憂矣，范說非也。坎乃次字之誤，次者即也，《說文》：垐，古文作堲，是次即古音相同，《尚書・康誥》：勿庸以次女封，《荀子・致士》篇、《宥坐》篇並引作勿庸以即，是次與即通用也。次我西階者，即我西階也。范引婦升西階為說，是矣。

鄭維駒曰：三為木，於事為貌，故曰儀。歸妹中互坎離，《禮記》曰：天子之與后，猶日之與月。《易》小畜曰：婦貞厲，月幾望。歸妹亦曰帝乙歸妹，月幾望，故月者婦象也。《昏禮》：婦升自西階，此云坎我西階者，是言婦人取象坎月，昇我西階也。曾子問娶婦之家，三日不舉樂，思嗣親也。爾儀而悲，謂見婦而悲，思嗣親之謂也。

鈴木由次郎曰：十月七日，晝，氐五度，鴻雁來賓。木。《禮記昏義》：「厥明，舅姑共饗婦，以一獻之禮，奠酬。舅姑先降自西階，婦降自阼階，以著代也。」次三贊辭即婚禮上行婦代舅姑而為主人之禮時姑之感慨之言。次，即。在行親迎儀式上，著明你（指婦）代我（姑自稱），我降自西階，從此以後，婦代我而任全部家事，想到這，我就悲傷。

測曰：爾儀而悲，代母情也。

范望曰：感母見代，故悲心也。

陳本禮曰：曰母者，對子言也。情者，《古詩》：休洗紅，洗多顏色淡，記得初按茜，人壽百年能幾何，後來新婦今為婆，今昔新舊之感，寧不有動於中乎？故曰情。

次四：好小好危，喪其緼（原作蘊）袍，厲。

范望曰：厲，危也。蘊袍謂食祿也。小好謂非正侈靡之事也。居公侯之位，不念盡忠以和陰陽，而徇（《大典》循）侈靡，故喪祿也。

司馬光曰：范本緼作蘊，王本袍作飽，今從宋、陸本。

葉子奇曰：緼袍，溫體之服，禦寒之具也。四以陰柔，乃好小道，樂危事，不能以大道安事自居，必致喪其存身之具，所以厲也。

陳本禮曰：金，夜。小，纖細也。危，不正也。莽既風單于以王昭君女入侍皇太后矣，而又以所納徵錢千萬，遺太后左右奉共養，方故萬端，故莽凡有所請，太后皆可其奏。《綱目發明》云：書以莽為大司馬者，太母也。詔莽居攝踐祚者，亦太母也。詔莽稱假皇帝，詔莽號令奏事毋言攝，又皆太母也。莽之為奸飾詐誑耀媚事，無非元后主之於內，亦何以肆其謀哉？太后受其共奉，此所謂好小好危，以致天下失矣。

孫澍曰：好小，見小利也。好危，喜事幸災也。緼袍，寒士也。以寒士而妄希小利，幸人家國之災，是喪其內也。喪其內，故弗榮。

鄭維駒曰：兌，少女，故小。少女而金，則女戎也，故危。緼袍者，舊有同胞之愛，以喻正嫡也。喪其緼袍，則黃裏黃裳所不待言，此好非所好致之也，故厲。

鈴木由次郎曰：十月七日夜，金。小，纖細之意。危，不正之意。緼袍，棉袍，此指食祿。好纖細侈靡之事，好不正之事，以至失去公僕之位。危險。

測曰：好小好危，不足榮也。

范望曰：所好非事，故不足以為光榮也。

陳本禮曰：以太皇太后之尊而受小人誑耀媚事，及莽即位，不過易其號曰新室文母而已，又何足榮哉？

次五：龍下于泥，君子利用取嬰，遇庸夷。

范望曰：五，土也，六為水，土在水下，故泥也。龍以諭陽，陽下於陰，親迎之義也。故君子利以取嬰也。庸，大也。夷，悅也。親迎以禮，故大悅也。

司馬光曰：王本庸作膚，今從諸家。取與娶同。范曰：龍以喻陽。陽下於陰，親迎之義也。光謂：親迎之禮，壻御輪三周，陽下陰也。庸者得其常也。夷者等夷也。

葉子奇曰：庸，平也。夷，等也。龍，陽物。泥，陰物。龍下于泥，言陽下于陰。在婚禮則致聘親迎之事，皆男下女也，苟能盡禮如此，必得佳偶而遇平等之配。言其道同德合，有是夫而有是婦也。

陳本禮曰：土，晝。取同娶。乾之九二曰見龍在田，出潛離隱之時也。此曰龍下於泥者，蟄而蟠伏於泥中也。然得位當晝，有剛中之德，能以陽下陰，男下女，故利用取女。嬰，配耦也。庸，中德，夷，平也。君子處困窮蟄伏之時，能求賢自輔，必得道同德合之人，平其難而拯其危也。

鄭維駒曰：震為龍下於泥，即下於兌澤也。夫婦恆久之道，故庸。妻者齊也，故夷。龍下於泥，陽交陰之象，故利以取嬰。

鈴木由次郎曰：十月八日，晝，氐六度，土。庸夷，常為平安。庸，常。夷，平。龍潛伏泥中，陽下于陰。男若以低下于女之精神，則宜娶配偶，家常安泰。

測曰：龍下于泥，陽下陰也。

范望曰：親迎之時，男下女也。

次六：黃昏于飛，內其羽，雖欲滿宮，不見其女。

范望曰：六為宗廟，納婦廟見，然後成婦，昏者親迎之時也。于飛，飛就陽也，內其羽，入于宮也。六欲妃五，而五克之，見克不進，故不見其女也。

司馬光曰：王曰：六居盛滿而失位當夜，乖於居內之宜。黃昏于飛者，無所定也。內其羽者，不能禁於內也。雖欲滿宮，欲無窮也。不見其女者，失其配偶之道，終無所獲者也。

葉子奇曰：六居寵祿之極，是躭樂于女色，如暮夜之行，則維內其羽，謂入乎宮也。雖其妃嬪之多，欲充滿其宮，猶自以為不足，如不見其有女也。蓋貪得者無厭，莫知其女之多也，後世縱慾之君，後宮動以千萬，猶曰無當，意者果何理哉。

陳本禮曰：水，夜。黄昏非于飛之時，且逆翅而退飛於內，是飛不以正也。雖欲滿宮，不見有女者，妃嬪雖多，無當意者，六居盛滿而失位當夜，其縱欲自恣如是，豈處內之道耶。

鄭維駒曰：互離為飛，互坎為宮，娶婦之禮雖在於昏，然於飛而納之，則淫奔之女也，非禮之合，可以來，亦可以去，故不見也。

鈴木由次郎曰：十月八日，夜，水。次六當盛滿，當夜，宜居內之時。黄昏時飛，反翅退飛于內。妃嬪雖多，無合己意者。

測曰：黄昏內羽，不能自禁也。

范望曰：時過將奔，禮所不禁也。

陳本禮曰：爭寵獻媚者多，故欲不能自禁也。

鄭維駒曰：六為水，互坎為欲，故不能自禁也。

次七：枯垣生莠，皬頭內其稚婦，有。

范望曰：七為祖父，故白頭也。白而不純，謂之皬。白頭而內稚婦者，二為仲女而與七合，故有稚婦也。

司馬光曰：王本莠作秀，今從諸家。范、小宋本物作勿，今從宋、陸、王本。皬，胡覺切。范曰：白而不純謂之皬。光謂：七為禍始而當晝，衰而復興者也。有，富有也。物慶類者，物情喜得其類也。《易》曰：枯楊生稊（《大典》荑），老夫得其女妻，無不利。

葉子奇曰：皬頭，白首也。雉婦，小婦也。七已過時而居內世，是為枯垣生莠之象，在人道則白首而內有少婦也。此取《易》枯楊生荑，老夫得其女妻之語而文之。

焦袁熹曰：龔無糝皬頭班白者，以其尚可內稚婦，故不得言純白也。

陳本禮曰：火，晝。內同納。皬頭，髮之斑白者，雉，野雞而有文彩者，以之名婦，見其妖嬈而以色媚人也。《易》曰：枯杞生荑，老夫得其女妻，無不利。有者，喜詞也。喜其懷孕而能有也。

鄭維駒曰：坎為宮，故曰垣。莠，震蕃鮮象。兌金色白，七為七十，故皬頭。枯而生莠，老而得婦，七時陽故也。

鈴木由次郎曰：十月九日，晝，氐七度，寒露。火。莠，野草。皤頭，頭髮斑白之老人。稚婦，年青女子。有，喜悅之詞，懷孕曰「能有」。枯垣牆根又生莠草。頭髮斑白老人迎娶年輕奇麗之妻。啊，已經有了（懷孕）。《易》大過九二：枯楊生稊，老夫得其女妻，無不利。

測曰：枯垣生莠，物（原作勿）慶類也。

范望曰：老夫女妻，明不足慶，猶可以繫族類也。

陳本禮曰：枯垣，敗址也。莠似稷而無實。勿慶者，言老夫少婦雖生不育，亦如莠之秀而不實，故曰類也。

次八：內不克婦，荒家及國，涉深不可測。

范望曰：克，勝也。荒，立也。八陰立（《大典》作位）也，當婦於九，九而克之，故不勝婦也。婦而不勝，故家亡。家亡及國，故不可深（《大典》作勝）豫測也。

司馬光曰：范本不測作不可測，今從諸家。范曰：克，勝也。

葉子奇曰：八以陰邪而居禍中，是內有不能之婦，謂失德也。婦德如此，必至荒廢家國，譬如涉深之不可測，言其為禍不可量也。《詩》云：亂匪降自天，生自婦人。又曰：哲婦傾城，此之謂也。

陳本禮曰：木，夜。

孫澍曰：夫為妻綱，男正位乎外，女正位乎內，今內不克，是夫不夫，婦不婦矣。《書》：牝雞之晨，惟家之索，《詩》：哲婦傾城，是夫婦失位，其禍不可勝言，猶涉深之不可測度也。

鄭維駒曰：坎為陷，故不可測。

鈴木由次郎曰：十月九日，夜，木。家中有惡婦。使家荒廢，其害將及其國。如渡河而不能測知其深一樣，禍來亦不可測量。

測曰：內不克婦，國之孽也。

范望曰：妖孽之生，災及家國也。

陳本禮曰：此刺太皇太后也。國之孽與國之賊，同一《春秋》書法。

上九：雨降于地，不得止，不得過。

范望曰：金生水，故雨降也。雨施於地，上施惠於下也。不得止者，祿有常數也。不得過者，不賞無功也。

葉子奇曰：九居上之終，終則反始，故為雨降于地之象。不得止，不得過，言其得潤澤之中也。

陳本禮曰：

孫澍曰：雨止則旱，過則淫，聖王之時，五風十雨，澤節之象。或曰：節，制也，節則不傷不害，澤節即應節也，其義亦通。

鄭維駒曰：互坎在兑上，雨降為澤之象，坎為水為欲，水有所歸，欲有所制，故不得止，亦不得過，斯則歸妹之大義也。

鈴木由次郎曰：十月十日，晝，氐八度，金。上九當金，金生水，故曰雨降。雨降於地（喻惠施於下）。不能止（喻祿有常數），不能過度（無功者不能賞，要有節度）。

測曰：雨降于地，澤節也。

范望曰：雨降于地，節之以陂澤也。

鄭維駒曰：言以澤節之也。互坎在兑上，有水澤節之象。

去

𝌹　去：陽去其陰，陰去其陽，物咸倜倡。

范望曰：三方二州一部三家。人玄，陽家，三水（《大典》作木），下上，象無妄卦。行屬於木，謂之去者，倜，張也。倡，盛也。言是時陰陽易位，二氣交錯，萬物張盛，各去其位，故謂之去。去之初一，日入氐宿九度。

司馬光曰：陰家，木，準無妄。漢儒解無妄為無所復望，故揚子以去準之。三測曰：妄行也。四測曰：非所望也。是揚子兼取二義以為首也。倜，張留切。倡，音昌。宋曰：倡音如兩服上襄。謂是時陰陽各去其所，萬物亦倜倡不知所處也。王曰：倜與俶同。萬物倡狂而離散也。

林希逸曰：枯園，自高之喻。靈淵，善淵也。自處之卑也，此好謙自下之喻。枯園，燥地也。

陳仁子曰：去者陰盛而不可久也。《玄》曰：去離故而將來初，夫陽之盛者，陽有行之漸也，陰之盛者，陰有去之階也。故《玄》於五陽之後而次以裝，以見陽之不可恃，於五陰之交而次以去，以見陰之不可極。故《易》之無妄亦去首之象也。《易》以四陰包二陽，而為無妄，《玄》以四陰乘三木，而為去。曰去此靈淵，曰去彼枯園，歸去來兮，陰亦自有不可久者。

鄭氏曰：物咸倜倡，言萬物於是乖張茂盛也。以陰陽易位，二氣交錯故也。

葉子奇曰：倜倡，磊落相去貌。去之初一，日入氐宿九度。

陳本禮曰：陰家，三，木，下上，卦準無妄。此首獨以陽居陰上者，見陰之凌逼太甚，萬不能留，故先決絕而去之耳。《傳》：去，棄絕也。內首之去，尚云去外去內，此則夫先絕其婦，故婦亦絕其夫，陰陽之氣既離，不能復合，萬物無主，倜倡者，皇皇無所之之象。

孫澍曰：準無妄，君子以慎獨存誠訟惡。

鄭維駒曰：乾九四或躍在淵，淵者靜虛之際，呼吸易與天通，非如初九之潛，隔之於地也。龍將由地而飛於天，則必自淵始。無妄上卦為乾，震在乾九四之下，是在淵之下也。龍將由天而潛於地，則亦必自淵始。九月陰盛於上，雷收聲而舍於淵，是陽去其陰也。自觀而剝，坤不承乾，是陰去其陽也。物不統攝於陽，故分散離披而咸倜倡也。

鈴木由次郎曰：第六十六首，陰，三木，三方二州一部三家。陽氣棄陰氣而去，陰氣棄陽氣而去。陰陽二氣已經隔絕不能復合。萬物無所主，慌亂而無所行。

初一：去此靈淵，舍彼枯園。

范望曰：一為水，最在下，故稱靈淵。舍，居也。行在木，木於秋而廢，又一為沙泥，木廢泥沙之上，是為枯園。家性為去，故去下居高也。

司馬光曰：范曰：一為水，最在下，故曰靈淵。去下即高，非謙德也。小宋曰：枯園猶高上也。光謂：園木之枯，必地高而無潤澤也。一為思始而當夜，小人厭下思高，欲去此而從彼，必有殃也。

林希逸曰：枯園自高之喻，靈淵善淵也。自處之卑也，此好謙自下之喻也。枯園，燥地也。

葉子奇曰：一為水，逢陰家之陰，不善於去，乃去此靈美之淵，而舍止枯槁之園，言其去美就惡也。

陳本禮曰：水，夜。枯園指二。一在木世，不舍於淵，反去靈淵而舍於火，木遇火焚，故園為枯園，去善就惡，此不善於去者也。

鄭維駒曰：初為水，乾九四之淵，初實當之。陰為靈，九月純乾消而剝，九四之淵早已為靈淵矣。無妄自初至四，有園象，是時互巽之木，震之蕃鮮已就枯槁，是其園亦已為枯園矣。淵而靈可以藏其神，園而枯不可蟄以安身，初乃去此而舍彼，何哉？

鈴木由次郎曰：十月十日夜，水。靈淵，低下之地。枯園，枯木之園，此指高地。離開低處，止于高地。此言不能以謙遜之德扶身。

測曰：去此靈淵，不以謙將也。

范望曰：水以善下為本，今去下即高，非謙德也。

鄭維駒曰：謙卦互震又互坎，陽下於地，謙之象也。初去淵而舍園，故云不以謙將。

次二：去彼枯園，舍下靈淵。

范望曰：二，火也，水克於火，故相反也。

司馬光曰：二為思中而當晝，君子慮以下人，故其道光也。

葉子奇曰：二以陽明，故善于去，與初反也。

陳本禮曰：火，晝。二以陽明，能避高就下，卑以自牧也。

鄭維駒曰：二為火而時陽，陽能自則，故知進知退，以時而下於靈淵也。

鈴木由次郎曰：十月十一日，晝，氐九度，火。離開高地，止于低處。此言光大其謙遜之德。

測曰：舍下靈淵，謙道光也。

范望曰：去高即卑，道光大也。

陳本禮曰：去高即卑，道光大也。

鄭維駒曰：二當去而去，今之下靈淵，即將來之所以涉大川也。互艮輝光，故云道光。

次三：高其步，之堂有露。

范望曰：三為進人，故高其步也。五為堂，視遠步高，當升未至，故其樂速，意露見也。

章詧曰：三夜，在去之時，小人不德度德，故去賤即貴，揚揚然露於言貌，高其步而升堂，無德升高，故測曰妄升也。

司馬光曰：范、小宋本妄行作妄升，王本作安行，今從宋、陸本。露沾人衣，禍辱之象也。三為成意而當夜，小人見高位而趨之，不覺涉於禍辱也。

葉子奇曰：露沾濡物，喻小人之污染于人也。三陰躁不中，而為進人，妄有所進，故高步也而不知其堂之有露欲沾濡於人，此君子輕進恐不免為小人之所污染也。

陳本禮曰：木，夜。三陰躁不中，妄希躐等而進，故高其步也。《詩》：厭浥行露，畏其衣之沾濕也。堂，朝堂，今乃不問其堂階之崇高，夜露之沾濕，輒欲高其步而登焉，竊恐階未升而衣已濕，步未舉而履益濡矣。

鄭維駒曰：震為足，互巽為高，故高其步。互艮為庭，故曰堂。無妄於卦氣為寒露節，故有露。寒露之時，陰氣彌甚，而猶高步於堂，是當去而不去也。

鈴木由次郎曰：十月十一日，夜，木。高舉其足，登上朝廷之階梯。登而未極之時，衣已濡于露。喻已蒙禍辱。

測曰：高步有露，妄升也。

范望曰：不循揖讓而高其步，故妄升也。

陳本禮曰：平帝元始五年，奉太皇太后詔升莽宰衡，位在諸侯王上。露者，隱喻內竅有路，所謂妄升也。

次四：去于父子，去于臣主。

范望曰：五以上為祖父之屬也，四以下為子孫之例也。四次於五，五升則四上，父沒則子繼，家性為去，故去小而升大也。

司馬光曰：范本作去于父子，今從二宋、陸、王本。王曰：四既得位當晝，去之得宜。去于子而之父，去于臣而之主，順于尊卑之序，則咎悔不生。光謂：四為禍始而當晝，去卑而得尊，福生望外，故云非所望也。

林希逸曰：父尊子卑，主尊臣卑，今子居父上，臣過於主，皆逆也。去之則順矣。去逆從順，以其逆道，非所欲也。望，欲之之意。

葉子奇曰：去于父子，言父子相離也。去于臣主，言君臣相離也。父子相離則恩隔，君臣相離則義乖，故非所望也。此贊當晝辭反不吉，疑有誤。

陳本禮曰：金，晝。去於父子，父子相離也。去於臣主，君臣相離也。父子離則天倫絕，君臣離則大義乖，此去之大不宜者也。

鄭維駒曰：于，往也。乾為君為父，震為長子為侯，九月乾消為剝，君父去矣。無妄外乾，亦有君父在外之象，然父去而子俱，是乃往乎子父，子與父未嘗去也。君去而臣俱，是乃往乎臣主，臣與主未嘗去也。蓋去者一時之象，而不去者萬古之理也。

鈴木由次郎曰：十月十二日，晝，氐十度，金，雀入大水化為蛤。絕父子之情，絕君臣之義。

劉按：當是吉辭，贊辭應接上測辭而曰非所望也，言此二去皆非所望也。

測曰：去于父子，非所望也。

范望曰：子襲父位，雖當居尊，明無先望之意也。

陳本禮曰：平帝三年，莽長子宇非莽隔絕衛氏，莽執宇送獄，宇飲藥死。宇妻懷孕繫獄，俟產子已，亦殺之，此所謂去於父子也。莽因是獄坐死者，凡數百人，海內震焉。北海逢萌謂友人曰，三綱絕矣，不去禍將及人，遂掛冠浮海去，此所謂非所望也。

鄭維駒曰：君父之理非所期望，自然而然者也。

次五：攓其衣，之庭有麋。

范望曰：五為衣，麋，草也。方近於水，故攓衣也。庭，中庭也。五為中央，故稱庭。庭而有草，故衣舉也。

司馬光曰：小宋曰：攓，音愆，舉也。光謂：攓衣而行，庭有荊棘也。麋鹿遊庭，亡國之墟也。五，情恐懼，又為衣，居尊位而當夜，將去其位而失其國，可無懼乎？

林希逸曰：攓音愆，牽也。庭有荊棘，牽衣而行，則麋鹿生之矣。言有國有家不自脩飭，則必至荒亂也。

葉子奇曰：攓音愆，麋，草也。《春秋傳》曰：吾與爾孟諸之麋是也。五當去中而遇陰邪，言攓舉其衣而進，其奈庭荒之有草，無以為措足之地乎？此小人在庭，君子憚而不進也。

陳本禮曰：土，夜。五為陽主而遇陰邪，故攓其衣而欲去也。庭，內庭也，麋，澤獸也。以內庭禁地忽有澤獸在焉，見國非其國也。

鄭維駒曰：艮為手，乾為衣，故攓其衣。艮為庭，震為麋鹿，然鹿陽而麋陰，《京房易傳》曰：震遂泥，厥咎國多麋，陽衰故多麋也。今麋在庭，陽衰益甚，攓衣而去，恐無及矣。

鈴木由次郎曰：十月十二日，夜，土。攓通搴，舉。舉衣而欲去，行于內庭，則有麋鹿遊于其中。亡國之墟，誠可恐。

測曰：攓衣有麋，亦可懼也。

范望曰：庭之（《大典》作草）不除，君之懼也。

陳本禮曰：懼其欲食人也。

次六：躬去于成，天遺厥名。

范望曰：六為上祿，祿位高而尊。家性為去，當成功而讓於人。或若堯舜，或便還五，功成身退，故天遺其名也。

司馬光曰：二宋、陸本成作城，今從范、王本。攘，古讓字。遺，以醉切。范曰：六為上祿，家性為去，功成身退，故天遺其名也。

葉子奇曰：六居隆盛之地，故能成其功，性復剛明，乃能身執謙退，去其成功而弗有，雖欲逃名而名歸之也。《書》曰：汝惟不伐，天下莫與爾爭功，汝惟不矜，天下莫與爾爭名，此之謂也。

陳本禮曰：水，晝。成帝崩，太皇太后詔莽就弟，避帝外家，莽正宜於去。建平三年復經丞相御史奏莽抑貶尊號，虧損孝道，當伏顯誅，詔遣歸國。莽又宜於此時去。此正天遣其美名也。迨哀帝崩，詔公卿舉可大司馬者，孔光以下皆舉莽，於是莽為大司馬，領尚書事，遂擅權篡立，遺臭萬世，此豈天遺之耶。

鄭維駒曰：四時之序，成功者退，此天道也。順天而去，故遺厥名。

鈴木由次郎曰：十月十三日，晝，氐十一度，水。功成而退，天與美名于其人。

測曰：躬去于成，讓不居也。

范望曰：己居天位，公之於賢也。

陳本禮曰：綏和二年，莽未央宮置酒徹傅，太后御幄坐傅，太后大怒，不肯會，莽遂乞骸骨罷就弟，此蓋因懼而去，非讓而不居者也。

次七：去其德貞，三死不令。

范望曰：令，善也。七為火，其行屬木，為其父母，子去父母，故言去其德也。家性為去，雖去而正，故貞也。

司馬光曰：范曰：令，善也。王曰：七居過滿而失位當夜，乖去之宜。去之惡者，莫若去其德義貞正之方，故雖三死，猶有不令之名不滅也。三者，舉其多也。

林希逸曰：失其正德者，必死於不善，非令終也。三死猶離騷言九死也，即多多之意。

葉子奇曰：令，善也。七過時而遇陰，不能存其固有之善，宜其終死于不善也。

陳本禮曰：火，夜。木能生火，火反克木，是以子弒父，臣弒君，猶得謂之德與貞乎？三為終，令，善也，不令者，不得令終也。

鄭維駒曰：七時陰，是去其從陽之德也。坤為死，自觀至剝，坤消，外卦二爻至純，坤則三爻俱消，故曰三死。坤為積惡，故不令也。

鈴木由次郎曰：十月十三日，夜，火。棄去德與正，不能善其終。

測曰：去其德貞，終死醜也。

范望曰：三為終，去其父母，故終死不善也。

陳本禮曰：醜謂惡德穢行，終當遺臭萬年也。

鄭維駒曰：坤為醜。

次八：月高弦，火幾縣，不可以動，動有愆。

范望曰：八，陰也，故為月，月之高弦，二十（《大典》有日，司馬引亦有）之餘也。火謂大火，火之幾縣，歲將晚也。八者老疾之位，於年為八十。愆，過也。如月動而益晦，火日以流退，皆時之候也。人之年老亦猶然，致仕縣車，遺法後生，不可妄動以有愆也。

司馬光曰：幾，居衣切，又音祈。縣，古懸字。范曰：月高弦，二十日之餘也。火謂大火，火之幾懸，歲將晚也。八者，老疾之位，於年為八十，如月動而益晦，火日以流退。致仕懸車，遺法後生，不可妄動以有愆也。光謂：火中寒暑乃退。八為耗、為剝落，如人衰老，則宜靜不宜動也。

林希逸曰：月至高弦則蝕將盡矣，大火幾於流，則暑將往而寒生矣，皆時之喻。下弦則一鈎之明在魄之上，故曰高。幾，近也。近於縣，則將西入也。時去則不可有為也。

葉子奇曰：縣，去聲。火，大火，心星也。夏之中星，幾縣將沒也。火星將沒，乃九月十月之交，寒氣將盛之時也。月高弦，火幾縣，二者皆言陰氣之將盛，陰氣盛猶禍亂之時，不可以有為，苟有為則不免于愆咎矣。言天下無道，宜隱去也。

陳本禮曰：木，晝。月高弦，下弦月也，其光易盡。火，大火心星也。幾縣，歲將晚也。陰氣日盛，禍亂將作，君子惟守身俟時，以待天下之自變也。

鄭維駒曰：月下弦，互艮象，消於丙方，故高。幾者微也，九月初昏，大火西見即滅，故曰幾縣。月缺以伏，陰象已甚，故動則有愆也。

鈴木由次郎曰：十月十四日，晝，氐十二度，木。月高弦，下弦之月。火，大火，心星。愆，差誤。下弦之月出，其光將消。大火（心星）懸於天空，今年亦將暮矣。君子只應守身待時，動則有過。

測曰：月弦火縣，恐見咎也。

范望曰：常恐見咎，故無咎者也。

陳本禮曰：此子雲自危之語。

上九：求我不得，自我西北。

范望曰：此木行也，而金克之，家性為去，故去之也。其求之也，不西則北，(《大典》有北則金子四字)，子求母本，是其義也。

章詧曰：九夜，為金，在去之家，乃去西而入北，西為首聚之方，北為暝暗之所，自乎有質而入無形，故測謂安可久也。

司馬光曰：小宋引《玄圖》曰：生陽莫如子，西北則子美盡矣。光謂：西北，陰位。九為盡弊、為殄絕，居去之極而當夜，已去矣，故求之不得。如日也歲也，由西入北，安可久也。

葉子奇曰：我，去首之自我也。去屬寒露氣，正西北卦氣用事，故曰西北。九居去之終，去之已甚，故求而不可得，乃在我之西北陰方也。

陳本禮曰：金，夜。九乃陽之窮，禍之極，我者陽自謂也，西北乾方，正老陽退位避禍之地。求我不得，慘情苦語，大惡逆滔天，君王下殿走，故曰求我不得，自我西北也。

鄭維駒曰：天不生物，去而在上，陽長成剝，乾將盡消，故求我不得也。然乾方位於西北，乾去而不去，天地間不可一息無陽也。九，金也，乾為金，故以乾位言。

鈴木由次郎曰：十月十四日，夜，金。上九陽之窮，禍之極。西北正是老陽之地，退於此可以避禍。雖欲搜而求我（陽自稱）以加害，但我能早退，故不能加害。我已安居於西方（乾之方位）。

劉按：此說非是。此為夜辭，不吉。其解為吉。不合。又，自我西北，不是我居西北。測安可久也，是說不可久，不是安居而可久。鈴木說非是。

測曰：求我不得，安可久也。

范望曰：雖在去家，安可久行也。

陳本禮曰：言欲去之速，不可久留也。

鄭維駒曰：言不可久無乾也。

晦

☵ 晦：陰登于陽，陽降于陰，物咸喪明。

范望曰：三方二州二部一家。人玄，陰家，四金，中下，象明夷卦。行屬於金，謂之晦者，言陰陽易位，萬物日彫，故喪其明於晦闇之地，故謂之晦。晦之初一，日入氐宿十三度。

司馬光曰：陽家，金，準明夷。入晦次七，日舍房。喪，息浪切。王曰：萬物恃陽以為明，陽降則物喪其明。

陳仁子曰：晦者陰盛陽衰而物不明也。陽之類正而明，陰之類邪而闇，以陽行世則光霽無邊，以陰行世則晦冥雜襲，是故天地間日陽也，含陰而耀其魂，月陰也，含陽而營其魄，月無光，其光皆日也，而況可使陰盛陽衰者乎？陰盛而陽衰，其晦宜也。《易》以坤陰居上，日入地中為明夷，《玄》以四陰在上，陰為陽位為晦，一之同冥，四之晦其類，上九之晦宜（當作冥）冥，晦而若此，傷之也。

葉子奇曰：陽家，餘同范。晦之初一，日入氐宿十三度。

陳本禮曰：陽家，四，金，中下，卦準明夷。《傳》：晦，月盡夜也。此時老陽退避西北，強陰踐祚稱尊，故曰臣升君位也。孺子嬰降封為定安公，故曰君降臣列也。物咸喪明者，此刺當時附莽諸臣，如瞽者之處暗室，天地盡變為黑世界矣。故曰喪明。

孫澍曰：準明夷，君子以內正志，遵養艱時。

鄭維駒曰：地，陰也，而在日上，日，陽也，而在地下，離也者明也。萬物皆相見南方之卦也，明入地中則物不相見，故咸喪明。

鈴木由次郎曰：第六十七首，陽，四金，三方二州二部一家。晦，月終之日。陰登于陽之尊位，陽退避于西北。萬物日見凋落，成為闇黑之世界。

初一：同冥獨見，幽貞。

范望曰：水在金行，子母之道，在於晦闇之世，雖同於冥，故能獨有所見。而處於下，故幽。以陽居正，故貞也。

司馬光曰：范、王本照作昭，今從二宋、陸本。王曰：處冥晦之時，而得位當晝，故曰同冥獨見。自守於幽玄之中，不失其正。光謂：一為思下，又為下下，當日之晝，故能獨見幽貞。

葉子奇曰：一居晦之始以逢陽明，未至于晦，是眾雖冥暗，己獨有見，故幽靜而得貞正之道也。

陳本禮曰：水，晝。水在金世，金水內明，同在晦冥之世，而於幽暗之中，獨有所見，蓋猶能識天日之光者也。

鄭維駒曰：明入地中，故同冥。內文明，故獨見。在事中為艱貞，在事外則幽貞也。

鈴木由次郎曰：十月十五日，晝，氐十三度，水。晦冥之時，有所獨見。幽玄之中，有所自守，不失其正。

測曰：同冥獨見，中獨昭也。

范望曰：處晦而明，故昭也。

陳本禮曰：子雲自道也。

鄭維駒曰：初為水，互坎陽在中，故中獨昭。晉大象：君子以自昭明德，昭，虞《易》作照，昭、照二字通。

次二：盲征否。

范望曰：二為目而在陰位，位陰世晦，故盲也。火克於金，故否。行數不通，故征否也。

司馬光曰：否，方久切，與不同。王曰：冥晦而又失位當夜，益其暗焉。則是以盲而有所往，必有顛躓之憂矣。光謂：二為思中而當夜，故有是象。

葉子奇曰：二在晦中，倀倀然如無目之人而征行，所謂擿埴索塗，冥行而已，宜其否也。

陳本禮曰：火，夜。

鄭維駒曰：離目傷，故盲。

鈴木由次郎曰：十月十五日，夜，火。盲目而往，則遇跰倒之憂。

測曰：盲征否，明不見道也。

范望曰：既盲又否，故不見道也。

次三：陰行陽從，利作不凶。

范望曰：夫陽行則陰從，今而反之，明世晦也。然夫婦之道，共成家事，雖非公正，作務之事，未為凶也。

司馬光曰：范、王本大作必，今從宋、陸本。（闕）

林希逸曰：陰先陽後，於理為逆，然世間亦有小者卑者先之，而大者尊者應之之時，既相從順，亦可有為，不至於凶也。大者不在內而反外，言異常也。

葉子奇曰：陽行陰從，乃道之正，今晦世反陰登而陽降，是以陰盛陽衰，反陰行而陽從之，非道之正，疑其妄作，故戒以利作不凶之事則得吉也。

陳本禮曰：木，晝。三在金世，金陰木陽，木之曲直必由金以裁正之，木之成器必由金以斲削之，故曰陰行陽從，亦猶內有賢妻能規夫以正，而夫從之不致僨事於外，故不凶也。

孫澍曰：陰行陽從，剝極復反也。剝極復反，升降相關，大貞乃通，其幾微主晦，而事見著於外，故《易》無方而《玄》無體。

鄭維駒曰：互震為作，陰行者世之晦也，陽從者己之明也，明作有功，曰不凶者，以世方晦，故靳其詞。

鈴木由次郎曰：十月十六日，晝，氐十四度，木。賢婦善于正夫，夫從之，雖非正道，亦無咎。

測曰：陰行陽從，事必外也。

范望曰：居家理治，可移於官，故必外也。

鄭維駒曰：必者定辭也，女正位乎內，男正位乎外，事當定之於外，故從陽也。

次四：晦其類，失金匱。

范望曰：四，金也，而在其行，處晦之世，故曰晦其類也。金匱，美寶也。四是公侯之位而在其晦，故失其美寶也。

司馬光曰：范曰：四，金也，而在其行，處晦之世，故曰晦其類也。光謂：法度所以固國，如匱之固金。凡一國之中，有晦有明，法度猶可守也。若彼晦而此又晦之，依阿苟合，類聚如一，則法度廢矣。四為下祿、為外他而當夜，故有是象。

林希逸曰：金匱，良法也。君子小人之類不明，則國之良法必廢矣。

葉子奇曰：金匱，藏典籍之器。今不明其條類，由其失於典籍也。

陳本禮曰：金，夜。晦，隱諱也。類，黨與也。初始元年，梓橦人哀章作銅匱為兩檢，一署曰天帝行璽，一署曰赤帝璽。日昏時衣黃衣，持匱至高廟，付僕射，僕射以聞。十二月戊辰，莽至高廟，拜受金匱神禪，即真天子位，建有天下之號曰新。按金匱內所列姓名如哀章等，凡十一人，皆封為公，並有賣餅兒亦廁名於內，此所謂諱其類，失於金匱，神禪之義矣。

鄭維駒曰：四為金，離中虛，故稱金匱。

鈴木由次郎曰：十月十六日，夜，金。金匱，喻美寶。匱，柜箱。朋友皆晦愚，失美寶。

測曰：晦其類，法度廢也。

范望曰：國之美寶，廢失之也。

陳本禮曰：自欺欺人，何以號令天下？所謂法度廢也。

鄭維駒曰：互坎為律為法。

次五：日正中，月正隆，君子自晦不入窮。

范望曰：五在中央，故日月正中也。月滿之時，亦於中也，故以日月喻矣。五為天位而在晦世，從時而卑，故自晦也。謙尊而光，故不入窮也。

司馬光曰：王曰：五為中和，而又得位當晝，日中月滿之時，而能戒其過盛，自晦其跡。既達消息屈伸之義理，則其道不窮。

葉子奇曰：日中月隆，喻時位正盛，五居福祿之中，處時位之盛，如日之正中，月之正隆也。君子則能沖晦以持其滿，故不入于窮也。

陳本禮曰：土，晝。

鄭維駒曰：離為日，坎為月，五宅中居正，如日之正中，月之正隆，明之至也。然自明則將窮，不自明而自晦則無盛亦無衰，不增亦不減，故不入窮也。

鈴木由次郎曰：十月十七日，晝，氐十五度，菊有黃華，土。日在天正中，月正滿盛時，君子戒其盈滿，晦其跡。達此消息盈虛之理，則困而不窮。

測曰：日中月隆，明恐挫也。

范望曰：日中則昃，故明挫也。

陳本禮曰：此亦代附莽諸臣自危之語。

次六：玄鳥維愁，明降于幽。

范望曰：降，下也。六為上祿，高而無民。幽者神所居也。宗廟之道，以幽為明，六為玄，七為鳥，以祠祭宗廟而維愁也。

司馬光曰：王曰：玄鳥，知時之鳥。六居盛滿，而又失位當夜，去明向幽之象也。小宋曰：玄鳥，乙也。光謂：六為廓天，涉於秋初，故有是象。

葉子奇曰：玄鳥，燕也。維愁，寒至將歸，故愁也。晦世陰登，節屬寒露，是玄鳥將歸之候，陽衰陰盛，故明降于幽也。

陳本禮曰：水，夜。天命玄鳥，降而生商，此興朝之瑞，何乃愁降於幽耶。平帝遇弒，孺子嬰嗣平帝後，莽廢為定安公，幽之於四壁中，勅阿乳母不得與語，及長大，不能名六畜，此所謂明降於幽也。

鄭維駒曰：離為鳥為明，月令仲秋玄鳥歸，謂始歸也。鄭注云：歸謂去蟄也。蓋玄鳥至九月則盡蟄而降於幽矣。春於情為喜，故玄鳥至而生乳，秋之為言愁也，玄鳥以秋歸，故曰維愁。

鈴木由次郎曰：十月十七日，夜，水。玄鳥愁而自陽明之地飛往幽明之處。

劉按：原文作幽明，疑明誤。

測曰：玄鳥維愁，將下昧也。

范望曰：冥昧之中，神所居之也。

次七：睄提明（腈提明德），或遵之行。

范望曰：七為失志，腈者目不明也。提，棄也。棄其明，由晦世也。遵猶循也，或循之行，從時之宜也。

司馬光曰：二宋、陸本睄作（睰，《大典》作腈），息井切，義與省同。或作省（《大典》作醒）。小宋音眇，云：一目盲也。宋、陸本提作緹，都黎切。諸家贊辭皆無德字，范本作睄（《大典》以下均作腈）提明德，因測而誤也。范云：睄，目不明也。意与眇同。今從王本。王本測無遵字，今從諸家。王曰：睄，古宵字。七得位當晝，是於宵夜之中提明自照，或遵之行，斯不失其道，提明，謂燭之類。光謂：七為消、為敗損，有夜之象而當日之晝，故曰提明也。德謂明德之人也。昏晦之世，有明德者將之，眾之所從。如夜得燭，眾之所遵行也。

林希逸曰：腈，古霄（《大典》宵）字。世方昏暗，我揭明德以示之人，必有從我者。凡人夜中提燈照路，則行人必有遵之者矣。

鄭氏曰：腈音消，蓋蔑視也，故從消。注云：睄者目不明也，蔑視於人，見如不見，謂之不明可也。舊音眇。提音弟，注云：棄也。蔑視明德而擲棄之，由世晦而然也。

葉子奇曰：腈音眇，義同。言腈小之國能振提其明德，雖不能以有天下，後世或有遵之行者。如孟子勸滕行仁政，謂有王者起，必來取法是也。

陳本禮曰：火，晝。睄同宵。睄，夜中也。提，挈也。七在晦世，而逢黑夜，路暗不明，欲倩明德之人挈之同行，以代燭也。七上近八火，不能自明，必借木生明，故或遵之行也。

俞樾曰：睄提明，樾謹按：睄當從小宋音眇，云一目盲也。范云：睄，目不明也，意亦與眇同。眇從目少聲，睄從目肖聲，少與肖並從小聲，其聲同也。本或誤從日，王涯以為古宵字，然宵何以從日乎？殆不然矣。提字之義自來莫得其解，王云：提明自照，提明謂燭之類，其說至為鄙陋。提當為睼，《說文》目部：睼，迎視也，睄睼明謂眇而視明，正《周易》眇能視之義。范本明下有德字，因測而誤，溫公已正之。

鄭維駒曰：明德者人心之離，弛之則晦，提之則明，目無見而心有遵，故遵之行也。

鈴木由次郎曰：十月十八日，晝，房一度，火。夜執燈火以照明，從之而行。黑暗之世，宜跟從明德之人而行。

測曰：腈提明德，德將遵行也。

范望曰：言行以道德也。

次八：視非其直，夷其右目，滅國喪家。

范望曰：七為目，八因以視，故曰視其直也。夷，傷也。右目為七也。在八之右，故為右目。家性為晦，目少（《大典》作眇）且晦，故傷也。上欲敵九，九克於木，故曰滅國，國滅故家喪也。

章詧曰：八夜為木，故曰直。今小人而在晦家，故顧是非直，在陰，故為右目。在金之行，故見傷夷。小人而傷目，內外俱晦，處禍中，故滅喪家國也。

司馬光曰：諸本真皆作直，今從宋、陸本。諸家測皆云視直夷目，今從范本。范曰：夷，傷也。光謂：八為疾瘀、為耗而當夜，故有是象。

葉子奇曰：八過時而在禍中，處晦亂之時，所視非其直道，且復夷傷其右目，是奸暗之臣不直不明之甚，宜其家國俱至喪滅也。

陳本禮曰：木，夜。八為敗木，而上近九，以小人處晦世，乃敢腈其右目斜視九金，且欲生火以克之，不知金性堅剛，不但右目被其夷傷，並國家亦為之滅喪也。

鄭維駒曰：左陽而右陰，離為目，坤位在離右，今離之目在坤下，故右目不能正視，故非其直。坤為國為喪，視非其直，陰故邪也。夷其右目，陰蔽益甚也。滅國喪家，皆陰盛為之也。

鈴木由次郎曰：十月十八日，夜，木。夷，傷。小人在黑暗之世，其視不正，斜其右目而視。國與家因此而會滅亡。

測曰：視非夷目，國以喪也。

范望曰：相克之世，故喪也。如霸王遇韓信，眼不別賢而亡也。累將數本校勘，無此注十三字，惟林氏印行本中有，恐是林氏新意，不敢除去也。

劉按：累將以下語乃南宋校勘者按語。

陳本禮曰：小人不識利害，故被禍至此。

上九：晦冥冥，利于不明之貞。

范望曰：貞，正也。九，金也，而在晦世，故冥冥也。利以不明，隨時（《大典》世）之宜，則貞也。

司馬光曰：宋、陸、王本晦冥之利作晦在上（《大典》又有一下字），小宋本作晦冥冥，今從范本。九為晦極而當晝，君子用晦為正，則如是可矣。《易》曰：內難而能正其志，箕子以之。又曰：箕子之明夷，利貞。

葉子奇曰：九居晦之極，不可以有為，惟宜韜晦俟時，故曰晦冥利于不明之貞也。天下皆亂，不能獨為。

陳本禮曰：金，晝。

鄭維駒曰：以不明全明，故貞，所謂艱貞者也。

鈴木由次郎曰：十月十九日，晝，房二度，金。上九晦之極，但當晝，故曰不明之貞。昏濁之世，不用自己獨有之明，而作不明，此為正。《楚辭·漁父》：世人皆濁，何淈其泥而揚其波，眾人皆醉，何餔其糟而不歠其釃。

測曰：晦冥之利，不得獨明也。

范望曰：時世晦闇，九雖正陽，宜自抑損，不得獨自分明也。

劉按：萬玉堂本至此為卷五終，末有一行：右迪功郎充兩浙東路提舉茶鹽司幹辦公事張寔校勘。則次八測下校語為張寔所加。張氏校語提到林瑀本，則當時宜有林瑀本。

陳本禮曰：晦冥冥者，舉世皆濁也。利於不明之貞者，眾人皆醉也。舉世皆濁，何不淈其泥而揚其波，眾人皆醉，何不餔其糟而歠其釃，此漁父諷屈子之詞也。

鄭維駒曰：獨清獨醒，屈原之明，故不利也。舉世冥冥，利於佯狂之貞，箕子似之。

瞢

☷ 瞢：陰征南，陽征北，物失明貞，莫不瞢瞢。

范望曰：三方二州二部二家。人玄，陽家，五土，中中，亦象明夷卦。行屬於土，謂之瞢者，寒露節終於此首之次四，霜降氣起於此首之次五，斗指戌，無射用事。征，行也。陰南陽北，故萬物失其明正之道，瞢瞢然（《大典》有也字），故謂之瞢。瞢之初一，日入房宿三度。

司馬光曰：瞢，古夢字，又莫登切。陰家，土，亦準明夷。入瞢次六三十一分一十三秒，霜降氣應。次八，日舍心。晦外闇，瞢內昏也。或曰：晦二盲征否，非內昏耶。瞢二明晦睒天，非外闇耶。曰：恆有不恆其德，節有不節，若爻與卦反者也。盲反明（《大典》作晦）也，明反瞢也。吳本征作延，云古征字也。王本作近，誤也。王（《大典》作陸）曰：陽在南則萬物相見於離，今在北，故曰瞢。

林希逸曰：瞢，古夢字，又莫登反。陰往南而陽往北，失其位矣，非相見於離之日矣。小人用事，則世皆失其明正之道矣。物，人物也。

陳仁子曰：瞢者陰盛傷陽而物愈不明也。夫晦者傷之始，瞢者傷之極，晦而復曰瞢，甚之也。易之明夷，自晉反者也。《易》以離陽出地上則為晉，而《玄》於三陽之交以次進之（劉按：此處當作以進次之，下句即是這一用例），《易》離陽在地下則為明夷，而《玄》於四陰之交以瞢次之。陰陽消息之理，蓋至於晦而瞢則極矣。九測之中，以倍明反光言，噫，此豈世之福哉？

葉子奇曰：陰家。瞢瞢，不明貌。瞢之初一，日入房宿三度。寒露節終于此首之次四，霜降氣起于此首之次五。斗指戌，無射用事。

陳本禮曰：陰家，五，土，中中，日入房，斗指戌，律中無射，霜降氣應，卦準明夷。《傳》：瞢同夢，昏昧不明也。前晦首曰物咸喪明，譏附莽諸人之無目也，此曰莫不瞢瞢者，痛憤獻符命者之在夢中也。陽雖往能，明德未泯，苟天命有在，必有應運而興者，如少康之不失舊物祀夏配天，今乃甘心從賊獻頌者，至四十八萬人，何以瞢瞢若是耶？

孫澍曰：準明夷，物皆瞢瞢，《太玄》以先覺覺顓貿。

鄭維駒曰：升南征，指上坤言，明夷南狩，指坤上爻言，蓋《易》以上卦為南也。上卦為南，則下卦為北可知，若指坤居西南而言，則稱西南不專言南。

鈴木由次郎曰：第六十八首，陰，五土，三方二州二部二家。瞢，夢之古字，昏昧不明之意。陰氣行往陽氣應在之南，陽氣行往陰氣應在之北。萬物皆失明正之道，昏昧不明。

初一：瞢腹（復）睒天，不覩其畛。

范望曰：一，水也，而在土行，土克於水，故瞢瞢然也。睒，窺也。瞢，晦也。瞢復而窺天，天道高遠，不可覩察，故不見其軫界也。

司馬光曰：范本瞢腹明腹皆作復，畛作軫，今從二宋、陸、王本。睒，失冉切。畛，章忍切，又音真。范曰：睒，窺也。王曰：睒，暫視也。失位當夜，心腹昏瞢，暫視於天，豈能知其疆畛哉？光謂：天至大而難知者也。一為思始而當夜，故有是象。

葉子奇曰：睒，失冉切。睒，窺也。軫，界也。一在瞢初而逢陰，暗而不明，是瞢而欲窺於天，其何有所見于軫界也。

陳本禮曰：水，夜。睒音閃。軫同畛。睒，窺也。軫，界也。

孫澍曰：瞢腹而窺天，天道高遠，故不見其畛界。

鄭維駒曰：坤為腹，瞢在內，為瞢腹，坤下伏乾，乾伏故非瞢者所睹也。

鈴木由次郎曰：十月十九日，夜，水。瞢腹，心腹昏昧不明。睒，窺。畛，境界。心暗昧者要窺天，看不到天之疆界。

測曰：瞢腹（復）睒天，無能見也。

范望曰：瞢瞢不明，故無能見也。

陳本禮曰：天之高遠，豈盲人能測。

次二：明腹（復）睒天，睹其根。

范望曰：二為目，又為日，故明也。腹目俱明，所照者遠，覩于人事，無所不見，故覩其根者也。

司馬光曰：范曰：二為目，故明也。爛，明也。王曰：得位當晝，以明達之腹仰視於天，必究其根本矣。光謂：二為思中而當晝，故有是象。

林希逸曰：睒，失冉切，視也。以腹中之明而能窺見天理，則可以窮究根柢矣。爛，明也。

葉子奇曰：二以陽剛，是明而窺天，其見深遠，至有以至其本根之地也。豚音遯，義同。埻音準。師樂，師瞽者也。埻，射之的也。

陳本禮曰：火，晝。

鄭維駒曰：明在中為明腹，明夷初為震爻，互震又在坤下，震得乾初，是天之根也。乾伏而天根在，唯明者睹之。

鈴木由次郎曰：十月二十日，晝，房三度，火。心之明達者仰視天，必能究其根本。

測曰：明腹（復）睒天，中獨爛也。

范望曰：無所不見，故爛明也。

鄭維駒曰：二為火而時陽，故中獨爛。

次三：師或導射，豚其埻。

范望曰：師為瞽者也，豚，遁也。埻，射的也。木在土，行數相克，故瞽也。亦為進人，人之欲進，必須明分，分之不明，猶瞽導射而遁其矢，志不正也。

司馬光曰：王本導作遵，今從宋、陸、范本。王、小宋本豚作遯，蓋古字通用。埻，之尹切。范曰：師，瞽也。豚，遯也。埻，射的也。光謂：三，思之崇也，為進人、為股肱而當夜，譬如瞽師而教導人射，必遠其埻不能中矣。豚猶遠也。

葉子奇曰：三陰暗不中，是猶瞽者之導人以射，所謂借視於盲，其何所見，宜其遯失於埻的也。

陳本禮曰：木，夜。豚同遯。埻音準。

鄭維駒曰：互離為矢，故射。正鵠為埻，亦離飛鳥象。

鈴木由次郎曰：十月二十日，夜，木。師，瞽者。埻通準，矢射之的。豚通遯，逃。瞽者教人弓射術，反而使矢遠離其目的。

測曰：師或導射，無以辨也。

范望曰：導者不明，故無以別也。

次四：鑒貞不迷，于人攸資。

范望曰：四，金也，故為鑒，鑒之正者，猶為不迷，況得賢者與為治乎？于，於也。資，取也。攸，所也。於人所取是者，無過于鑒賢也。

司馬光曰：范曰：四，金也，故為鑒。鑒之正者猶為不迷，況得賢者與為治乎？資，取也。王曰：得位當晝，則是能正其鑒無所迷，非獨自正於己，亦為人之所資。資，取其明也。

葉子奇曰：四以陽明，故鑒照貞正而不迷其自明，則足以明人，宜其為他人之取資也。《孟子》曰：賢者以其昭昭使人昭昭是也。

陳本禮曰：金，晝。

鄭維駒曰：坤為迷，明入地則迷，明在心故不迷也。鑒能正己，亦能正人，故人攸資。

鈴木由次郎曰：十月二十一日，晝，房四度，金。次四當金，故稱鑒。資，取。鏡正確照出人形而無違，其明誠為人所應學取者。

測曰：鑒貞不迷，誠可信也。

范望曰：以賢為鑒，可保信也。

次五：倍明仮光，觸蒙昏。

范望曰：五為天子，當以賢自比（《大典》作輔），為明自光。家性瞢瞢，未知所就，故倍仮明光而觸昏也。

司馬光曰：宋、陸本作人所瀕也，范本作人可頻也，小宋本作人所頻也，今從王本。王曰：仮，古反字。五當盛位而處陰當夜，迷而不復，故有背明之象。

葉子奇曰：仮音反，義同。五為瞢主，陰暗昏弱，其不明甚矣，乃倍其明而反其光，是以觸處莫不蒙昏，其何有所明哉？正所謂反鑒索照者也。

陳本禮曰：土，夜。

鄭維駒曰：五為土，倍明仮光，坤在離上之象，坤為冥為晦，故蒙昏。

鈴木由次郎曰：十月二十一日，夜，土。與光明背反，所觸皆暗而不明。

測曰：倍明仮光，人所頻也。

范望曰：倍仮光明，人所不錄也。

葉子奇曰：頻，愁戚貌。

陳本禮曰：頻，比也。言觸處蒙昏，莫不比比然也。

鄭維駒曰：《說文》：頻，水厓。頻蹙不前，互坎為水，蒙昏之人又遇坎險，故可為頻蹙也。

次六：瞢瞢之離，不宜熒且姽。

范望曰：六為上祿，而在瞢家，故瞢瞢也。瞢猶夢夢也。離為日，熒謂月也，君夢然若日之將出，不可熒然，若月之將毀也。姽，小貌也。終當如離，離，日也，故不宜小也。

司馬光曰：王本宜作肎，云古肯字，今從二宋、陸、范本。宋、陸本姽作媿，小宋本且姽作其娸，云：娸，居宜切，細腰美婦也。今從范、王本。范本不眩作夢夢，小宋本作芆芆，符少切，雲物之零落貌。今從王本。媿，牛委切，好貌。姽，乃果、五果二切。范曰：姽，小貌。王曰：六居陰位，又當晝，為瞢之主，以正群迷者也。瞢瞢之離，自昏而明。熒，小光，有所眩惑。姽，弱也。光謂：自昏而明，非盛強不能濟也，故不宜熒且姽。

葉子奇曰：姽，五果切。離，遭也。熒，明也。姽，好貌。韓愈《聖德詩》：日君月妃，煥赫媧姽，與此姽字同。六逢瞢世而瞢瞢是遭，宜韜晦自守，不宜衒其明且好也。蓋在暗時，不能容其明故也。夢夢猶鬱鬱。

陳本禮曰：水，晝。妮，五果切。離，明也。熒，小火光也。妮，燈之燄蘂也。燈生蘂則暗而不明，六為陰主而當晝，宜大有離火之明，以照耀群瞢，今乃以熒然一燄之光，豈能開其愚蒙而發其覺性耶？

孫澍曰：妮，訛上聲，弱也。瞢瞢猶夒夒。離為日，熒為月，夒然若日之將出，不宜熒然若月之將毀。

鄭維駒曰：熒，屋下燈，燭光也。瞢瞢之離，陽已微矣，所恃者爝火之明，不宜克以水，使更弱小也。

鈴木由次郎曰：十月二十二日，晝，房五度，豺祭獸，水。離，明。熒，光明小貌。小火光。妮，弱。要照黑暗，必須如太陽一樣的強光，小光與弱光都無用。

測曰：瞢瞢之離，中夒夒也。

范望曰：夒夒而進，勝熒而退也。

陳本禮曰：夒音饒。夒夒，鬱蓊隱蔽貌。

次七：瞢好明其所惡。

范望曰：七為失志，在瞢之家，益以不明，志失禍生，惡加乎下，好自文飾，求明於人，故好明其所惡也。

司馬光曰：范本作著不可昧也，王本作著昧也，今從二宋、陸本。

葉子奇曰：七陰暗昏邪，凡所云為，拂人之性，獨好明其所惡也，危哉。

陳本禮曰：火，夜。

孫澍曰：瞢成於思，好惡由思而得，故著不昧，瞢離於夜，非冥晦莫能致，故常好明。

鄭維駒曰：所當好者瞢然不知，是不明也，所當惡者如聲色之類，乃反明之，是誤用其明也。不明固夷，誤用其明，尤夷也。

鈴木由次郎曰：十月二十二日，夜，火。蒙昧而好飾其外表，反而示其惡于人。

測曰：瞢好之惡，著不可昧也。

范望曰：惡而求明，昧更著也。

葉子奇曰：一說瞢好是遠，君子明其所惡，是近小人。

鄭維駒曰：昧於理，故著於惡而不昧。

次八：昏辰利于月，小貞未（有）及星。

范望曰：昏，日入也。日入月出，轉相繼續，故言利于月也。以月續日，可以小正，故言小貞，未及如星爛布天下也。

司馬光曰：范本未有及星作未及星，王本作禾有及屋，今從二宋、陸本。宋曰：以月繼日，故猶可願也。

葉子奇曰：八居瞢之將極，其暗已甚，是猶昏暗之辰，宜得大明之月以照之，而小道之貞曾不及于星，何能為也？言昏亂之世，宜得大才以濟之，小才不足以有為也。

陳本禮曰：木，晝。昏辰，日沒時也。固利於有月，然究屬夜陰，大不及晚景之餘光一照也。未及星，未及見星之時。此時太陰未升，殘陽在樹，餘光晻靄，人事固尚可為，若已見星，則日沒久矣，尚焉能成小貞乎？

孫澍曰：昏辰利月，續殘瞢也。未及有星，瞢無由也。宋注不可解，姑存之，以定贋本。

鄭維駒曰：互坎為月，昏之時月可代離，若至於晦則藏。乙滅癸而為坤，尚未及星之不損其明也。

鈴木由次郎曰：十月二十三日，晝，心一度，木。昏辰，日沒之時。日落月升，不及白晝之明，但猶能繼續工作，可謂小正。到星閃光之暗夜，還有一段時間。若是天全黑而星閃耀，則不能工作，不可謂正。

測曰：昏辰利月，尚可願也。

范望曰：以月繼日，故猶可願樂也。

陳本禮曰：以月繼日，猶不失其為光明世界也。

上九：時嗟嗟，不獲其嘉，男子折笄，婦人易哿。

范望曰：哿笄，飾也。男子有笄，婦人哿之以飾。嗟嗟，長歎也。嘉，善也。男謂九也，婦謂八也，金木相克，故笄折哿易，故不獲其善也。八生於七，今力（《大典》作令九）克之，故七復仇而消男也。

司馬光曰：王本笄作笲，今從諸家。王以嗟為古嗟字，哿為珈，音加。

葉子奇曰：嗟，子賒切。嗟嗟，長歎也。嘉，美也。折笄，死而不用也。哿珈同。婦人首飾詩云：副笄六珈是也。夫死為服，故易珈也。九居盡弊之位，遇時之極者也。故時嗟嗟而歎不得其美，且陽衰之極，故男死而女為服也。

陳本禮曰：金，夜。嗟同嗟。咠同珈。上九居瞢之極，一生夢夢未遇明時，嗟嗟長嘆也。嘉，美也。折笄，男死不用，易珈，夫死為服也。

孫澍曰：笄當依王本作算，咠亦依王本作珈。珈，瑱也。婦人象服盛飾，《詩》曰：副笄六珈，時嗟嗟，上失其道也。不獲其嘉，膏澤不下於民也。男子折算，死於苛政，死于歲，死于兵，《洪範》所謂凶短折也。為之婦女仳離若是，能無慨其歎，啜其泣乎？上九居陽之極，窮冬候也。瞢屬於夜，物常失明，故其象如此。

鄭維駒曰：《鹽鐵論》云：大禹治水，遺簪不顧，簪即笄也。男子死而折笄，婦因夫死而去其珈，是乾首變為坤喪矣。

鈴木由次郎曰：十月二十三日，夜，金。嗟嗟，同嗟嗟，長嘆。嘉，美。笄，簪。笄有二種，插於髮之笄，男女共用。冕弁之笄，惟男子用。《儀禮・士冠禮》：「皮弁笄，爵弁笄」及《禮記・內則》：「櫛縰笄縰」，為安男子之髮之笄。此處「折笄」，指男子死而不用笄。咠通珈，珈，婦人首飾，用玉。夫死，其婦取下珈而服喪。上九瞢首之極，故繫長嘆之辭。一生如夢，終而不逢明時，終而不得善美，為之長嘆。夫死，婦人服喪。

測曰：不獲其嘉，男死婦歎也。

范望曰：男子消亡，而女長歎也。

陳本禮曰：男死，謂陽亡也。

鄭維駒曰：坤為死。

窮

𝌷 窮：陰氣塞宇，陽亡其所，萬物窮遽。

范望曰：三方二州二部三家。人玄，陰家，六水，中上，象困卦。行屬於水，謂之窮者，言是時陰氣盈滿於天地之間，故曰塞宇，《玄離》曰「闔天謂之宇」是也。故陽氣無復所立，萬物窮遽。遽，忙也。故謂之窮。窮之初一，日入心宿二度。

司馬光曰：陽家，水，準困。入窮次九，日舍尾。小宋本陰氣作羣陰，王、小宋本窮遽作窮處，今從宋、陸、范本。六合之意謂之宇。

林希逸曰：塞宇，滿天內也。遽，窘也。窮窘，無所歸向也。

陳仁子曰：窮者陰迫乎陽而欲盡也。夫陽無必盡之理，雖以極而窮，亦未嘗盡而窮，故《玄》之萬物窮遽，其若極而窮者，時也。《易》之碩果不食，其未嘗盡而窮，氣也，皆互相發明者也。窮於上則下於下矣，是故剛為柔所掩，在《易》為困，陽為陰所迫，在《玄》為窮，一測曰窮其窮，二測曰窮不窮，其相與乎無窮。

葉子奇曰：陰家，餘同范。遽，急也。窮之初一，日入心宿二度。

陳本禮曰：陽家，六，水，中上，卦準困。《傳》：窮，阨窮也。遽，急也。塞宇者，天下皆為陰賊所據，陽無立錐之地，故窮而亡其所也。萬物無主，各窮遽奔逃，芒芒然無所歸也。

孫澍曰：準困，後以散財錫福，建中於民。

鄭維駒曰：困內坎外兌，皆陰爻在外，坎陽兌陰，兌又在上，又困於卦氣，值兌六三用事，是陰氣塞於宇也。澤無水而剛揜，故陽亡其所，物生於陽，陽窮故物窮也。

鈴木由次郎曰：第六十九首，陽，六水，三方二州二部三家。宇，六合之間，天地。遽，急，忙。陰氣充滿天地，陽氣無可存身之場所。萬物無所歸，困窮而急，只有奔逃。

初一：窮其窮，而民好中。

范望曰：中，忠信也。陽位陰家，君子之道也。君子之道，故有窮爾。窮而不濫，忠信之道也。下大其中（《大典》作下化其上），民之所好，故好中（《大典》作忠）也。

章詧曰：一晝，在窮之世，君子之固窮自樂，而世慕好其中。誠，中也，以誠而得民之心，故測曰情在中也。

鄭氏曰：陽位陰家，君子之道，此林瑀妄改范注，遷就其說者也。按：《玄》以陽位陽家陰位陰家為君子之道也，以其純而從也，陽位陰家陰位陽家為小人之道者，以雜而違也。一，陽位也，窮，陽家也，故為君子，窮而不濫。若陽位陰家，則雜而違矣，焉能及此乎？蓋以不知沈天九家一、三、五、七、九為陰，二、四、六、八為陽，而執陽奇陰耦之說，以不知以九家言之，則窮為六，以八十一家言之，則窮為六十九，惑於小之耦，昧於大奇，故妄改范注，遷就其說也。聞之師曰：明乎晝夜之測，然後識贊之情，通乎陰陽之變，然後得家性，彼林氏者，蓋未講乎此也。

葉子奇曰：初以陽德，在窮而能安其窮，其樂天知命如此，是民之好乎中道者也，其吉可知。

陳本禮曰：水，晝。一以陽剛而在水世，剛柔得中，不偏不倚，故雖遇窮，而不窮其所好者然也。

鄭維駒曰：澤無水窮矣。初又在下，是窮其窮也。然初為水則坎也，坎陽在中，故心亨。初時陽而好之，何窮之有？窮而在下為民，故贊中多言民。

鈴木由次郎曰：十月二十四日，晝，心二度，霜降。水。身處困窮，自覺困窮而行不紊亂。民好忠信。心有忠信，故能成就其事。

測曰：窮其窮，情在中也。

范望曰：上苟不欲，民之所好在忠信也。

鄭維駒曰：初非中，而情在中也。

次二：窮不窮，而民不中。

范望曰：二為小人，故不以窮為窮，而濫竊足（當作是）已，故民不忠也。

葉子奇曰：二逢陰，故其義與初反。

陳本禮曰：火，夜。二在窮世，正宜匿影韜光，豈可以寒微陰濕之火，漫自耀揚於人，而佯為不窮，失其中矣。

鈴木由次郎曰：十月二十四日，夜，火。身處困窮，不安於困窮。行濫亂而滿欲。民不忠信。

測曰：窮不窮，詐可隆也。

范望曰：不可厚行詐也。

葉子奇曰：窮不安其窮，則放辟邪侈，無不為矣。

鄭維駒曰：《韓詩外傳》：人窮則詐，蓋謂詐可以隆盛也。坎有孚，詐者有孚之反。

次三：窮思達。

范望曰：三為進人，而在窮世，故（《大典》有窮字）而自思以求達道，有似仲尼之畏於匡也。

司馬光曰：王本師作思，小宋本心作中，今從宋、陸、范本。三為成意、為進人，困而學之者也，盡其心則無不達矣，師何遠哉，故曰師在心。

葉子奇曰：三以陽明處思之成，遇困屈能自求通於道者也。

陳本禮曰：木，晝。木在水世，雖窮欲借水力顯榮其身，以達其道，為救窮甦困之地也。

鄭維駒曰：三思終，思，達者心亨也。

鈴木由次郎曰：十月二十五日，晝，心三度，木。雖困窮，若能盡心，仍能達到目的。

測曰：窮思達，師在心也。

范望曰：師，循也。思循文王之道也。

陳本禮曰：未能達身先必達心，心能達理，身自不窮，此顏子簞瓢陋巷之所以樂也。

鄭維駒曰：坎為心，習教事為師，言所師者坎之心也。

次四：土不和，木科橢。

范望曰：土為五也，木謂三也，木克於土，故不和也。土而不和，吐（《大典》無吐字）生而不育，故皆科枯，枝葉不布，亦金克木之所致也。

司馬光曰：橢，徒和切。王曰：科橢，木病也。光謂：四為下祿而當夜，小人得位，困民以自奉，民困則國危，譬猶土瘠則木病矣。有子曰：百姓不足，君孰與足！

葉子奇曰：橢，徒和切。科橢，木枯悴貌。四陰舛邪戾，故為土不和而木枯之象，是猶君不仁而民病之憂也。

陳本禮曰：金，夜。

孫澍曰：科，空也，《易》為科上槁是也。橢，木首杌也，木無枝曰杌。

鄭維駒曰：四為金，土不和則不能生金，以致金不生水。巽木燥於離火，空中而杌其末也，離為木，科上槁橢，即上槁之謂。

鈴木由次郎曰：十月二十五日，夜，金。科橢，木病，枝葉皆枯。土壤不調而瘠，木生病而枝葉皆枯。君主之行不調和，導致人民困窮。

測曰：土不和，病乎民也。

范望曰：五為君位，君而不和，故民病也。

次五：羹無糝，其腹坎坎，不失其範。

范望曰：範，法也。五為君位，處於窮世，世窮身約，故羹無糝也。土（《大典》作上）為大腹，腹大不充，故坎坎也。然而自約，不失其正（《大典》作不大其法）也。

司馬光曰：范本贊測皆云羹無糝，今從二宋、陸、王本。糝，桑感切。王曰：得位居中，為窮之主，不失處窮之宜。羹無糝，其腹坎坎然空乏，然猶不失賢聖之範。處窮之美，莫過是焉。陳曰：糝，碎米也。

林希逸曰：坎坎，空虛也。貧而不失其法，猶曰不改其度也。範，法也。

葉子奇曰：坎坎，空餒貌。食乏而腹枵，尚不失其範，言能安貧樂道也。五以剛陽，故能如此。

焦袁熹曰：羹無糝，其腹坎坎，其賢於朘民以自充者亦遠矣，坎坎之腹，夫何傷乎？

陳本禮曰：土，晝。糝，碎米也。

孫澍曰：糝，以米和羹也。

鄭維駒曰：糝以米和羹也。五為稼，故曰糝。離為大腹，五亦為腹，坎坎腹空也。坎為穴，有空義，坎為律為法，故曰範。羹無糝，其腹坎坎，困窮甚矣。而猶不失其範，則遇窮而心亨也。

鈴木由次郎曰：十月二十六日，晝，心四度，土。糝，米粒。昔時羹中要放米。坎坎，腹空而餒。範，法。粥中無米，腹空空，仍不偏離應行之道。

測曰：羹無糝，猶不失其正也。

范望曰：窮不易道，故不失也。

次六：山無角，水無鱗，困犯身。

范望曰：角，禽也，鱗，魚也，皆山水之所畜，而住窮世，故獸魚託焉。託而無救，故身犯困也。

司馬光曰：焚山而獵，涸澤而魚，所獲雖多，後無繼也。重斂以窮民，民窮則犯上，災必迨其身矣。

葉子奇曰：角，獸類。鱗，魚類。家性為窮，山至于無獸，水至于無魚，言其荒窮之甚也。《詩》云：牂羊墳首，三星在罶，人可以食，鮮可以飽，亦言荒亂也。

陳本禮曰：水，夜。天鳳四年，莽置羲和，命士以督五均六筦，皆以富賈為之，乘傳求利，交錯天下，因與郡縣通奸，百姓愈病。莽復申明六筦之令，命縣官酤酒賣鹽鐵器，鑄錢採取名山大澤眾物者，稅之，為設科禁，犯者罪至死。民搖手觸禁，不得耕桑，繇役煩劇，力作所得不足以給貢稅，閉門自守，又坐鄰伍鑄錢挾銅，奸吏旁緣莽禁侵刻小民，富者不自保，貧者無以自存，故曰困百姓也。

鄭維駒曰：兌為鹿，故稱角，互巽為魚，故曰鱗。六類為火，獵獵則獸窮而山無角也。時數皆陰，不能生物，故雖有水而無鱗也。辟卦為剝，犯身者剝膚之義。

鈴木由次郎曰：十月二十六日，夜，水。角，獸。鱗，魚。焚山以求全部獵取山獸，涸澤以求捕光魚類。若對民苛斂誅求，則民犯上，焚及其身。

測曰：山無角，困百姓也。

范望曰：萬物窮而無託，故百姓困者也。

鄭維駒曰：物窮則民窮可知。

次七：正其足，蹛于狴獄，三歲見錄。

范望曰：七，火也，亦稱君子（《大典》又有君子二字）之道，正直而已，而以盛火為水所克，世窮見克，若蹛獄也。三，終也，苟自正直，終歲之間，獄事究竟，三槐九棘，理以正曲，曲得其情，方見錄也。

司馬光曰：狴，音弊（《大典》作陛）。王曰：蹛與跌同。得位當晝，正足遇跌，時之窮，非己招也。錄，寬錄也，讀為慮。窮不失正，宜其險而得平。小宋曰：蹛，音帶，蹈也。光謂：狴，牢也。七離咎而犯災，故有是象。

葉子奇曰：蹛音滯，義同。錄，審辨也。七本陽明，所行無不善之失，顧其過時入禍，所以無辜而滯陷于狴獄之中，終而見于辨明也。

陳本禮曰：火，晝。狴音弊。

鄭維駒曰：行喻而不失其正，故正其足。坎為獄為三歲，蹛，與《史記·平準書》留蹛無所食字義皆同。蹛於狴獄，窮之至也。終以正而見錄，與三歲不得者異矣。

鈴木由次郎曰：十月二十七日，晝，心五度，草木黃落。火。狴獄，牢獄。蹛通跌，踏。錄，省察犯人的情況，錄囚。行正而入牢獄，經過三年，澄清不實之罪。

測曰：正其足，險得平也。

范望曰：世雖窮險，貴得其平也。

鄭維駒曰：坎為險為平。

次八：涉于霜雪，纍項于郪。

范望曰：霜雪以喻害也。八為小人，小人在上，下民履害，涉履其難，為己之纍，項高郪卑，卑高不敘，難之所生，故言霜雪。霜雪，木之害也。

司馬光曰：宋、陸本項作頂，今從范、王、小宋本。郪與膝同。王曰：失位而當夜，不能自正其足，涉于霜雪，犯難而行也。纍項于郪，囚繫之重也。

葉子奇曰：八居窮極剝落之時，陰塞陽亡之際，是涉于霜雪而拘纍其項于股厀之中，言其窘凍局縮之甚也。

陳本禮曰：木，夜。厀同膝。莽以私鑄犯法者多，乃更輕其法，鑄者與妻子沒入為官奴婢，吏及比伍知而不舉告，與同罪，由是犯者愈眾，檻車鎖頸傳詣長安鍾官以十萬數，死者十六七，故曰亦不足生也。

鄭維駒曰：困值霜降，故言霜雪。纍者連綴之意，涉於霜雪，寒甚也。纍項於厀者，寒甚而屈躬也。窮字躬在穴下，故象其形。

鈴木由次郎曰：十月二十七日，夜，木。木遇霜雪，枝垂幹折，正象頸項繫于膝。窮阨萎縮，幾乎不可能再生。

測曰：纍項于厀，亦不足生也。

范望曰：不敘之世，不足賢者之所生也。

上九：破璧毀圭，臼竈生鼃黽，天禍以他。

范望曰：九，金也，故稱圭璧，為土所克，故圭璧破也。九為君子，君子守義者也。義然後取，今在窮家，羹而無糝，坎坎不足，故曰竈廢也。鼃黽，虫也。虫生於竈下，不偶天禍，故以他也。

司馬光曰：范本鼃作鼃黽，音猛，今從二宋、陸、王本。鼃，烏媧切。王曰：時數已極，不能反之於道。雖得位當昼，而不免於患。破璧毀圭，失其所寶也。臼竈生鼃，無所復食也。天禍以他者，咎非他作也。光謂：破璧毀圭，其人可珍而遭時不幸也。禍之極，窮之至，故有是象。

林希逸曰：破璧毀圭，失其所寶也。舊（《大典》臼）竈生鼃，貧之（《大典》乏）食也。禍以他，非自取也。此賢者不逢時之喻。

葉子奇曰：圭璧，天子諸侯之器。九居窮極，言圭璧破毀，是君臣之道盡矣。臼竈生鼃，是民生之計窮矣。此蓋適丁厄數之會，其禍豈自己以致之哉？乃天禍以他道也。

陳本禮曰：金，晝。他指莽也。國破君亡，萬民無主，非常之禍，固由天降，然天不生莽，則漢室山河固不至顛覆如此其速也。以他者，歸罪之辭。

俞樾曰：天禍以他。樾謹按：他，古字作佗，《說文》人部：佗，負何也。負何故有加義，《詩・小弁》篇：予之佗矣，《傳》曰：佗，加也。字亦作拕，《易》訟上九：終朝三褫之，鄭本作拕，云三加之也。佗拕字異義同，然則天禍以他，猶曰天禍以加，故測曰逢不幸也。范注以為不偶天禍，非是。王曰：咎非他作，亦於文義未合。

鄭維駒曰：乾為玉，上爻變兌為毀折，是乾之玉已破毀矣。臼竈互離中虛，象生鼃，無火故也。禍非自取，故曰以他。

鈴木由次郎曰：十月二十八日，晝，尾一度，金。鼃，雨蛙。他，古文作佗，佗，負荷之意，加。時已窮，破璧毀圭，失其寶。臼和竈中生了雨蛙，無法生活，不得食。天之禍加於我身。

劉按：釋他為佗，以為有加義，採俞樾說。

測曰：破璧毀圭，逢不幸也。

范望曰：圭璧毀破，故逢不幸也。

陳本禮曰：(引他人注多所改動，如此引葉注最後一句改為蓋亦天命所定也)。

割

☳ 割：陰氣割物，陽形縣殺，七日幾絶。

范望曰：三方二州三部一家。人玄，陽家，七火，上下，象剝卦。行屬於火，謂之割者，言陰氣甚急，減割物之形體，陽無所據，縣絶於天地之間。餘去冬至四十九日，當言七七，但言七者，約數之也。幾，近也，言於此至來復之日，亦近於割絶，故謂之割。割之初一，日入尾宿二度。

章詧曰：陰氣隆極，肆行傷割，陽殆縣殺，間乎一氣，雖明來復幾乎斷絶，《衝》曰：割懲也，《錯》曰：割犯血。

司馬光曰：陰家，火，準剝。宋、陸本形作刑，今從范、王、小宋本。小宋本陰氣作群陰。宋曰：殺，衰也，所介切。王曰：陰氣勝，故殺傷萬物。陽形消，故縣而不用，為陰氣所殺也。讀如字。

陳仁子曰：割者陰盛而物剝削也。蓋五陰為剝之會也，夫草木黃落，物之不幸也。材華澌滅，人之不幸也。五陽為夬，而天下快其為決，五陰為剝，而天下慘其為割，起觀宇宙間，繁霜夜零，溪毛凋落，悴悴無生意，而況人乎？參同曰：剝爛肢體，消滅其形，化氣既竭，亡失至神，故九測曰割鼻、割股、割肱贅、割耳目，割亦至此哉。

葉子奇曰：陰家。縣，去聲。割之初一，日入尾宿二度。

陳本禮曰：陰家，七，火，上下，卦準剝。妙在是縣形而殺，猶今之楦草繪像而殺之類。傳：陰為刑殺，小人暴貴稱尊，遂欲鞭笞天下，宰割萬物，是時陽已逃避西北，陰猶含怒未已，縣其形而殺之，以示威於天下，俾薄海臣民毋敢有犯其法而逆其命者。七日絕，猶鑿七竅而渾沌死也之意。

孫澍曰：準剝，陰壯，陽既膺宰，以得輿載民。七日幾絕者，謂陽氣幾於殄盡，其剝盡之後，至來復七日，《易》曰：反復其道，七日來復。

鄭維駒曰：剝自初至五，陽被陰殺，所縣者碩果而已。又卦者掛也，乾六陽掛而剝其五，坤所謂弒君弒父者於此而見，故曰縣殺。凡卦六爻主六日七分，至七日則剝盡，故云幾絕。

鈴木由次郎曰：第七十首，陰，七火，三方二州三部一家。陰氣殺傷萬物，陽氣逃避西北而只懸其形，任由陰氣之殺傷。經過七日，陽氣之勢將欲絕。

初一：割其耳目，及其心腹，厲。

范望曰：一，坎也，故為耳目。耳目所以見於遠，心腹之臣，遠施耳目，以昭明境外，而見割止，忠言不用，故厲。厲，危也。

司馬光曰：王本中無外作中外無，今從諸家。耳目所以輔衛心腹，耳目割則心腹危矣。一為思始而當夜，小人惡忠忌諫，而自賊其聰明者也。

葉子奇曰：耳目外也，心腹內也，外以由中，中以制外，不可相無，今初不明，乃剝割其耳目，其害必及于心腹，雖欲無危，得乎？

陳本禮曰：水，夜。耳目，君之監察官也。心腹，君之樞密臣也。二者割而君孤矣，故曰厲。

孫澍曰：君資臣以為助，猶心腹須耳目以為用也。《書》曰：臣作朕股肱耳目，《孟子》曰：君之視臣如手足，則臣視君如腹心。

鄭維駒曰：一屬坎，坎為耳，在火行，屬離為目，坎為心，剝內坤，又兩互坤，坤為腹，有心腹而不聰明，故云割其耳目。割耳目而及心腹，厲何如矣。

鈴木由次郎曰：十月二十八日，夜，水。外已害其耳目，危險及於內（心腹），危。

測曰：割其耳目，中無外也。

范望曰：耳目之臣，而見割減，故無外也。

陳本禮曰：先割其耳目者，令君無所見聞也，見聞既無，則中外不通，中外不通則權臣得以據其中以圖其外，誰敢不從。挾天下以令諸侯，誰敢不服。故曰中無外也。此賊臣之狡計也。

次二：割其肬贅，利以無穢。

范望曰：二，火也，火性外照，陰為疾疫，故有肬贅。割而去之，疾除穢去，無累於身，故言利也。

司馬光曰：肬，音尤。贅，之芮切。王曰：肬贅，身之惡也，割而去之，無復滋大也。光謂：二為思中而當晝，君子自攻其惡，不使滋大者也。

葉子奇曰：肬贅，身外所餘惡肉也。二以剛斷，故能割棄其身外所餘之惡肉，故利以無穢也。以一國而言，則小人去而朝廷清，以一身而言，則慝惡修而德業進也。

陳本禮曰：火，晝。肬贅謂貪饕竊祿之小人，平居既無所建白，有事則假公濟私在朝，如身外贅肉，割之反覺其清靜也。

鄭維駒曰：《釋名》：肬，丘也。出皮上聚高如地之有丘也。是肬贅有艮象，然肬似丘而非陽，乃陰之尤著者，割之則去其陰疾，何穢之有？坤為穢。

鈴木由次郎曰：十月二十九日，晝，尾二度，火。肬贅，贅物，無用之物。切除贅肬，去身之穢，而乾淨利落。

測曰：割其肬贅，惡不得大也。

范望曰：除其穢疾，故惡不得大也。

陳本禮曰：割其肬贅，是代國家除冗員，去污穢，割之應爾，雖被為惡之名，然事屬因公，不得加以大惡也。

鄭維駒曰：坤為惡。

次三：割鼻食口，喪其息主。

范望曰：三為進人，而在割損之世，苟念自進，以鼻食口，非益之道也。君子之益，隆基本，上下相配也。鼻者氣息之主也，今而見割，故喪息主也。

司馬光曰：虞本食作飽，今從宋、陸、范、王本。范曰：鼻者，氣息之主。王曰：割之不得其宜，是割鼻以啖其口者也。

葉子奇曰：食，去聲，鼻，氣息所由，故曰息主。三不中不明，乃自割其鼻，以食于口，復何補哉？徒喪其息主而已。世之剝下以奉上，戮正以寵邪，皆其象也。

陳本禮曰：木，夜。鼻為肺竅，通乎內者也。賊臣既割其君之耳目矣，而慮其鼻之呼吸，潛通帝座，故一並割之，所以防閑之者至矣。口者出納之官，賊臣陰謀不軌，恐樞機不密，宣洩於外，故先割其通息之鼻，以塞其易啟之口，蓋息主喪，口亦難以一喙鳴矣。

鄭維駒曰：艮為鼻，山澤通氣，而艮陽為主，是謂息主。剝之時兌猶用事，今群陰剝艮以長兌之陰氣，是為割艮鼻以食兌口，而通氣之主，於是乎喪也。

鈴木由次郎曰：十月二十九日，夜，木。切除鼻，讓口吃食。喪失了重要的呼吸之主。

測曰：割鼻喪主，損無榮也。

范望曰：喪身之主，無榮也。

陳本禮曰：鼻在上，口在下，割鼻食口，是損上以益下，然鼻去孔存，氣猶可通，口雖得食，究屬己肉，是在上者何所損，而在下者亦何足榮哉？

次四：宰割平平。

范望曰：四為公侯，故稱宰。平平（原作年，《大典》作平平）切（《大典》作均）無私，家性為割，割君之祿以施於下，平心正意各得其所，故曰平平也。

司馬光曰：王曰：四居臣之盛而當晝，宰割於物，有均平之德。光謂：四為下祿，君子之始得位者也。

葉子奇曰：四處公侯之位，稟陽明之資，故其宰割甚均宜，其得制國之道也。

陳本禮曰：金，晝。宰，切割也。四在火世，金畏火克，故不敢大肆其惡，但平平誅殺以懾服天下之人心而已耳。

鄭維駒曰：分肉甚均，陳平有焉。

鈴木由次郎曰：十月三十日，晝，尾三度，金。宰割，宰為切割。切割而公平，割君祿而施於下。

測曰：宰割平平，能有成也。

范望曰：各得其所，故有成也。

次五：割其股肱，喪其服馬。

范望曰：五為天子位，陽家之土，暗昧之主也。服馬以喻臣也，股肱良則庶事康，今者（《大典》作皆）割喪，失其所任也，故服馬喪也。

司馬光曰：宋、陸本亡作忘，王本作無，今從范本。王曰：五居君位而當夜，無君之德，是割其股肱而以求理，宜喪失所乘服矣。光謂：服馬所以負軛而夾轅，任重致遠，亦大臣之象也，故曰亡大臣也。

葉子奇曰：股肱所以輔身，服馬所以承己，皆資身之物也。五以陰邪，不明于德，乃自剪其良輔，不道甚矣。

陳本禮曰：土，夜。股肱者，君之輔弼，所以贊襄國政者也。服馬者，君之騎乘，所以效奔走疏附後先者也。人君不察而割之喪之，是自賊其大臣也，亡無日矣。

鄭維駒曰：坤為牝馬，五類為輿，割股肱則坤腹何恃矣。喪服馬，則大輿何賴矣。

鈴木由次郎曰：十月三十日，夜，土。昏愚之君自除其股肱之臣，失其服馬。

測曰：割其股肱，亡大臣也。

范望曰：君道暗昧，故大臣亡也。

次六：割之無創，飽于四方。

范望曰：宗廟之道，下之所奉，割損財貨以祿於下。若水之性，故無創也。下得其道，故四方飽也。

司馬光曰：六居盛位而當晝，分布其道，教思無窮，容保民無疆，四方靡不充足，而於道無所虧損也。

葉子奇曰：六為福隆，陽德之君子居割之世，能分己之道以兼善天下，及天下皆善，而自己之道初無所損，固自若也。是為割之無創，飽于四方之象。

陳本禮曰：水，晝。創，傷也。水不畏割，割已復平，無創痕也。水之利濟，源源不絕，故能飽於四方而任其取攜也。

鄭維駒曰：弗損益之，故無創，坤為地，地有四方也。

鈴木由次郎曰：十月三十一日，晝，尾四度，水。切除多餘之肉以補不足，而不留傷痕。使四方之民飽足。

測曰：割之無創，道可分也。

范望曰：以道為惠，周流（原作泲，《大典》作流）四方也。

陳本禮曰：道可分者，君子教思無窮，容保民無疆，能以其利利天下，而己亦不傷廉惠也。

次七：紫蜺矞雲朋圍日，其疾不割。

范望曰：紫蜺慶雲圍日，災祥也。先慶後災，所以儆時也。七為失志，故為疾。陽家之陽，故不割也。

司馬光曰：二宋、陸本作不利刊也，今從范本。王本朋作明，今從二宋、陸、范本。矞，余律切。王曰：紫蜺，妖氣。矞雲，日旁刺日之氣。光謂：七為敗損而當夜，如小人結黨以蔽惑其君，為國之患，君不能割除之也。

林希逸曰：紫蜺，妖氣也。矞雲，日旁刺日之氣也。矞，余律切。朋聚而圍日，此太陽之病也，可以割而去之，讒邪障蔽，可以掃去也。刊，削也。可去而不去，是不知刋也。

葉子奇曰：紫，不正色。蜺，虹也。陰陽淫氣，以喻小人。矞雲，慶雲也，以喻君子。七在陰邪之時，猶君子小人共處于朝，黨與盤固，不可動搖，人君不能辨而去之，如唐末朋黨之禍，互相傾軋是也。

焦袁熹曰：紫蜺矞雲，明圍日祥，乃為災，故《春秋》書災不書祥。

陳本禮曰：火，夜。紫蜺，妖氛，矞雲，日旁刺日之氣。朋圍日者，此等小人結黨營私，不顧國家之急，專事蒙蔽，君昏不知，受其欺罔，猶留之左右而不知刊，是自取滅亡也。

鄭維駒曰：虹雌為蜺，紫，蜺之色也。比於矞雲，此淫氣也。虹繞日，則陽德損，此而不割，陰疾甚矣。七為火，故取象於離日。

鈴木由次郎曰：十月三十一日，夜，火。紫蜺，紫色雲氣。矞雲，三色雲。皆為祥瑞，但其圍日，故為災祥。紫色雲氣和三色雲聚集，圍日而蔽日光。君主昏庸而不除此害，小人結為朋黨而營私利，以蔽君之明。

測曰：紫蜺矞雲，不知刊也。

范望曰：臣之不正，不知刊除也。

葉子奇曰：刊，除也。

次八：割其蠹，得我心（我心原只作必）疾。

范望曰：八稱君子，感天之變，知下不正而除去之，則得我心所疾也。

司馬光曰：王、小宋本蠹作矞，今從宋、陸、范本。便，步邊切。八為禍中而當晝，能割除姦蠹，得我心之所疾惡者也。

林希逸曰：蠹國之人，我心所疾惡，割而去之則得我心矣。便，利也。去此人，為國之利也。

葉子奇曰：八居禍中，不能無蠹，以其逢陽，故能割而去之，其所得亦必疾速，蓋害去則利來，邪去則正進故也。

陳本禮曰：木，晝。蠹之食木，先從心起，八為敗木，心被蠹食，木幾死矣，幸近九金，得割除其心疾，俾枝葉復榮，亦猶國之去賊臣而人民安也。

鄭維駒曰：八為木，蠹，木中蟲。木去蠹則生，國去蠹則治，言所除者乃心之疾，非在外者也。

鈴木由次郎曰：十一月一日，晝，尾五度，蟄蟲咸俯。木。蠹，食木之蟲。如同除去食木之蟲而使枝葉复榮一樣，去我心之病而恢復平安。

測曰：割其蠹，國所便也。

范望曰：割去不正，便於國也。

上九：割肉取骨，滅頂于血。

范望曰：肉以諭民，骨以諭君，九者金也，割害於八，家性為割，益以殘賊，割取人民，以及其君。頂最於上，故見滅也。滅，沒也。

司馬光曰：割剝之極，民既困窮，君亦不能自全，故曰滅頂于血也。

葉子奇曰：九居割剝之極，故為割肉取骨，滅頂于血之象，言其傷害之極也。

陳本禮曰：金，夜。割肉取骨，滅頂取血，則民之生命盡矣。建國元年，莽更天下田為王田，禁民不得買賣，立五均司、市錢府等官，斂取民財，更作寶貨，民不便用，皆私以五銖錢市買。莽復下書諸挾五銖錢者投四裔，民之抵罪死亡者，不可勝數，農商失業，食貨俱廢，民人泣涕於道路，即所謂滅頂於血也。

鄭維駒曰：陰為肉為血，陽為骨，剝一陽骨在乾首上也，陰剝陽，欲取其骨而陰亦自傷，是謂剝肉取骨。骨去則血滅頂，而為純坤，是乾之首滅於血也。

鈴木由次郎曰：十一月一日，夜，金。滅頂於血，滅，沒，頂，頭之最上部，喻君主。君主溺死於血之海。切肉而取骨，喻殘賊人民。君主之身也不得有安全。

測曰：割肉滅血，不能自全也。

范望曰：唯七不割，故九不得獨自全也。

鄭維駒曰：剝盡為坤，兩敗俱傷，如骨去而肉血，亦不能自全也。

止

𝌸 止：陰大止物於上，陽亦止物於下，下上俱止。

范望曰：三方二州三部二家。人玄，陽家，八木，上中，象艮卦。行屬於木。謂之止者。霜降氣終於此首之次八，立冬節起於此首之上九。言萬物上隔於陰，下歸於陽，各止其所，故謂之止。止之初一，日入尾宿六度。

章詧曰：立冬之時，六陰之盛，萬物休止以俟肅殺，陽幾微絕不能轍動，《衝》曰：止不行，《錯》曰：止欲鶩。

司馬光曰：陽家，木，準艮。小宋本作太陰止物於上，今從諸家。宋曰：謂是時物上隔陰氣，下歸陽氣，各止其所而不行也。

陳仁子曰：止者陰氣閉塞而不行也。止，一也，有可止，有不可止，《詩》曰：止于丘隅，《記》曰：於止止其所止，其止宜也。而《玄》之止則不幸而止也。故《玄》之止，《易》之艮者也。《易》以時止則止言，是可止而止也。《玄》以上下俱正言，是不可止而止也。若九測中曰止其止，曰君子所止，其可止而止者乎。曰馬酋止，曰止其童木要，其不可止而遂止者乎？

葉子奇曰：止之初一，日入尾宿六度。霜降氣終于此首之次八，立冬氣起於此首之上九。

陳本禮曰：陽家，八，木，上中，卦準艮。《傳》：此時霜降已過，蟄蟲咸俯，雀入大水為蛤，物之脂膏為陰朘剝已盡，無可復徵，故停其暴虐苛政於上，為暫止計，而陽亦止於下者，畏陰之威懼其殘害，故匿影玄宮，不敢復出以避其割也，故上下俱止。

孫澍曰：準艮，《太玄》以成四時，小民改歲入室處。

鄭維駒曰：自剝而後草木黃落，是陰氣止物於上也。物之根荄得陽而生，是時物未生於地下，若陽止之，下上俱止，重艮象也。

鈴木由次郎曰：第七十一首，陽，八木，三方二州三部二家。陰氣大剝物而盡去之，暫止其暴于上，陽氣懼陰氣之殘害而止于下，上下隔絕，各止其處。

初一：止于止，內明無咎。

范望曰：陰陽隔絕，各止其所，故能如水，內自清明，時行則行，時止則止，故無咎也。

司馬光曰：小宋本止于止內作止于內，今從諸家。一為思始而當晝，止得其所者也。夫智之不明，誘於外物者也，故止于可止之所，則內明而無咎也。《易》曰：艮其止，止其所也。《大學》曰：知止而後有定，定而後能靜，靜而後能安，安而後能慮，慮而後能得。物有本末，事有終始，知所先後，則近道矣。

葉子奇曰：一在止初，未有作為，能止于其所當止，由其中心之明，所以得無咎也。

陳本禮曰：水，晝。

鄭維駒曰：初時陽，故能如水之內明而止其所當止也。測如水之止，得性之智，故足明。

鈴木由次郎曰：十一月二日，晝，尾六度，水。止于其應止之處，心聰明而無過。

測曰：止于止，智足明也。

范望曰：知難則止，智足明也。

次二：車軔俟，馬酋止。

范望曰：二為平人，不隱不仕，家性為止，故車則軔俟而馬就止也。

司馬光曰：范本測車軔俟作車軔馬止，今從宋、陸、王本。吳曰：軔，而振切，礙輪木也。光謂：二為思中而當夜，小人智不足以燭理，就止則可，行則凶也。

葉子奇曰：軔，止車之物。酋，就也。二逢陰而在止世，不可以行，故車軔以俟，馬就以止，藏其器以待時之通也。通則可行也。

陳本禮曰：火，夜。

孫詒讓曰：范注云：二為平人，不隱不仕，家性為止，故車則軔俟而馬就止也。案：酋當為緧，同聲假借字。《說文》糸部：緧，馬紂也。《釋名・釋車》云：鞧，遒也，在後遒迫，使不得卻縮也。軔所以止車，緧所以止馬，故並舉之。范訓酋為就，未塙。

鄭維駒曰：互坎車震馬遇止，故軔而俟聚而不行，故酋止也。

鈴木由次郎曰：十一月二日，夜，火。軔，止車輪轉動之木。酋，就。因為止車輪之木，而車不能動，馬車之馬不能前進，若行則有咎。

測曰：車軔馬止，不可以行也。

范望曰：晏然無求，故不行也。

次三：關其門戶，用止狂蠱。

范望曰：三為門戶，家性為止，故門戶關也。蠱，淫也。是故重門禁暴客，關止狂淫也。

司馬光曰：王本禦作圉，今從范本。光謂：蠱，惑也。禦亦止也。三為戶，又思之崇也，又為成意而當晝，君子三思而後行，苟狂惑不當，不可復掩，故於成意之時，必慎而後發也。

葉子奇曰：狂蠱，狂亂之人也。三以陽明，憂深思遠，能重門以待暴也。

陳本禮曰：木，晝。

鄭維駒曰：艮為門，三為木，事貌，咎狂，艮為山，木在山下，謂之蠱。狂蠱自內生，亦自外至，風其飄汝，狂也，風落山，蠱也。止以禦之，故闕其門戶。

鈴木由次郎曰：十一月三日，晝，尾七度，木。狂蠱，狂亂之人，蠱，惑。閉其門戶而御狂亂之人。

測曰：闕其門戶，禦不當也。

范望曰：狂淫之人，當禁止也。

葉子奇曰：當，去聲。不當，不善也。

陳本禮曰：不當，不善也。

鄭維駒曰：木方黃落狂蠱，懼不可當，故利用禦。

次四：止于童木，求其疏穀。

范望曰：四為金而克於木，故童木也。而求其實，非其時也。果為疏穀也。

司馬光曰：范本其求窮作求其窮，今從宋、陸本。王曰：童木，謂兀然無枝幹者。疏穀，謂草木之可食者。光謂：四為下祿而當夜，小人干祿而不得其道，必無獲也。

胡次和集注：木至秋則剝落而童，此立冬之候，木盡衰落而離疏之間，求其養人，穀有養之道，於離疏之中求其穀，求窮之謂。

葉子奇曰：童木，無枝葉之木。疏，薄也。穀，祿也。四為下祿，故曰疏穀。止童木，其蔭既微，求疏穀，其得既薄，四陰暗不明，故其所托所求皆非其所也。

陳本禮曰：金，夜。

鄭維駒曰：艮為童為木，堅多節，互震為穀，《曲禮》下云：稻曰嘉蔬，蔬與疏同。疏穀以喻木實，木止於童，則不長，求其成實，不可得也。

鈴木由次郎曰：十一月三日，夜，金。童木，無枝無葉之木。疏穀，微祿。疏，薄。穀，祿。止于無枝無葉的木下，求微祿。寄其身而不得道，故窮。

測曰：止于童木，求其窮也。

范望曰：求疏童木，故窮也。

鄭維駒曰：言非求通，亦求其窮而已。艮為求。

次五：柱奠廬蓋蓋，車轂（原作穀）均疏。

范望曰：五為天子位，故稱車蓋。奠，置也。柱置待廬，猶置臣待君也。君處重蓋之中，故重言蓋也。穀，善也。均，平也。疏，大也。居上（《大典》作止）以道，故平大也。

司馬光曰：范本轂作穀，今從二宋、陸、王本。穀、轂古字通。王曰：奠，定也。如柱之定於廬舍之中，得其所止。蓋之蓋覆於車，車運而蓋不運。轂之均其疏數以湊群輻，輻雖運而己常處中。此皆以止為用者也。五居中得位，善於止道，故取象焉。光謂：廬，草舍之圓者，必先植柱於中央以定之。蓋有斗以受弓，輪有轂以均輻。人心所止，允執厥中。如此三者，故可貴也。

胡次和集注：立冬之後，穀疏之物利於蓄藏，柱奠廬蓋，均載以藏之，求于童木，非求之時也。安柱覆蓋，藏之于中者也。

葉子奇曰：奠，安也。居中為止之主，故為柱安其廬之象。君位居高而臨下，又為蓋以蓋車之象，中而無黨無偏，又為穀祿均及疏薄之象，占者有其德則應之。

陳本禮曰：土，晝。

鄭維駒曰：柱奠，互震象屯，初九磐桓，桓即位。磐者，柱之所以奠也。廬蓋艮象，艮於剝上稱輿廬，卦氣艮承剝，故稱廬稱車。五為稼，故曰穀。祿班於天下，故均疏也。

鈴木由次郎曰：十一月四日，晝，尾八度，土。奠，定。穀通轂，在車輪中央，軸貫其中，輻（車輪之矢）集於其外。均疏，輻以同樣的間隔而集於轂。疏，分。柱在家之中央而支此家屋，車蓋在車之中心而覆蓋車，轂在車輪中央而均勻分布眾多車輻之間隔，皆得中，正得可止之道。

測曰：柱及蓋穀，貴中也。

范望曰：貴處中央，天之位也。

次六：方輪廣軸，坎軻其輿。

范望曰：六為上祿，故有輪輿之事，若齊車也。七稱車，六稱輿，六克於七，故坎軻也。

司馬光曰：范本廉作廣，今從諸家。范、小宋本坎坷作坎軻（《大典》作坎坎），今從宋、陸本。坷軻皆音可。王曰：輪方必止，軸廉必輆，以之進路，必坎坎然振其車輿而不獲其適矣。光謂：六為上祿、為盛多而當夜，小人進不以道，雖止於盛位，終不得安也。

胡次和集注：車之利在輪圓而軸小，則運轉無窮，今也輪方軸廣，則有難運之道，故曰坎坎其輿。六為上祿，居止休之世，當震懼而退，坎坎其輿，亦懸車之類。

葉子奇曰：陽圓則行，陰方則止。六以陰而在止世，如方輪廣軸，不可圓轉，勢必不行，故坎軻其輿而不進也。

陳本禮曰：水，夜。

鄭維駒曰：互坎險，故坎坷其輿。

鈴木由次郎曰：十一月四日，夜，水。廉，角。坎坷，不平貌。輿，車。車輪四角而方，車軸亦有角，這樣的車無法轉動前進。

測曰：方輪坎軻，還自震也。

范望曰：坎軻不安，故震怖也。

葉子奇曰：震，驚動也。

鄭維駒曰：震其躬，為自震。

次七：車纍其俿（原作俿），馬攂（原作獵）其蹄，止貞。

范望曰：俿，輪也。輪而見纍，故云坎軻。車纍馬罷，故蹄獵也。輪纍蹄獵，不可乘行，家性為止，故曰止貞也。

司馬光曰：宋、陸俿作僥，范本作俿，今從小宋本。小宋本鄰作憐，今從宋、陸、范本。俿，陳音雉，吳音馳。攂，吳曰良涉切，諸家或作獵者，筆誤也。范曰：俿，輪也。攂，躐也。王曰：纍，有所繫也。攂，有所絓也。車纍馬攂，宜乎止以求正。光謂：七為失志、為敗損，而位又當晝，故纍攂也。君子見險而止，則止其正矣。

林希逸曰：俿音雉，又音馳，輪也。攂，良涉切，有所經（《大典》絓）也。纍，有所繫也。車纍馬攂，不可行之時，宜止則止也。甐，敝也。《考工記》不甐於鑿，亦作甐，宜止而行則敝也。甐作鄰，攂或作獵，皆誤也。

葉子奇曰：俿音馳，纍，曳挽也。俿，輪也。車挽其輪，進已甚矣。馬獵其蹄，足已倦矣。當此之時，止則貞也。此動極而能止者也。

陳本禮曰：火，晝。傂，輸，擸，折也。

鄭維駒曰：互坎車多眚，故虆其傂。互震馬作足，互坎馬亟心，故躐其蹄。七為失志，故有是象。

鈴木由次郎曰：十一月五日，晝，尾九度，火。傂，輪。擸，折。車繫其輪，馬折其蹄，乘而不能行。此止是正道。

測曰：車虆馬擸（獵），行可鄰也。

范望曰：車虆馬罷，不可以遠行，止於鄰里。

陳本禮曰：行可鄰，言不能遠也。

俞樾曰：車虆馬擸，行可鄰止，樾謹按：《大戴記・子張問入官》篇：故不先以身，雖行必鄰也，盧注訓鄰為郄，蓋鄰者遴之假字，《說文》辵部：遴，行難也。行難則宜止而不行，故亦得訓郄，此云行可鄰也，謂其行可以郄退也。范注謂止於鄰里，失之矣。

次八：弓善反，弓惡反，善馬很（原作恨），惡馬很（原作恨）。絕弸破車終不偃。

范望曰：八，木也，故為弓。善弓反發則善，反其故也。《詩》云：四矢反兮，言反其故處也。惡弓者不善發，則偏然反也。善馬常恨養不足也，惡馬常恨不早除也，亦以諭臣之善惡也。《春秋傳》曰不早為之所是也。弓馬皆惡，故不可用也。偃，止也。弓馬不良，猶臣不忠直，故有絕弦破車之禍也。弸，弦也。

章詧曰：八夜，小人也。在止之世，善惡混而不分，反，仰也，弓之未弦，悉反仰也，雖弓良之與惡弓，不能分別。馬很者不能馴服於人也，馬之良與惡，未調習之，皆不可辨。小人居是，善惡不分，止則稍免，動則有禍，苟動則絕弦破車，終不能偃其弓馬也。故測謂終不可用也。

司馬光曰：王本作弓善反馬善很惡馬很，宋本作弓善反惡弓反馬善很惡馬很，范本很作恨，今很從諸家，餘從范本。弸，薄萌切。宋曰：絕弦破車，故不可用也。范曰：弸，弦也。偃，止也。王曰：弓之反戾，不可以射。馬之很惡，不可以御。而強用之，必有絕弸破車之患，終不可偃息而止矣。光謂：弓雖善而好反，馬雖善而性很，終不可用，況其惡者乎。八為禍中、為剝落而當夜，小人邪愎而不知止者也。《荀子》曰：弓調而後求勁焉，馬服而後求良焉，士信愨而後求知能焉，此之謂也。

葉子奇曰：弸，悲矜切。反，弓反也。弸，弦也。偃，止也。八陰躁褊迫，不能駕御羣才，譬之弓馬之善者，亦致其反弛佷怒，弓馬之惡者，亦致其反弛佷怒，蓋用之非其道也。《書》曰：狎侮君子，罔以盡其心，狎侮小人，罔以盡其力，是善惡二者俱致其失也。然其過時不止至於絕弦破車而終不息，蓋事勢已迫而猶不悟也。

陳本禮曰：木，夜。弓反者，弛而外張也。很，用力鞭馬強乘之也。繃，弦絕也。偃，止也。弓善尚不可以反張而射，況惡弓乎？馬善尚不可以力鞭強乘，況惡馬乎？小人陰躁褊急，不能駕馭群才，至於絕弦破車，猶不懲戒而改其行，則必至於顛躓也，亡身必矣。

俞樾曰：弓善反弓惡反，樾謹按：范注云：善反，《詩》云：四矢反兮，言反其故處也。惡反者，不善發則偏然反也。此注非是。弓善反弓惡反，言弓善者亦反，弓惡者亦反，與下文善馬很惡馬很義正一律。不曰善弓惡弓，而曰弓善弓惡，故與下文錯綜其辭，見文法之變，亦猶《論語》迅雷風烈，《楚辭》吉日兮辰良之比耳。善惡以弓言不以反言，注以善反惡反為說，則兩反字義異矣。

鄭維駒曰：互坎為弓，很，不順從也。射不止，則弓必反，乘不止，則馬必很，毋論其善惡也。終不息偃，雖善者亦破絕矣。

鈴木由次郎曰：十一月五日，夜，木。反，弓弛而外張。很，違戾，違逆。弸，弦。偃，止。善弓弛而外張，惡弓亦是如此，善馬性狠而乖戾，惡馬也是如此。小人亂射而絕弓弦，亂駕車而毀壞了馬車。雖然仍不改其行，而不止於正。必至顛覆而滅車。

測曰：弓反馬很（原作恨），終不可以也。

范望曰：以，用也，弦絕車破，不可用也。

上九：折于株木，輆于砋（原作砭）石，止。

范望曰：九為金，故稱石。反八則克木，高上則石困，進退不宜，故言輆于砭石也。

章詧曰：九晝，為金，在止之世，君子居之，不達時義，謂將適於八，金克於木，故有折木之害。過升於上，則有堅石之輆。九為上山，故稱石。能知止道，測曰君子止也。砭石，堅石也。

司馬光曰：宋、陸本砋作砭，彼驗切。小宋本作礙，音仙。王本作砋，音止，云擣繒石也，今從之。吳曰：輆，音愷，礙也。光謂：九為限、為石，又禍之窮也，而當晝，君子之道既不行，則當止矣。

葉子奇曰：九處上而不知所止，如車之行，上折于株木，下軫于碇石，上下維谷，不可以有行而復止也。

陳本禮曰：金，晝。株木，車輞木。軫，礙也。砒，擣繒石。九處禍之窮，而不知止，至於輞折石軫，進退維谷，然後知所止而止焉，蓋亦危矣。

鄭維駒曰：金克木，故折。九類為醫為石，故曰碇石。金折木而有餘，遇碇石則礙矣。是時立冬，草木黃落，而金令亦不行，故避禍之君子見幾而止也。

鈴木由次郎曰：十一月六日，晝，尾十度，水始冰，金。株木，車輪之外匡，木製。輞，車牙。砒石，擣繒之石。軫，礙。車輪外匡已折，被擣繒之石所妨礙，馬車不能前進。止而知其所應止，則為君子之道。

測曰：折木軫石，君子所止也。

范望曰：君子守道，正（《大典》作止）其所也。

堅

𝌝 堅：陰形胼冒，陽喪其緒，物競堅彊。

范望曰：三方二州三部三家。人玄，陽家，九金，上上，亦象艮卦。行屬於金，謂之堅者，胼，固也。緒，業也。言陰氣固盛，陽失其業，物競堅固，故謂之堅。堅之初一，日入尾宿十度。

司馬光曰：陰家，金，準艮。入堅初一八分二十秒，日次析木，立冬氣應，斗建亥位，律中應鍾。陸曰：艮為山石，又為木多節，皆堅之貌。小宋本形作貌，冒作昌，今從諸家。胼，部田切。喪，息浪切。宋曰：胼謂盛也。緒，業也。謂是時陰氣壯盛，陽喪其業，無能為矣。故萬物依陰氣競為彊也。范曰：胼，固也。王曰：胼冒，密盛貌。

陳仁子曰：堅者陰氣閉塞而凝寔也。故陰之於陽能剝其外，不能剝其內，能剝其形，不能剝其真。木葉脫而根本固，水泉涸而涯涘見，斂其華而歸其精，凋其枝而復其體，是正所謂皮毛剝盡而真實存者。故陽主動物發育，陰主靜物堅凝。《玄》象艮有二，先以止，次以堅，止則陰氣之靜，堅則陰氣之凝，一止則堅矣。《月令》曰：水腹堅是也。

鄭氏曰：堅胼，范薄眠切，虞作胖，按：注文固也，取胼胝之義，以言其固如皮上堅也。虞作胖，義取心廣體胖，則其昌盛可知，固曰陰形胖昌也。虞本為優矣。或作駢者，形聲誤也。

葉子奇曰：陰家。餘同范。胼，手足勞苦皮厚也。言陰封蔽於陽之甚。堅之初一，日入尾宿十度。

陳本禮曰：陰家，九，金，上上，日入尾，斗指亥，律中應鍾，立冬氣應，卦準艮。《傳》：此時陰稱形而陽不稱形者，陽為陰割久無形矣。緒者陽氣茫茫之墜緒也。胼，固，冒，覆也。是月也元冥陵陰，霜風送冷，寒則凝，凝則堅，物競堅強者，物痛陽亡無主，咸競其心，堅其志，強其力，以待天下之變，欲復陽以滅陰也。

孫澍曰：準艮，君子以載文德，止四國。

鄭維駒曰：皮厚曰胼，緒，餘也。剝之上九，陽之餘也。剝盡為坤，則陰形厚冒，並喪其艮之一陽。冬於四德為貞固，故陰凝而物堅也。堅強取艮木堅多節，與坤堅冰之義。

鈴木由次郎曰：第七十二首，陰，九金，三方二州三部三家。胼，固。冒，覆。胼冒，固覆。緒，絲之端。殘、餘之意。陰氣形體化而固覆遮之，陽氣被陰氣壓迫，已無形而失其遺緒。萬物競堅其志，強其力，等待陽氣滅陰氣之時到來。

初一：磐石固內，不化貞。

范望曰：陽家之陽，在金之行，母子之道，故石固也。磐石之性，不可動移，故貞也。

司馬光曰：小宋本磐石作堅磐，宋、陸本化貞作不貞，王、小宋本作不化其貞，宋、陸本測作磐石（《大典》有石字）固內中不可化也，今皆從范本。光謂：一為下人、為思始而當夜，小人頑愚，心如磐石之堅，不可化而入於正也。孔子曰：惟下愚不移。

葉子奇曰：一以陰暗而居堅始，故其麄頑如盤石堅固，內無所通變，雖貞何益。

陳本禮曰：水，夜。

鄭維駒曰：艮為小石，互震則為磐石，硜硜不化，此小人之貞也。

鈴木由次郎曰：十一月六日，夜，水，貞，定，固定。《新書》：言行抱一謂之貞。心如磐石一樣堅，沒有融通性，而固定不變。

測曰：磐石固內，不可化也。

范望曰：內能磐固，故不可化也。

陳本禮曰：內不化，謂其執一也。

次二：堅白玉形，內化貞。

范望曰：家性為堅，雖克其本，不能消鑠，適可鍛治以為器，故內化也。（《大典》有化字）必成器，故貞也。

司馬光曰：宋、陸本無化字，小宋本形作狀，今從范、王本。二為思中而當晝，君子心雖堅固，潔白如玉之美，然見善思遷，有過則改，內化日新以就於正。《易》曰：介于石，不終日，貞吉。

葉子奇曰：二則陽明，譬之堅白明瑩之玉，形質其中，縝密而溫通也。

陳本禮曰：火，晝。

鄭維駒曰：互震為玉，玉在石中，而形化於內，溫潤而澤，此君子之貞也。

鈴木由次郎曰：十一月七日，晝，尾十一度，火。心堅固且如玉之潔白。見善而遷，有過則改，變其心於善以就正。

測曰：堅白玉形，變可為也

范望曰：以成器物，故可為也。

陳本禮曰：形則變，變則化。

次三：堅不凌，或泄其中。

范望曰：三，東方也，帝之所出，在於堅冰之月，命令當行，今行不淩，故或恐陽氣泄於中也。君而不密則臣不固，臣不密則身之失也。

司馬光曰：宋、陸本淩作陵，今從范、王、小宋本。宋曰：齊，中也。范曰：在於堅冰之月，今不淩，或恐陽氣泄於中也。光謂：三為成意而當夜，小人處心不堅，善惡交戰，二三其德，有始無卒，不能行無越思，允執其中。如冰欲堅於外，而慾陽泄其中，終不能成也。

林希逸曰：淩，冰也。當冰堅之時而不成淩者，其中陰為陽所泄也。齊，中也。外能堅守，而中不自持，此色厲而內荏者之喻。

葉子奇曰：淩，去聲，淩，冰堅凝貌。三失中不固，是堅而不甚至于凝，故或泄其中而不固也。

陳本禮曰：木，夜。當天地閉塞之時，正宜三緘其口，今乃冰而不淩，是質本不堅，反洩消息於外，透漏樞機，《易》曰：君不密則失臣，臣不密則失身，機事不密則害成，冰之堅而不淩，其殆以此也。

鄭維駒曰：艮外卦當立冬初候，水始冰，故以冰言。

鈴木由次郎曰：十一月七日，夜，木。淩，結冰。表面似堅，而內實不如淩冰一樣堅。或泄其心之秘密，心不能持中正。

測曰：堅不淩，不能持齊也。

范望曰：君臣相失，故不齊正也。

陳本禮曰：君臣相失，則堅貞之操不能持齊也。

鄭維駒曰：艮手為持，十月陰陽交戰，木氣或泄，故不能持守而使之齊一也。

次四：小蠭（原作螽）營營，螮其翊，翊不介，在堅螮。

范望曰：螮，德也。翊，國也。四為公侯，小為有國有土也。小螽以諭民也，民而營營，須德乃安，國不在大亦不在小，惟德所由，道正德固，故在堅德也。

司馬光曰：宋、陸本營作熒，無在字，王本介作分。吳曰：蠭與蜂同。范作螽，誤也。螮，都計切。翊，音詡，又音弋，今蠭從諸家，營、介從范本。宋曰：氐，本也。范曰：螮，德也。翊，國也。王曰：螮，蠭子也。翊，其房也。光謂：螮與蔕通，謂蜂房之蔕也。介，大也。螮以諭德，翊以諭國。四為下祿而當晝，君子修德以保其位。國不在大，在勤德以固其本而已。亦猶小蠭營營將為房，必先為其蔕。房不在大，但蔕堅則不墜矣。

林希逸曰：蠭與蜂同。螮與帶同，蜂房之帶也。翊，青許，又音弋，蜂房也。蜂營營而為房，必堅其帶，不堅則房墜矣。帶只在堅而不在大，故曰不介以堅。介，大也。

葉子奇曰：螮音帶，翊音翡，螽，蝗屬。螮，接翼處也。翊，飛貌。介，大也。四在堅世，處下之上，惟在於固其本而已，如小螽之營營然，未能遠飛，方螮接其生之飛翼，翼雖未大惟在固其接翼之處，無至斷折，則不期大而自大矣。以人事言之，小民方營營然本於生業，生業雖未甚庶，在乎固其本根，毋勞傷之，則國不期安而自安矣。以君臣之道言之亦然，則螮為君，翊為臣，君而制臣，在乎固其螮也。

陳本禮曰：金，晝。螮，同蒂，根蒂，翊，音詡，蠭房，介，大也。

鄭維駒曰：螮即測中氐字之義，案：坤為邑為國，艮承剝後辟卦為坤，陽在陰上，如蠭房之有氐，故贊中多取象焉。

鈴木由次郎曰：十一月八日，晝，尾十二度，立冬，金。螮通蒂，結於蜂巢根部的蒂。翊，蜂巢。此以螮喻德，翊喻國。介，大。小蜂營營而築巢，先作巢根部之蒂，再築巢。其巢不大，而根蒂堅固，故其巢不能顛墜。君子修德而保位，務本而堅國。

測曰：小𧓍（原作螽）營營，固其氐也。

范望曰：氐，本根也。本固則末彊也。

葉子奇曰：氐，根柢也。陳本禮同。

次五：蛁大𧍪小，虛。

范望曰：國小德大則民眾殷，國大德小故民虛也。

司馬光曰：范曰：國小德大，則民眾殷。國大德小，故民虛也。光謂：中和莫盛乎五，而當夜，小人享盛福而不能守，國雖大而德薄，如𧓍房大而蔕小，其墜不久矣。虛者，言其外勢強盛而中實無有也。

林希逸曰：蛁，蜂房也。𧍪，房之帶也。房大而帶小，不足以繫之，則蜂必散亂而蜂窠虛矣。為國而不知其本，必失其民，以此喻之。

葉子奇曰：蛁大𧍪小，喻君弱臣強，即尾大不掉之謂，國鮮不虛矣。

陳本禮曰：土，夜。

鈴木由次郎曰：十一月八日，夜，土。巢大而蒂小，表面強盛，其中空虛。君弱而臣強，尾大不掉之喻。

測曰：蛁大𧍪小，國虛空也。

范望曰：德不洽境，故民不足也。

次六：䰕𧍪紗紗，縣于九州。

范望曰：六為上祿，言䰕德者，德輕如毛，民鮮能舉之，故言紗紗也。以細微之德，臨有九州，九州之民，縣命太虛，故曰縣于九州也。

司馬光曰：小宋本紗作幽，音幽，云幽幽，微貌，今從諸家。䰕與纖同，縣與懸同。王曰：紗與眇同。光謂：六為上祿、為盛多、為極大而當晝，天子秉德之堅，一人有慶，兆民賴之。如纖蔕之縣大房也。

林希逸曰：紗紗，微小貌，音幽。九州之民，各戴其君，心有所繫，如蜂房之蒂小而甚堅，則可以康安矣。䰕與纖同。縣，繫也。

鄭氏曰：紗，舊亡了切，按：《集韻》：紗，微也，或作仯。縣讀作懸，按：復編縣繫也，從系，持县，借為州縣之縣，別無懸，加心非。

葉子奇曰：縣，去聲。䰕，小也。紗紗，小貌。縣，牽繫也。六處尊位，居福祿之極，是人君以眇然之身，以縣繫于天下，故為䰕𧍪紗紗縣于九州之象。《書》曰：予臨兆民，懍乎若朽索之馭六馬。漢文詔曰：朕以眇躬托於天下諸侯士民之上，皆謙小兢惕之辭，得䰕𧍪之義矣。

陳本禮曰：鑯，同纖，紗同眇，縣同懸。

孫澍曰：紗，《集韻》、《韻會》俱通作眇，微也。

鄭維駒曰：鑯為山韭，剝之後艮上一陽似之，故云紭紭。然未至純坤，陽雖薄而猶懸於上，為眾所仰也。

鈴木由次郎曰：十一月九日，晝，尾十三度，水。紗紗，同眇眇，微小貌。纖細的蜂巢之蒂，支�其巢，人君以一人之身而繫天下人民之望。

測曰：鑯蟖之縣，民以康也。

范望曰：祐民以德，故康寧也。

次七：堅顛觸冢。

范望曰：七為失志，顛冢皆諭高也。志失行張，故能自高，堅高其行，觸長若冢也。

章詧曰：七夜，為禍之小世，獨失志顛狂以首觸冢，冢乃喪亡之所也。故測曰不知所行也。

司馬光曰：顛，頂也。七為失志、為敗損、為下山而當夜，小人強很而不知道，如用其堅頂進觸丘冢，不知所行也。

葉子奇曰：顛冢皆頭也。七以陰戾不能相下，兩強相觝，徒費其勞，是以不知所行也。

陳本禮曰：火，夜。顛，頂也。冢，土之墳起者。七在金世而當夜，小人恃其強很，路遇高冢，惡其有礙於步而以頭觸之，欲使之平，此真愚之至者也。不知天衢甚廣，何獨嫌於一冢之阻耶？

鄭維駒曰：乾首上一陽為艮，剛而在上，是為堅顛。冢者山頂孤危之地，而顛與之觸，其不能行也必矣。

鈴木由次郎曰：十一月九日，夜，火。顛，頂，頭頂。小人恃己之強暴，看到道有小而高之冢，妨礙自己行動，於是就用堅頭觸冢，欲頂開此冢而行。愚蠢之骨頂。

測曰：堅顛觸冢，不知所行也。

范望曰：苟能自高，不如世間之所行也。

次八：惆堅禍，維用解豸（原作蟛）之貞。

范望曰：東方為龍，故諭以解蟛也。好直之獸，故謂之貞也。堅惆其禍，不能以情服，唯直者而正之也。

司馬光曰：慖與怙同。解豸與獬豸同。王曰：解豸，觸邪之獸。光謂：八為禍中而當晝，恃其堅而犯禍者也。然君子之志在於觸邪，雖堅以蹈禍，不失其正也。

鄭氏曰：豸，大蠏切，注謂解豸好直之獸，按：《說文》：解廌，獸也。似山羊，一角，古者決訟，令觸不直，象形從豸省。解或作獬，廌或作觽觟，通作豸，難上九角解豸是也。此作豸者，乃蟲豸字，丈爾切。然豸亦通作豸，妄加點畫以別之，非古也。又按《後漢・志》：獬豸，神羊，能別曲直，《論衡》：解廌一角，羊也，性識有罪，許慎謂似山羊，未知孰是。

葉子奇曰：慖古怙字。解音獬，蟓音寨。解蟓，好直之獸，人邪枉則以角觸之。八居陰禍，是怙于禍亂，終無悛心，則惟用直方之道以糾治之耳。

陳本禮曰：木，晝。慖同怙。解同獬。豸同豸。

鄭維駒曰：解豸一角，艮陽在上之象。

鈴木由次郎曰：十一月十日，晝，尾十四度，木。解豸，又寫作獬豸，獸名，似山牛而一角。古為決訟，使之以角觸頂不正之人，由此判斷曲直。恃堅而犯禍，但君子欲除邪，而如獬豸這一正義之獸觸頂不正之人一樣，雖堅而不失其正。

測曰：慖堅禍，用直方也。

范望曰：解蟓為獸，知直之方也。

上九：鑫（螽）焚其翊，喪于尸。

范望曰：土（《大典》七）火入（《大典》八，《大典》是，作土作入皆誤）木，木在火上，炎焚揚起，故燒九也。尸，主也。翊以諭民，民而見焚，君將安立，故主喪也。

司馬光曰：宋、陸本作鑫熒其翊，今從范、王、小宋本。喪，息浪切。范曰：尸，主也。光謂：翊當作翎。九為禍極而當夜，小人為惡之堅，至於覆家。如鑫自焚其房，失其所主也。《易》曰：鳥焚其巢。

葉子奇曰：翊所以輔身，忠所以匡君。九居亢極，高而無輔，猶螽焚翊而喪身，君棄忠以失位也。

陳本禮曰：金，夜。尸，主也。

鄭維駒曰：坤為艮為屍，處艮之極，陽薄如翊，消盡則翊焚，而為純坤矣。

鈴木由次郎曰：十一月十日，夜，金。尸，主。蜂自燒其巢，失其所主。已無所恃，此喻君主困民，自失其所應依賴者。

測曰：鑫（龠）焚其翊，所憑喪也。

范望曰：民憑於君，君賴於民，民而見焚，故主亡也。

鄭維駒曰：民所憑者，如翊之微陽耳。消盡則翊焚，而所憑喪也。

成

☵ 成：陰氣方清，陽藏於靈，物濟成形。

范望曰：三方三州一部一家。人玄，陽家，一水，下下，象既濟卦。行屬於水，謂之成者，言此時陰氣方消，靜於六位，陽氣藏於靈祇之底，謂地中也，故萬物成其形體，故謂之成。成之初一，日入尾宿十五度。

章詧曰：立冬之後，陰氣純清，陽乃幽潛，靈晬之氣於九泉之下，物皆成形而定體，故測曰成不可更，《錯》曰：成功就而不易。

司馬光曰：陽家，水，準既濟。入成次九，日舍箕。范本陰氣方清作陰氣方消，小宋本作太陰方清，今從二宋、陸、王本。宋曰：地稱靈。陸曰：清，寒也。光謂：陽藏地中，潛為物主，物賴以濟，得成其形也。

陳仁子曰：成者盛而物皆實也。天下之物生以陽，成以陰，故秔稌之秀也以登，果蓏之榮也以實，雖嚴霜之零，金風之肅，物莫不斂英華於腹心而各效其成。《玄》之成象既濟者也，既濟為陰陽之互交，成為陰陽之各立。物之成，皆陰也，《玄》曰物以成形，而九測反覆乎成不成之義，成物者其陰乎。

葉子奇曰：陽無可息之理，息上反下，是藏于靈也。成之初一，日入尾宿十五度。

陳本禮曰：陽家，一，水，下下，卦準既濟。《傳》：陰而忽稱太者，見尊無二，大也。方清者，是時天氣上升，地氣下降，閉塞成冬，故世界一清，所謂四海一家，中外一統，莫不秉新莽之正朔，遵攝皇之詔旨。靈者，陽神也。此曰陽亡形化，僅賸一靈之氣，渺渺藏乎玄宮，孕毓根荄，保和元氣，以濟物而成形也。

孫澍曰：準既濟，《太玄》以善終而慮始。

鄭維駒曰：《說文》：清，寒也。清當與凊同。十月純坤無陽，非無陽也，萬物既濟，陽乃藏於陰之靈也。物濟成形者，坤為地，在地成形，故辟卦為坤，而既濟亦屬十月。

鈴木由次郎曰：第七十三首，陽，一水，三方三州一部一家。清，寒。靈，指地。此時天氣上升，地氣下降，閉塞而成冬。陰氣正寒，陽氣潛藏地中，養育草木之根而保元氣，萬物皆成其形體。

初一：成若否，其用不已，冥。

范望曰：一，君子也，不有其功，雖有所成，猶若否也。常而若否，致用不已，故冥也。

司馬光曰：王曰：處成之初，得位當晝，功成若否，不伐其功，則其用不已，而冥契於道也。光謂：一為思下而當晝，君子之道闇然日彰。冥者，隱而不見也。《老子》曰：功成不居，夫惟不居，是以不去。

葉子奇曰：一在成初，居成功，常若無所成焉，謂能將之以謙，所以其用無窮，由能冥泯其跡也。

陳本禮曰：水，晝。

鄭維駒曰：水者物所自生，亦物所自成，方生之始，無成之形，故成若否。然自此以往，火下水上，至於既濟，皆其用為之也。用不可見，故謂之冥。

鈴木由次郎曰：十一月十一日，晝，尾十五度，地始凍。水。功雖成，而不成一樣不誇耀，如此則其功用無限，功隱而不見。

測曰：成若否，所以不敗也。

范望曰：謙以得之，故無敗事也。

陳本禮曰：陽亡藏靈，隱而不見，故終得濟物，而不致敗絕也。

次二：成微改改，未成而殆。

范望曰：二，火也，而在於水，雖當相害，家性為成，成熟於物，當須水火，今水在火下，故言未成。未成而改，故殆也。

司馬光曰：王本改字止一，今從諸家。王曰：失位當夜，成之尚微而又改之，則事必不成，且危殆也。光謂：二為反復而當夜，小人秉心不壹，必無成功。《易》曰：晉如鼫鼠，貞厲。

林希逸曰：為善方成，而心已改，改不待成，而知其危矣。

葉子奇曰：改改，無一定之操也。二以陰暗，粗成微功，而輒改改，無一定之操，所以其功未成而已殆矣。

陳本禮曰：火，夜。

俞樾曰：成微改改未成而殆，樾謹按：殆當讀為怠，《詩・玄鳥》篇：受命不殆，鄭箋云：受天命而行之不解殆，《論語・為政》篇：思而不學則殆，何晏注曰：徒使人精神疲殆，解殆與疲殆，其字並當作怠，而作殆者，古字通也。此贊言成之尚微而改之，又改則未及其成而先已解怠矣，故測曰不能自遂也。王以危殆釋之，非是。

鄭維駒曰：既濟定也，改改而不定，何成之有？

鈴木由次郎曰：十一月十一日，夜，火。成功尚微小，卻屢屢改之而不一貫，事未成就而怠。

測曰：成微改改，不能自遂也。

范望曰：未成重改，故不自成遂也。

陳本禮曰：改改者，一改而不已，又再改也。不知事經屢改，必無成功也。

次三：成躍以縮，成飛不逐。

范望曰：三為進人，故欲上躍，躍而失位，當反其故，故以縮言之也。家性為成，苟成而飛，躍就尊位，據有於眾，人貴成功，而不追逐而責之也。

司馬光曰：王曰：事之既成，已躍而進，又縮而退，知自戒懼則進而無咎。光謂：三為成意而當晝，君子臨事而懼，躍縮未決，所以然者，以事之既成則如鳥之飛，不可復逐，故進退宜慎也。《易》曰：或躍在淵，無咎。

林希逸曰：事之既成，可以躍進，又縮之，可以飛上而不飛隨之，言能謹畏退託以守其成，則德愈壯也。逐，隨也。

葉子奇曰：成躍以縮，謂得伸由于屈也。蠖屈龍蟄，皆以求伸，至于屈極而伸，則其勢莫禦，故曰成飛不可追逐也。

陳本禮曰：木，晝。古語：將躍者足縮，將飛者翼伏，尺蠖之屈，以求伸也。此時物濟成形，各已成躍而能飛矣，何用逐焉，言可不必逐也。

鄭維駒曰：躍以縮，進退之象。巽為進退，三為木，故取象於巽。離為飛，乾至龍飛，而乾道成其飛也。由於或躍，故成之。飛亦由於躍而縮也。不逐者，成功之速不可及也。

鈴木由次郎曰：十一月十二日，晝，尾十六度。木。成事之時躍而進，但不忘縮而退。為事之成而躍上，但不求至其極，自能戒懼而伸縮自在，則無咎。

測曰：成（原作或）躍以縮，成德壯也。

范望曰：必得高位，德之壯也。

吳汝綸曰：壯，傷也。

次四：將成矜敗。

范望曰：四為公侯，官亞天位，據下行陽，奉上循陰，臣道默從，歸功於五，而將自矜，非道之正也。

司馬光曰：王曰：失位當夜，是將成（《大典》有而字）阨（《大典》作矜），必敗其成。成功之道，惡其矜伐也。光謂：四為下祿，故將成也。當夜，故矜也。葵丘之會，齊桓公震（《大典》振）而矜之，故（《大典》諸侯）叛者九國。

葉子奇曰：四陰躁易盈，故功將成而輒以驕矜致敗也。

陳本禮曰：金，夜。

鈴木由次郎曰：十一月十二日，夜，金。功將成，驕而高，故失敗。

測曰：將成之矜，成道病也。

范望曰：居下自矜，道之病也。

次五：中成獨督，大。

范望曰：五為天位，處中履和，故曰中成，尊無與比，故謂之獨。董督四方，故大也。

司馬光曰：小宋本作中能成，今從諸家。中和莫盛乎五而當晝，王者功成，獨建皇極以督四方，德業光大者也。

葉子奇曰：督，正也。又人之督脈處脊之中，亦言其中正也。五處中，是其所成無過不及之差，故獨得其正，所以大也。

陳本禮曰：土，晝。督，總統而督正之也。

鄭維駒曰：土居中而王四時，故萬物致養於坤，亦歸藏於坤，故中成而獨督，德合無疆，故大也。

鈴木由次郎曰：十一月十三日，晝，土。在天下之中央，功業成，統四方，而正之，德業光大。

測曰：中成獨督，能處中也。

范望曰：能處中央，督天位也。

次六：成魁瑣，以成獲禍。

范望曰：六為上祿，故魁然也。瑣，細也。六近於五，土克於水，故為之瑣。雖居上祿而不崇讓，必見克害，故獲禍也。

司馬光曰：小宋本作成魁瑣瑣，今從諸家。范本謙作讓，今從二宋、陸、王本。王曰：六居盛滿而失位當夜，雖為成之魁主，而內懷瑣細之行，必且墮其功而獲禍矣。光謂：六為極大而當夜，凡大功既成，則人欲分功者多矣。為其首者，既尸其大，必分其細以與人，則眾無不悅。若欲兼而有之，則為眾所疾，反因成功以獲禍矣。

葉子奇曰：魁瑣，即《荀子》論朱象之嵬瑣，謂頑鄙也。以魁而有所成，則因成以致禍矣。自古小人因功而敗者多矣，成魁瑣之謂也。

陳本禮曰：水，夜。

鄭維駒曰：六大臣，故為魁，管子云：彼矜者滿也，細之屬也。瑣者即細之謂，旅瑣猶取災，大臣而瑣，獲禍宜矣。

鈴木由次郎曰：十一月十三日，夜，水。魁，魁首。瑣，瑣細之行。大功成就，為其首領者應主其大，而將小事分與眾人，不能如此，小事亦欲兼而有之。必為成功而蒙禍。

測曰：成之魁瑣，不以謙也。

范望曰：功成不讓，禍之招也。

次七：成闕補。

范望曰：七為失志，故闕成（《大典》無成字，司馬引無成字）也。陽家之陽，君子之道也。君子之道，善於補愆，故有闕則補之也。

司馬光曰：宋、陸本承作依，今從范、王本。范曰：七為失志，故闕也。君子之道善於補愆，故有闕則補之。王曰：成功之下，難以承之，當思補過之道也。

葉子奇曰：七入禍，故有闕，值陽明，故能補。

陳本禮曰：火，晝。

鄭維駒曰：初吉終亂，既濟之窮也。能補其闕，則不窮矣。

鈴木由次郎曰：十一月十四日，晝，尾十八度，火。於成功之道還有所欠缺，則善加補過而導之於成功。

測曰：成闕之補，固難承也。

范望曰：補所愆者，難承繼也。

陳本禮曰：成功之下，忌娼者多，難以承應，當思補過之方。

鄭維駒曰：成功之後，難乎為繼，故補闕以承之也。

次八：時成不成，天降亡貞。

范望曰：八，木也，秋之所成也。秋之所成而不所成者，天降災也。天降之災，故曰亡貞也。

司馬光曰：王本亡作止，今從諸家。范曰：八，木也，秋之所成也。光謂：小人當可成之時，而無德以成之，失時之中，故天降咎而失正也。

葉子奇曰：七居衰落，時已暮矣，時當成而不及時以成之，天反降之以亡貞之咎，古謂天與不取，反受其咎。

鄭維駒曰：天降亡貞，謂降以不正之氣也。此即黃不黃覆秋常之意。

鈴木由次郎曰：十一月十四日，夜，木。應成功之時，不能成功，天對此而降失正之咎。

測曰：時成不成，獨失中也。

范望曰：宜成不成，失中正也。

鄭維駒曰：中而有成，方不失中，不成故失中也。此即黃不黃失中德之意。

上九：成窮入于敗，毀成，君子不成。

范望曰：陽家之陽，故稱君子，君子之言，示端而已也。成事不說，故曰不成。九為成終，故曰窮也。窮當更生，故小毀也。

司馬光曰：小宋本作小人毀成，今從諸家。九為盡弊而當晝，日中則昃，月盈則食，成窮而入于敗，物理自然，敗毀其成矣。君子知成之必毀也，故常自抑損，使不至于成，以終其福祿也。養由基去柳葉百步而射之，百發而百中之。有一人立其旁曰：善，子不以善息，少焉氣衰力竭，弓撥矢鉤，一發不中，百發盡息。蓋謂此類也。

葉子奇曰：九居成之極，成不可以再成，惟入于敗而已。凡物成則有毀，毀則復成，故曰毀成。君子知其成毀之道常相因，所以常自貶損，使其不至於成，故無傾覆之敗也。

陳本禮曰：金，晝。九為成之終，終則窮，日中則昃，月滿則虧，君子當成終之時，常自貶損，留有餘以防事之敗毀，故每不成以全其終也。蓋九為盡弊而當晝，故能如是。

鄭維駒曰：終止則亂，其道窮也。窮故入於敗而毀其成，物不可窮也。故終之以未濟。君子不成，君子之心常若未濟也。此君子之所以終也。

鈴木由次郎曰：十一月十五日，晝，箕一度，金。成功極則失敗，壞滅其成功。故君子抑損而不癡醉於成功。

測曰：成窮以毀，君子以終也。

范望曰：終竟成道，君子之終始也。

闋

☷ 闋：陰陽交跌，相闔成一，其禍泣萬物。

范望曰：三方三州一部二家。人玄，陰家，二火，下中，象噬嗑卦。行屬於火，謂之闋者，言此時陰盛陽藏，交跌易位，闔閉於下，闋密如一，萬物皆泣，其禍未除，故謂之闋。闋之初一，日入箕宿一（《大典》作二）度。

章詧曰：陰盛而闋閉，陽沉而秘密，禍害尤隆，物咸雕喪。《衝》曰：闋乎惡，《錯》曰：闋也皆合二。

司馬光曰：陰家，火，準噬嗑。范、王讀為緻密之緻，陳以闋為闐，陟栗切，閉門也。吳曰：闐，丁结切，與窒同。陸曰：嗑者合也。闋亦陰陽相闋闔也。宋曰：謂是時陰跌興閉於上，陽跌衰守於下。下上閉守，其闐密如一矣。光謂：跌猶過甚也。

林希逸曰：準噬嗑。闋與窒同，閉門也。

陳仁子曰：闋者陰陽易位而不可合也。凡物惟有間則不復合，故君臣有間，君臣不可合，父子有間，則父子不可合。以至萬事萬物皆然，若無間則合矣。《易》之噬嗑，陽中包陰，以中有間而不能合，《玄》之闋，內陰外陽，以內外無（當作有）間而不可合。故《玄錯》曰：闋也合用二，密也親用一，闋首曰相闔成一，其禍泣萬物，噫，其終不合也。

葉子奇曰：闋音缺。陰陽交跌，以成一歲之功，盛必有衰，故萬物悲泣也。闋之初一，日入箕宿一度。

陳本禮曰：闋同緻。陰家，二，火，下中，卦準噬嗑。《傳》：前成首曰太陰方清，此時六合蕩平，孰敢有潛蹤匿跡而自成一旅者，不意亡陽之眾尚敢藏靈濟物，各已成形，若不翦除餘孽，必致蔓延生患。跌，踢蹷也。交跌者，陽靈與陰神交相力敵也。《易》稱坤道善闔，陽為陰並，故相闔成一，不分陽之為陰，陰之為陽也。泣萬物者，萬物以陽為君，君存與存，君亡與亡，故其禍泣萬物。

孫澍曰：準噬嗑，元后以章會典施法律。

鄭維駒曰：亥月純坤，而乾位焉，曰龍戰於野，又曰戰乎乾，是乾戰坤於闔戶之中也。交跌即相薄之謂。陰陽相薄，則合而為一。一致於門之內，故曰闕。坤為禍，互坎為涕洟，萬物死喪於坤，故泣也。

吳汝綸曰：泣猶凝也，《素問》：寒則泣而不流，又云：凝於脈者為泣。

鈴木由次郎曰：第七十四首，陰，二火，三方三州一部二家。闕通緻，緻密之意。跌，過度。圙，閉，合。陰氣極而盛，勢張於上，陽氣極而衰，守於下，被合併於陰氣而為一。其禍以至於使萬物泣。

初一：圜方杌棿，其內窽換。

范望曰：家性為闕，當密如一，而水在火家，更相克動，如圓鑿方枘，杌棿不安。

司馬光曰：杌，音兀。棿，音臬。窽，音款。范曰：水在火家，更相克，如圓鑿方枘，杌棿不安。光謂：闕，合也，一為思始而當夜，其心不合者也。

葉子奇曰：杌棿，不安貌。窽換，不相入貌。初在內而逢陰，故致間闕，如圜鑿方枘之不相入，由於其內之窽換也。

陳本禮曰：水，夜。

孫澍曰：窽，空也。換，《漢書》：項氏畔換，師古注：強恣貌。圜方鑿柄，其中實空，然欲強其相入，則有不能，故曰窽換。其相失也，由其內主之非，不窽之過也。

鈴木由次郎曰：十一月十五日，夜，水。杌棿，不安定貌。窽（劉按：此字按他對正文的注音當作窾，故訓為穴。此外也注過窽這個字，可以對看。）穴。初一在闕首之火而當水，故曰圜方杌棿。圓穴之中塞入方榫，雙方不相合。這是因為穴已改變（劉按：他讀換為變，窽讀為窾，故不合於方榫）。此言其嵌入之道已違錯。（劉按：是說嵌入之道已不正。）

測曰：圜方杌棿，內相失也。

范望曰：杌棿不安，故相失也。

次二：闕無間。

范望曰：二，火也，而在其行，二火合會，闕密如一，故無間也。

司馬光曰：范曰：二火合會，闕密如一。光謂：二為思中而當晝，其合無間，二如一也。《易》曰：二人同心，其利斷金。

葉子奇曰：間，去聲。二得中得陽，雖在闕世，而無間隙之可議，言能彌縫以補之也。

陳本禮曰：火，晝。

孫澍曰：二火也而在火行，二火相會合，鬪密如一，故無間。一其二者，言一陰一陽相交也。

鈴木由次郎曰：十一月十六日，晝，箕二度，雉入大水化為蜃。火。緊密相合而無間隙。

測曰：無間之鬪，一其二也。

范望曰：一陽二陰，道相受也。

葉子奇曰：一則全，二則鬪，一其二，言全其鬪也。

鄭維駒曰：二數陰時陽，似二而不一矣。然陰必得陽而可用，雖二而實一其二，故無間也。

次三：龍襲非其穴，光亡于室。

范望曰：三為龍，立冬之後，故襲穴也。念（《大典》作今）進於四，故非也。苟進非次，失位妄據，故無光榮於其室也。

司馬光曰：王、小宋本無龍字，今從宋、陸、范本。王曰：襲，入也。

葉子奇曰：襲，藏也。三過中遇陰為咎，如龍藏非其穴，所以光暉于亡室也。言托非其所而致辱也。

陳本禮曰：木，夜。襲，因也。龍至立冬後始行襲穴而藏，業已後時，況襲非其穴乎，蓋是時龍失位無歸，故欲襲他人之穴而妄據之耳，故曰光亡於室也。

孫澍曰：龍為鱗蟲之長，能幽能明，能細能巨，能短能長，春分而登天，秋分而藏淵，隱見不失其常。今值陰陽交跌之時，已宜隱矣，況襲又非其穴，則愈失其常，故有光亡於室之象。《法言》曰：龍蟠於泥，蚖其肆矣。

鄭維駒曰：震為龍，互艮為穴居。龍，陽物也。當純坤之月，失其陽之所居，襲非其穴，故離之光明亡於室也。

鈴木由次郎曰：十一月十六日，夜，木。襲，因。龍立冬後入穴而藏，但已經後於時而無所歸，欲佔據他人之穴。龍之光已全失，這是因為失去平常之正道。

測曰：龍襲非穴，失其常也。

范望曰：非穴亡室，故云失常也。

次四：臭肥滅鼻，利美貞。

范望曰：四為公侯，五為天位，天位稱肥，四親近之，故稱臭肥也。鼻以和（《大典》作知）氣，金在火家，火爍於金，故滅鼻也。以陰求陽，故利，奉近尊位，故美貞也。

司馬光曰：宋、陸本作所沒方也，范、小宋本作沒所勞也，今從王本。闞準噬嗑，故有食象。四為福始而當晝，飲食之來，先覺臭芳，見得思義，不可失正也。

葉子奇曰：臭肥，糞也。土田磽确，所以資其化育之助，雖有滅鼻之臭，終成利美之功，故貞也。

陳本禮曰：金，晝。

鄭維駒曰：乾為肥，純坤之時，人不知有乾矣。四乃臭，乾之肥至於滅鼻，是以美為利而得其貞也。互艮為鼻。

鈴木由次郎曰：十一月十七日，晝，箕三度，金。肥肉之香味撲鼻，但不隨意而欲之，而思美正。

測曰：滅鼻之貞，沒所芳（原作勞）也。

范望曰：上附至尊，故沒身不殆也。

陳本禮曰：噬嗑之六二曰：噬膚滅鼻，無咎，注：膚，肉之柔脆者。而此云臭肥者，蓋四為金，君子嫌其臭肥不芳，故掩其鼻而過之也。

鄭維駒曰：終身求道，故沒所芳。

次五：齧骨折齒，滿缶。

范望曰：四為膚，五為骨，骨以諭陽，四為口齒之象也。行克於四，故齒折也。五為土器，故謂之缶。陽氣在下，六位（《大典》作為）純陰，故言滿缶，言陽氣滿土（《大典》作上）下也。

司馬光曰：五為思中而當夜，小人貪利以自傷者也。《易》曰：噬腊肉，遇毒。

葉子奇曰：齧骨折齒，以饞有傷也。傷而不止，折齒至于滿缶，其傷甚矣，得非殉利沒身而不悔者乎。

陳本禮曰：土，夜。

鄭維駒曰：一陽在頤中，骨象齒者，骨之餘耳。五時陰，材薄而貪，力所不堪，猶齧骨而折其齒也。辟卦坤為缶，折齒滿缶，言微陽壞於純陰也。

鈴木由次郎曰：十一月十七日，夜，土。次五為土，有土器之象，故稱缶。陽氣滿于土下，故曰滿缶。齧骨而折齒，喻小人貪利而自傷。美酒裝滿缶中。

劉按：滿缶不一定是美酒，沒有根據。

測曰：齧骨折齒，大貪利也。

范望曰：下克於上，故毀折也。

次六：飲汗吭吭，得其膏滑。

范望曰：六為上祿，汗，潤澤也，神靈所祐，故潤澤多，吭吭然也。百姓蒙福，若膏澤之濡滑也。

司馬光曰：王本吭吭作�吭，小宋本汗作污，音烏，吭作哾，山劣反，云：哾哾，小飲也。道足嗜作道得嗜，今從宋、陸、范本。范曰：汗，潤澤也。潤澤多，吭吭然也。光謂：六為盛多、為極大，君子所嗜者道，雖多取而無害者也。

葉子奇曰：吭，戶郎切。汗勞而肌膚所出之液也。吭吭，燕聲。飲汗吭吭，言食其勞力也。六以陽剛而在鬬世，獨能食其勞力，宜其受膏滑之益也。夫子所謂先難後獲，自然之效也。又太史公所謂沐浴膏澤，歌詠勤苦，意亦近似。

陳本禮曰：水，晝。汗出於心，在內為血，在外為汗，人身之膏液也。吭吭，咽液聲。六以陽剛而在鬬世，不肯苟且食祿，寧甘自食其力，如飲己身之汗，反得其膏滑之益也。

鄭維駒曰：汗出於心，人之液也。汗與膏皆互坎象，吭吭者吞之不已，喻其嗜道之深也。

鈴木由次郎曰：十一月十八日，晝，箕四度，水。吭吭，飲汗而咽之音。膏滑，潤身之滋養。君子不妄求祿，只據自己的德與力而食祿。自己飲汗而努力，則無害，反而能成為潤身之滋養。

測曰：飲汗吭吭，道足嗜也。

范望曰：福祚天降，故足嗜也。

陳本禮曰：君子甘貧自守，其刻苦如此者，道在故也。故雖多飲而無害也。

次七：鬬其差，前合後離。

范望曰：木生於火，七進得八，與母同位，故前合也。退而得六，六水克之，故後離也。

司馬光曰：七為消、為敗損而當夜，故闕密自是而差跌，前合而後離也。

葉子奇曰：贊辭存首句，測辭存結句，蓋缺文也。

陳本禮曰：火，夜。二得中而當晝，故相合無間，七之火為消敗而當夜，故闕密差跌，前合而後離也。

鄭維駒曰：在火行，故前合，時陰，故後離。

鈴木由次郎曰：十一月十八日，夜，火。闕密相合而生差錯，前相合，後則離。

測曰：闕其差，其合離也。

范望曰：進合退離，位次然也。

鄭維駒曰：君合而離，離騷作矣，友合而離，谷風怨矣。故闕不可不慎也。

次八：輔其折，廅其缺，其人暉且偈。

范望曰：八，木也，在火之行，火盛金衰，故八輔之也。金在火行，故缺小（《大典》作少）也。母大以（《大典》作以大）德廅之，覆蔽其瑕，故廅其缺也。能掩二惡，見己二美，既有光暉，當為英偈。

司馬光曰：宋、陸本廅作廬，今從范、王本。陳音廅，烏合切。小宋偈音傑。范曰：覆庇其瑕，故廅其缺也。王曰：能補助其折，廅藏其缺。小宋曰：偈，武勇也。光謂：八為耗、為剝落而當晝，故有是象。

鄭氏曰：廅，於盍切，覆蔽也。作廬者誤。偈，舊音桀，按此古傑字。注云母大以德廅之，覆蔽其瑕，故曰廅其缺。按：母於二火有母道焉，於九金有婦道焉，以二火克九金，故有折缺，而八能輔廅之，則以當晝為好故也。見美，注云掩惡見美，蓋輔其折，廅其缺，是掩惡也。其人暉且偈，是見美也。

葉子奇曰：廅，於合切。偈音傑，廅，補也。八已過時，不能無缺折，所幸得逢陽，故能輔而補之，不至於頹弊，所為如此，其人豈不光明而英傑者乎。

陳本禮曰：木，晝。偈，武也。廅，藏也。八為敗落而當晝，能補助其折，廅藏其缺，當亂世而能自振拔以進於道，是其人之光明英武，自不同於流俗也。

鄭維駒曰：廅訓藏，有彌縫意。折缺而不合，輔之廅之，離而終合也。坤為欲為過，乾戰勝於坤，則遏欲補過，使無不合，暉光剛健，兼而有之矣。

鈴木由次郎曰：十一月十九日，晝，箕五度，木。廅，藏。暉，光。偈，武。善補所折，善掩隱所欠，此種人可謂光明英武。

測曰：輔折廬缺，猶可善也。

范望曰：掩惡見美，故可善也。

鄭維駒曰：乾為善，言能戰勝於坤，則猶可合於善也。

上九：陰陽啟咼，其變赤白。

范望曰：九，金也。啟，開也。此十月之首，陰盛陽開，今當襲外，故開咼也。金王火廢，故變赤為白也。

司馬光曰：范本測作陰陽啟咼，極則反也，王本作陰陽赤白，極作反也，小宋本啟作啓，音啟，赤作殷，音殷，烏閑反，測曰：陰殷陽白，極作法也，今從宋、陸本。咼，五禾切。王曰：咼，古化字。吳曰：咼，化也。光謂：闕者，陰陽閉塞不通之象。物極則反，故復變而開通，化生萬物，萌赤牙白者也。

林希逸曰：啟，青啟，咼，古化字。啟咼，開通，訛，化也。陰變而赤，陽變而白，極則反也。

鄭氏曰：咼，《集韻》：咼，古化字。陰陽啟咼，言其開啟變咼也。或作吪，音訛，蓋不識而妄改也。

葉子奇曰：咼音吪，啟，開也。咼，動也。赤陽白陰。九居闕極，言陰陽之開動，其變赤白，言陽變為陰，陰復為陽也。

陳本禮曰：金，夜。咼同化。九居闕極而當夜，亥月已盡，行將交子，正陽回蠢動之時，此時元冥雖厲，然物極則反，反者化之機，化機既啟，則赤者變白，白者變赤，其變無窮，是皆啟於闕之上九，早有以開其端也。

孫澍曰：咼，音囮。

鈴木由次郎曰：十一月十九日，夜，金。陰陽閉塞，極則生開通之端，赤者變為白，白者變為赤，萬物化生。物極則反。

測曰：陰陽啟咼，極則反也。

范望曰：極陰反陽也。

失

𝍐　失：陰大作賊，陽不能得，物陷不測。

范望曰：三方三州一部三家。人玄，陽家，三木，下上，象大過卦。行屬於木，謂之失者，立冬節終於此首之次一，小雪氣起於此首之次二，斗指亥，應鍾用事。言此時陰大賊陽，陽無所據，二氣不和，萬物之生無所測立，陰陽相失，故謂之失。失之初一，日入箕宿六度。

司馬光曰：陽家，木，準大過。入失次四二十六分十一秒，小雪氣應。宋曰：謂是時陽為賊陰所攻奪，不能復有所得也。

陳仁子曰：失者陰盛而陽大損也。陽氣日損，不損於陰盛之時，多損於陽盛之日，巖溜穿石，其來久矣，故以卦氣論，小過為陰過，而乃居三陽之交，大過為陽過，而乃居五陰之交，概可知也。曰大者過也。《玄》曰：陽不能得，皆互相發明者也。次二藐得之失，次四正祿之失，陽之失至此耶。

葉子奇曰：失之初一，日入箕宿六度。立冬節終于此首之初一，小雪氣起于此首次二。斗指亥，應鍾用事。

陳本禮曰：陽家，三，木，下上，日入箕，斗指亥，律中應鍾，小雪氣應，卦準大過。《傳》：失者錯也，陰自悔其鬭之未密，被陽潛逸，以致今日復開啟告之端，於是陰謀作賊，更大為厲，令元冥造冰，青女煉霜，彤雲幕天，沍寒坼地，使陽進無所據，退難自守，故萬物亦各懼陷於不測。

孫澍曰：準大過，君子以矩中特立，任重致遠。

鄭維駒曰：大過上下皆陰陽臨於中坎之象也，故贊中多象坎。坎為盜，故作賊。陽大陰小，陰用事，則小而大矣。陽隱伏，故不能得。坎之德為陷，陷物不測，澤滅木之象也。

鈴木由次郎曰：第七十五首，陽，三木，三方三州一部三家。失，錯，失敗。陰氣大為賊害陽氣，陽氣進無所據，退難自守，無所得。萬物懼而陷不測。

初一：刺虛滅刃。

范望曰：虛，空也。刃，滿也。水為簿首，故謂之刺。順流刺下，滿滅於空虛之地也。

司馬光曰：幾者動之微，吉凶之先見者也。一者思之微也，生神莫先乎一，而當晝，君子雖或有失，能深思遠慮，自其幾微而正之，不形於外。如以刀刺虛，雖復滅刃，終無傷夷之跡也。

葉子奇曰：一以陽明而在失世，處得其會，不至于失。如用刀刺于空虛之地，得其窾郤，滔滔乎滅沒其刄，曾無肯綮之防也。

陳本禮曰：水，晝。此正陰大作賊之初，故滿懷利刃以刺人，一以陽明當晝，君子見幾而作，虛以受之，如水之受刺無跡，故曰刺虛。

鄭維駒曰：兌互乾皆金，故曰刃。初之失甚微而虛，虛而自刺其失，人不之見，故滅刃也。

鈴木由次郎曰：十一月二十日，晝，箕六度，水。君子雖有失敗，也能深思遠慮，在幾微之間而正之，故失敗不表現在外。如同以刀刺虛空，其痕迹不見。

測曰：刺虛滅刃，深自幾也。

范望曰：深以幾微自戒也。

次二：藐德靈徵，失。

范望曰：藐，小貌。二稱小人，故小德也。靈，神也。徵，祥也。小德之人，不知天命。家性為失，不敬靈祥，故失也。

司馬光曰：宋、陸、范本微作徵，今從王本。藐，音眇。藐猶遠小也。二為思中，故曰藐德。得失之機，既靈且微，而時當夜，小人不能慎微，以至大失也。

葉子奇曰：藐，小貌。靈祥，徵驗也。小德不足以致貞祥之瑞，今忽有焉，何足以當之，殆天所以益其疾也，寧無失乎？

陳本禮曰：火，夜。二為火以刃刺火，金先受克，藐德者，小人不種德，專嗜殺人，欲求禎祥之應，豈可得乎？靈徵，休徵也。《洪範》曰：人有五事，五事修，則休徵以類應，五事失則咎徵亦在類應。莽假符命以惑人，豈得謂之禎祥類應耶？

鄭維駒曰：乾為德，十月純坤無乾，故藐德。陰之精氣曰靈，德喪則陰禍立至，不悟則失也。

鈴木由次郎曰：十一月二十日，夜，火。藐德，小德。藐，小。靈徵，幸運吉利之表徵。不修德而企求瑞祥之應，不能得。

測曰：藐德之失，不知畏徵也。

范望曰：不達天命，故不知畏也。

陳本禮曰：畏徵，畏咎徵也。

次三：卒而從而，鄙而竦而，于其心祖。

范望曰：從、鄙、竦，皆是憂懼，憂懼卒至之貌也。而，辭也。祖，始也。憂懼卒始，猶可心慮。三未居官而近於四，恐卒見克害，故竦憂也。

司馬光曰：王曰：卒，終也。從，順也。鄙，憂也。竦，敬也。三居失之时，得位當晝，是能終順大道，卹憂過失而加之竦敬焉。于其心祖者，心之思慮，以此為主也。光謂：三為成意而當晝，故有是象。一正之於未形，三改之於既成。

葉子奇曰：卒，去聲。從，平聲。卒從，驚懼貌。卹竦，憂惕貌。而，語辭。祖，源也。三當失世而能戒懼于其心源，則必能自勵而無失也。

陳本禮曰：木，晝。三以木在木世，不測橫逆之來，能自修慝改過，順而從之，所謂攻其惡，毋攻人之惡。卹而竦而者，憂惕戒懼也。心祖者，本源之地也。自謹於本源之地而無失也。

鄭維駒曰：坎為加憂，故卹悚。坎得乾之中爻以為心，互乾為宗，故曰心祖。

鈴木由次郎曰：十一月二十一日，晝，箕七度，虹藏不見，木。卒，猝。從，從順。卹，憂。竦，懼。急於為無理非道之事，則憂懼於從順，在我心底之本源反省謹思其所由來之原因。

測曰：卒而從而，能自改也。

范望曰：見憂而改，則無憂也。

次四：信過不食，至于側匿。

范望曰：四為公侯，陽家之陰，則為小人。小人居位，故信過也。既過而失，故不食也。居祿不當，故有側匿也。

司馬光曰：范本作失正祿也，今從宋、陸、王本。王曰：居失之時，而失位當夜，不能自正其失，則是信其過差之行而不食焉。至于側匿，謂終日也。終日不食，必且喪其身矣。食又諭祿，故測互言之。小宋曰：日斜為側，日沒為匿。光謂：四為下祿而當夜，故有是象。

葉子奇曰：四陰幽退縮，當亂失之世，自信之過，果于忘世，不肯出仕食君之祿，至于幽側隱匿，如沮溺之流也。

陳本禮曰：金，夜。過，愆也。四以金值木世，自性堅剛，有克木之愆，然能自信其過，不敢食君之祿，以至於側匿，雖非矯廉，然失之拘而泥矣。

鄭維駒曰：過不謂之過，猶月食不謂之食。朔而月見東方曰側匿，坎為月，十月純坤，象月之魄，信過為善，猶月以魄為明，而有側匿之象也。

鈴木由次郎曰：十一月二十一日，夜，金。側匿，終日之意。日斜為側，日沒為匿。次四為下祿，當夜。不能自正其過失，終日信其過失而不食，以至於失祿。正應食祿而不食，此即失正祿者。

劉按：他沒有說信過失的信是何意，因為司馬光注說信其過差之行而不食，陳本禮說自信其過不敢食祿，這樣看來就是相信其過失。我以為信即伸，延也，不改過則過延，因此至於不食，不食就是不得食，也就是失正祿。信過，自范注以來都是自信其過，即不覺悟其過的意思。

測曰：信過不食，失正祿也。

范望曰：應食而不食，故失祿也。

鄭維駒曰：正祿猶言天爵也。

次五：黃兒以中蕃，君子以之洗于愆。

范望曰：五為天子，有輔相之臣，土（《大典》作七）生於火，火謂土（《大典》作七）也，故言黃兒，謂年老有黃髮兒齒之徵也。以自蕃輔，承之以正，故君子洗愆也。

司馬光曰：兒，五稽切。范曰：黃兒，謂年老有黃髮兒齒之徵也。宋曰：髮白復變謂之黃，齒落復生謂之兒。蕃，離也。能以中正而為蕃離。

葉子奇曰：黃髮兒齒，謂耆德之人也。五中而剛陽，能親耆德之人，以為中之蕃輔，蓋君子資以自新其德也。

陳本禮曰：土，晝。

鄭維駒曰：土色黃，黃兒，土之所生也。土有中德而所生蕃息，君子以中德正其過，而天理亦生而不已也。

鈴木由次郎曰：十一月二十二日，晝，箕八度，土。黃兒，年老有德之人。黃髮兒齒，髮白而變黃，齒落而复生。蕃通藩。藩屏，君主輔弼之臣。年老之人以中正之德善加輔弼君王，君子重用之，改過自新其德。

測曰：黃兒以中，過以洗也。

范望曰：洗垢除愆，君子所以得眾也。

次六：滿其倉，蕪其田，食其寶，不養其根。

范望曰：六為大位，小人居之，不修其德，而據上祿，倉滿田蕪，百姓罷極，食實困恨（《大典》作根），本基不固，家性為失，失之甚也。

司馬光曰：范曰：不修其德而據上祿，倉滿田蕪，百姓罷極，食實困根，本基不固，失之甚也。光謂：六為上祿、為盛多、為極大而當夜，故有是象。百姓足而君足，猶養根而食實也。

葉子奇曰：六陰而失中，故其富國病民，得末棄本如此。

焦袁熹曰：田者穀粟所自出，滿其倉而蕪其田，譬之竭澤而漁終亦必困。

陳本禮曰：水，夜。六陰而不中，小人據上祿，惟知自滿其倉，不顧百姓之罷弊，是食其實而不知養其根，失之甚者也。

鄭維駒曰：乾為盈，在內故滿，十月純坤為田，巽為草莽，故蕪。兌口為食，實根，巽木象。

鈴木由次郎曰：十一月二十二日，夜，水。蕪，雜草茂貌。其米倉滿但田中雜草茂盛，小人只考慮自己實其米倉，而不知養其根本——百姓。

測曰：滿食蕪田，不能修本也。

范望曰：不田而獲，本不修也。

次七：疾則藥，巫則酌。

范望曰：七為君子，當反佐五，忠告善道，吐言如藥，巫以謝闕，闕除疾瘳，酌以福之也。

司馬光曰：范曰：巫以謝闕，闕除疾瘳，酌以福之也。光謂：七為禍下，離咎而犯災，而時當晝，故有是象。

林希逸曰：酌，祭以酒也。此言災咎可禳也。為改過之喻。

葉子奇曰：七雖入禍，以其陽明，故能隨事而處治之。

陳本禮曰：火，晝。藥以除疾，巫以禳災，疾瘳災禳，故酌以酬毉也。七雖入禍，然陽明當晝，故能轉禍為福也。

鄭維駒曰：坎為疾，乾兌為金，金類為醫為石，故曰藥。兌為巫，坎為酒，故曰酌。巫酌酒於神祇，告以悔過遷善之意也。

吳汝綸曰：言療疾以藥已而歸於巫也。測曰禍可轉者，乃謝巫者，意其然耳。

鈴木由次郎曰：十一月二十三日，晝，箕九度，小雪，火。巫，事神禳災之人，巫醫。以藥除病，以巫禳災。病癒災消，酌酒以酬巫醫之勞。

測曰：疾藥巫酌，禍可轉也。

范望曰：雖在失家，以良臣自輔也。

次八：雌鳴于辰，牝角魚木。

范望曰：八為飛鳥，亦為聲音，故言鳴也。八又陰位，故謂之雌。《尚書》曰：牝雞無晨，此之謂也。牝宜童而角，魚宜水而木，家性為失，失之甚也。

司馬光曰：范曰：牝雞無晨，牝宜童而角，魚宜水而木，失之甚也。

林希逸曰：雌鳴辰旦，反常也。牝而求角，緣木而求魚，皆反正之喻。

葉子奇曰：八失時已甚，復居失世，故其反道悖德，猶雌不當鳴晨而鳴，牝不當有角而有角，魚不當登木而登木，三者皆言變其常也。

陳本禮曰：木，夜。

孫澍曰：物反常為妖，八幾禍之極，故有是象。

鄭維駒曰：巽為雞，陰用事則雌鳴，鳴，兌口象。牝角，兌為鹿象，言雖陰而剛也。巽為魚，澤滅木，故魚上於木也。八為木，故多取巽象。

鈴木由次郎曰：十一月二十三日，夜，木。辰通晨。牝鳴司晨，牝牛有角，角登于木。皆為反常。反于道而悖德之喻。

測曰：雌鳴于辰，厥正反也。

范望曰：緣木求魚，故正反也。

上九：日月之逝，改于尸。

范望曰：九為金也，而在於木，有克本（《大典》作木）之愆。陽稱君子，君子之道，執行於世，雖沒猶存。九為失終，不以年高，日月已逝，其有得失，雖在尸柩，猶念自改，故曰于尸也。

司馬光曰：范曰：君子之道，執行於世，雖沒猶存，不以年高。日月已逝，其有得失，雖在尸柩，猶念自改也。王曰：先賢垂戒之深，死而後改，猶謂之不遠。光謂：生時之失，死告子孫而改之，猶未遠也。楚共王臨薨，告令尹進筦蘇而逐申侯，劉向曰：欲以開後嗣，覺來世，猶愈於沒身不悟者也。筦，字書無之。申侯，楚文王之臣，《新序》誤也。

葉子奇曰：九失時已極，猶日月之逝，改變其尸體，謂少者壯，壯者老，老者死，死者至于腐也。

陳本禮曰：金，晝。

鄭維駒曰：坤為屍，陽盡故也。言陽雖盡，尚可來復，勉人改過之意。

鈴木由次郎曰：十一月二十四日，晝，箕十度，金。日月已逝，及于老齡，恐生前不能改過，而告之子孫，以使改之。

測曰：改于尸，尚不遠也。

范望曰：言其志尚，不以所失遠也。

陳本禮曰：家性為失，九為禍極，知己之為惡失於太甚，急求改過之方，改於尸，恐生時不及改也。此諷陰大作賊者，言此而不改，轉眼便有大泣之時。

劇

𝍎 劇：陰窮大泣，陽無介儔，離之劇。

范望曰：三方三州二部一家。人玄，陰家，四金，中下，亦象大過卦。行屬於金，謂之劇者，儔，匹也。離，附也。是時陰氣大盛，奪陽之勢，陽無一介以養萬物，萬物附離於陰，陽方當外，陰當窮訖，故大泣也。羣陰窮劇，故謂之劇。劇之初一，日入箕宿十一度。

司馬光曰：陰家，金，亦準大過。入劇次四，日舍南斗。王曰：劇，極也，過差之極。光謂：大過，棟橈之世，劇亦離亂之象也。王、小宋本泣作位，范本無於字，王本介作分，范本㑥作儔，小宋本作仍，音仍，惹也，今從宋、陸本。㑥音儔。宋曰：泣於陽，使陽泣也。謂是時陰氣極大，陵弱於陽，使其泣，無復有纖介之功於萬物也。光謂：㑥，古儔字。儔，類也。凡物得陽而生者，皆陽之類也。今陰既窮大用事，凡陽之類，皆遭離其劇禍者也。

林希逸曰：㑥與儔同，介，助也。陰既窮大而陽自啼泣，為無助也。陽陰之離，至此劇甚矣。介㑥，即無介助黨類也。

陳仁子曰：劇者陰盛而陽愈損也。故以三木乘陽之數為失，其失猶可言也，以四金乘陰之數為劇，其失不可言也。《玄》曰：失矣，又曰：劇，皆甚之也。大概《玄》象《易》，一首不足盡其意，則反覆二首焉。《玄衝》曰：劇惡不息，其然豈其然乎？

鄭氏曰：劇，舊說增也，按：《衝》云：劇惡不息，言為惡增甚也。

葉子奇曰：劇，病甚也。介，佐使也。儔，類也。陰雖窮孤，陽初生眇然無助佐其類，相離之甚也。劇之初一，日入箕宿十一度。

陳本禮曰：陰家，四，金，中下，卦準大過。疇舊作儔。《傳》：窮者陰之極，物極則反，獨陰不生，故轉而思陽，然陽為陰氣剝蝕已盡，隱藏玄宮，伏而不出，孤陰無耦，深悔從前待陽過刻，故大泣也。於陽無介者，恨無一介之使以通於陽也。疇，類也。疇離之劇者，蓋其疇類思念故主，亦望陽之早回而並獲其祉也。劇，甚也。望之深，故情之劇。史稱莽見天下大亂，率群臣至南郊陳符命本末，仰天搏心，大哭氣盡，又伏地叩頭，並會同諸生小民旦夕器，其悲哀甚者，除為郎，至五千餘人之多，真可謂大泣矣。

孫澍曰：準大過，膚衡以蹇諤肩幼君，平邦國。

鄭維駒曰：首六字宋作二句，句三字。劇，甚也，艱也。十月陰極故窮，陽為大，大過象似坎，坎涕洟，故大泣。揚子《方言》：介，特也。物無耦曰特，獸無耦曰介。純坤無陽，故無介。然大過之象，上下二陰四陽，離於中，如衆君子處小人之中，不得其時而甚艱也。

鈴木由次郎曰：第七十六首，陰，四金，三方三州二部一家。劇，極，過差之意，甚也。介，微少。儔，伴友。離，罹。陰氣勢窮，猶壓迫陽氣，使陽氣不能以一介之微而施其功於萬物，並為此而泣。萬物皆陽氣之友伴，因遭陰氣之禍而甚劇。

初一：骨纍其肉，內幽。

范望曰：骨，幹也。纍猶禍也。幹以諭君。幽，內也。肉以諭親，小人之道，而在劇家，下害其上，禍由其內，故言內幽也。

司馬光曰：宋、陸、范本皆作骨纍其肉內幽，今從王、小宋本。骨肉，相親之物。一為思始而當夜，禍亂之本自其內生，如骨纍繫其肉，潛隱而人莫之見也。

葉子奇曰：纍，俘纍也。初以陰戾，是以骨肉相殘，深為內行之幽辱也。

陳本禮曰：水，夜。纍，囚繫也。此追咎其疇離之始釁由內作也。內者，太皇太后也。骨之纍內，潛隱莫見。幽者，冥暗也。

鄭維駒曰：骨綴於肉之內，以喻陽離於陰之中，不相浹洽也。陰困陽，故陽幽。一當夜，為陰始，故於初發之。

鈴木由次郎曰：十一月二十四日，夜，水。禍亂生自目不能見之內部，如骨繫其肉一樣，潛隱而人不見。

測曰：骨纍其肉，賊內行也。

范望曰：骨肉之禍，皆由內也。

鄭維駒曰：坎為盜賊象，言陰賊陽於內也。

次二：血出之蝕，凶貞。

范望曰：火在金行，欲克於金，末不克本，故言血出。血出以諭不順，不順生災，故言蝕也。相克為凶，止則為貞。止以相順，故曰凶貞也。

司馬光曰：范本作君子傷之，今從二宋、陸、王本。

葉子奇曰：血言其傷也。食瘡口沒也。二以陽明，至親有傷，而加收救，故血雖出而瘡口食沒也。其得凶禍之正道乎。《詩》云：原隰裒矣，兄弟求矣，血出之蝕也。

陳本禮曰：火，晝。二為火而在金世，金為火克，故有血出之象。食而血出，由於唇齒相咋故也。唇齒如昆弟者，然今相咋血出，雖無大害，然鬩墻之禍從此起矣。

孫澍曰：人之有血，猶地之有水也，故坎為血卦。其於輿也為多眚，君子載斯民者也，今敗創血出，蝕已甚矣。然惟君子惟能內傷，故曰凶貞。或曰血者陰陽相傷，《易》坤上六其血玄黃是也。蝕，虧侵也。劇準大過，棟橈之世，小人道長，君子道消，故有是象。

鄭維駒曰：陽戰陰，故血出。蝕者陰陽兩敗也。二時陽，能戰陰，雖凶而貞矣。

鈴木由次郎曰：十一月二十五日，晝，箕十一度，火。食物之時齒嚙其唇而流血，凶貞。唇与齒本是兄弟關係，齒嚙唇，喻兄弟鬩牆。

劉按：此贊晝，當為吉辭，此互嚙，不吉，當另解。

測曰：血出之蝕，君子傷之也。

范望曰：二為君子，恐傷金也。

次三：酒作失德，鬼睒其室。

范望曰：睒，見也。金生於水，鬱水加米，故以酒論。家性為劇，始進之人，未能蘊藉，故酒失也。失則為亂，訟以致禍，故鬼見失（《大典》作室）也。

司馬光曰：范本將作持，今從諸家。睒，失冉切。王曰：睒，視也。

葉子奇曰：睒，瞰視也。三過中不正，故酒作失德，鬼瞰其室，謂欲禍之也。

陳本禮曰：木，夜。木遇金剛，而逢劇世，有伐木之象，伐木之《詩》曰：有酒湑我，無酒酤我，民之失德，乾餱以愆，酒以為人合歡，此則因酒致禍。睒，瞰視也。鬼睒其室者，小人陰伺其失而禍之也。

鄭維駒曰：坎為酒，酒大過則失德，坎為鬼，辟卦坤為鬼門，故鬼睒其室。

鈴木由次郎曰：十一月二十五日，夜，木。睒，視，窺。酒乃使人歡樂者，但也是禍生之本。飲酒而使人及於亂，與之陰鬼伺其室之禍。

測曰：酒作失德，不能將（原作持）也。

范望曰：蘊藉持己，不及亂也。

陳本禮曰：葛洪云：子雲酒不離口而《太玄》成，鬼若伺飲禍人，則人不能持瓢而飲矣。此雖諧謔之詞，然《太玄》中所言辭皆刺莽，且間有歸咎太皇太后語，幸當時無人知之者，文網尚寬，否則赤族矣，豈但粉身乎？

次四：食于劇，父母采餕，若。

范望曰：四為中祿而在劇世，故食劇也。餕，熟食也。若，順也。采，取也。美食，父母之順也。

司馬光曰：范、小宋本來作采，今從宋、陸、王本。餕，音俊。為，于偽切。范曰：餕，熟食也。若，順也。光謂：四為下祿而當晝，君子仕於亂世，求祿以食其親，不失於順者也。

葉子奇曰：采，取也。餕，餘食也。四雖陽而逢劇世，是食于貧劇，雖無三牲之盛，然能取其餘食以事父母，不失其為若順之德也。古如穎考叔食舍肉，翳桑餓人留飧之類。

陳本禮曰：金，晝。劇，艱苦也。采，取也。餕，食之餘也。《內則》：父母在，朝夕恒食，子婦佐餕。佐餕者，勸父母再食，子婦始食餕，食其所餘也。若，順也。四為下祿而在劇世，甘旨之奉，貧難佐餕，亦惟聽母之取耳。

鄭維駒曰：兌為口食象，互乾為父，辟卦坤為母，言食祿於劇之世，以父母在，取以佐餕以順事之也。

鈴木由次郎曰：十一月二十六日，晝，斗一度，金。天氣騰，地氣降。劇，艱苦，亂世。餕，食物之殘剩。《禮記·內則》：「父母在，朝恒食，佐子孫餕。」若，順。仁于亂世，侍父母之食，食其殘剩，從順而事父母。為養親而仕于亂世以受俸祿。

測曰：食劇以若，為順祿也。

范望曰：子得天祿，父母順取也。

葉子奇曰：若，順也。

陳本禮曰：此於劇世見孝子之養其親也。

次五：出野見虛，有虎牧豬，擭絝與襦。

范望曰：五，土也，故稱虛。四為虎，六為豬，五為君位而在劇世，處於政治，百姓去之，如虎之牧豬，喻益走擭其襦絝也。

司馬光曰：王本虎作唐，今從諸家。虛與墟同。擭，音隳，取也。絝與袴同。襦，音儒，短衣也。王曰：出于田野，而見丘墟。光謂：五為中祿而當夜，小人乘亂世而居盛位，務為貪暴以殘民，如虎牧豬然，民無所措其手足者也。

林希逸曰：野外荒虛，虎牧其猪，出而遇此，不過攓裳而走。攓與搴同。襦，短衣也。牧，逐也。

葉子奇曰：五陰狠而不君，為窮劇之主，猶人出外而他無所見，惟見虎牧猪而已。謂以貪暴臨民也。攓絝與襦，宜急避之，猶恐其無容足之地也。

陳本禮曰：土，夜。

孫澍曰：使虎牧豬，無異以狼牧羊，顧羊豕盡矣，虎狼能獨立乎，封使君念哉。

鄭維駒曰：乾為野，坤為虛為虎，十月純坤建亥，宿禽為室火豬，故亥為豬。出乾野而見坤虛，是曠土也。乾位西北，亥所屬也，乃亥之豬而虎牧之，坤用事故也。攓絝與襦，畏其禍而去之也。

鈴木由次郎曰：十一月二十六日，夜，土。襦，短衣，襦袢。出於野而看，因戰亂而都城為廢墟。小人乘亂世而在盛位，暴虐其民，如虎牧猪，至於民之襦袢亦剝取之。

測曰：出野見虛，無所措足也。

范望曰：避世而無所錯足也。

次六：四國滿斯，宅。

范望曰：六為上祿，下之所仰，如水之赴海，故以滿宅諭也。

章詧曰：六晝為陰首之主，以君子濟困劇之時也。人之所歸，滿其國上以安居也，夫五雖有位而小人居之，如虎牧豬，民乃奔亡，就諸有道，故歸六以求安宅也。

葉子奇曰：六以陽明居福之盛，美莫如之，乃至安之所也。人情莫不欲安，故四海無不欲滿于此宅也。

陳本禮曰：水，晝。四國，薄海內外也。六為陽明福盛之主，膏澤下於民，民之仰之，四海如歸，猶百川之赴壑也。宅，安居也。

孫澍曰：四國，四方侯甸也。斯，《爾雅・釋言》：離也。宅，居也。六為福之隆，當日之晝，君子值亂世，見流離失所之人滿於四國，欲求安居而不得，而君子即以安宅居之，是能反亂為治者也。

鄭維駒曰：六為水，大過象坎水盈於內，故言滿。滿斯，滿於此也。六為大臣，四國歸之，有似於水，故以為安宅也。

鈴木由次郎曰：十一月二十七日，晝，斗二度，水。恩澤加於人民，四方之國滿足，民安居。

測曰：四國滿斯，求安宅也。

范望曰：民蒙其福，故安居也。

次七：麃而豐（原作半）而，戴禍顏而。

范望曰：而，辭也。七為失志，年過失志，麃然半白而不改變，故曰戴禍。禍在其顏，見（《大典》作貌）可知也。

司馬光曰：范本丰作半，王本作牛，小宋本作羊，今從宋、陸本。麃，普表切。丰，敷容切。較，音較。

鄭氏曰：麃，蒲交切，鹿也。注云麃然半白，謂頭髮半白如虎毛斑白也，舊音鑣，武貌，意與注異，不可用也。較音角，著見也。

葉子奇曰：出禍入福，盛極將衰，猶人鬢垂而半白，乃戴喪亡之顏耳，言老而將死也。

陳本禮曰：火，夜。麃，武勇貌。丰，象草散亂也。七出福入禍，而居劇世，不思明哲保身，乃既武且亂，反以厲色淩人，是乃取禍之道，可以一望其顏而知之矣。

孫澍曰：麃，武貌，《詩》駟介麃麃是也。豐當依王本作牛，牛，物之有力者也。測辭較，同角相競也。七為禍始而當夜，小人徒恃武力以相競，是戴禍之顏顯然昭著於外矣。雖欲厭然掩之，其可得乎？

鄭維駒曰：案：范注麃，即《禮記・內則》鳥皫色之皫，謂毛變色也。互乾為首為老，故云然。

鈴木由次郎曰：十一月二十七日，夜，火。麃，武勇貌。丰同芥，草散亂。武勇且亂暴，凌侮人。招禍之事，見於其臉色。

劉按：其招禍非常明顯，看其臉色就可知道。

測曰：麃而豐（原作半）而，戴禍較也。

范望曰：戴禍在顏，較然可見也。

葉子奇曰：較，顯然也。

次八：缾纍于繘，貞頳。

范望曰：頳，純也。缾所以出水，須繘以汲之，猶君須於民以及祿也。君祿養民，故曰貞純也。

司馬光曰：范本測作缾纍于繘（《大典》作測作缾纍繘厥職迫也），今從諸家。繘，餘律切。

葉子奇曰：繘，綆索也。頮，勞悴也。八居禍不無難苦，如缾繫于綆，取汲不停，雖非不正，然亦勞悴之甚也。

陳本禮曰：木，晝。繘，綆索也。頮，勞悴也。八居禍中而在金世，動即被克，不得安寧，如缾繫於綆，取汲不停，雖非不正，然亦勞悴之甚也。

孫澍曰：瓶，汲器也。繘，汲綆也。纍，累也，貞，正也。頮，病也。八為禍中而當晝，君子值亂離之世，勞于王事，不少休息，如瓶為繘纍職所應，然雖頮而不失於正。

鄭維駒曰：范注似以粹為頮。《易》大壯：羸其角，疏：羸，拘纍纏繞也。又井：羸其缾，疏：羸其瓶而覆之也。纍羸蓋假借字。巽在坎下為井，巽在澤下為大過，澤亦水也，故從井象言瓶言繘。然井之水深，利用修綆，澤之水，大過之水，非至深而難汲也。雖繘之長缾，適為所纏繞，無所用之，以喻遠之材，處之非其地，如《伐檀》之詩置之河干之意，為君子者亦惟自守其貞而已。屈子行吟澤畔，顏色憔悴，不用故也。用非其任，與不用同，故貞而頮也。

鈴木由次郎曰：十一月二十八日，晝，斗十三度，木。缾繫於其繘繩不斷汲水以供於用。此為正，但疲而衰。

測曰：缾纍于繘，厥職迫也。

范望曰：職，主也。迫，近也。金克於木，迫於九也。

陳本禮曰：缾非繘不汲，職在故也。子雲《酒箴》曰：子猶缾矣，居井之眉，不得左右牽於纆徽，一旦叀礙為甇所轠，身提黃泉，骨肉為泥。此自危之辭。

鄭維駒曰：君子之才，不程功於旦夕，迫之以職，失其職矣。

上九：海水群飛，蔽于天杭。

范望曰：天杭，天漢也。金生於水，故稱海水。水羣而飛，雨之象也。亦猶劇世，人去其君，不可掩蔽，若天雨也。

章詧曰：九夜，為禍之大，當劇之中，小人居之，位高而無民，夫海以水為本，國以民為本，今海水群飛，如民奔去國，不可言止之也。故測謂終不可語也。

司馬光曰：范本弊作蔽，王、小宋本語作落，今從宋、陸本。王本天作大，今從諸家。

林希逸曰：杭即航也。海水羣飛，狼（《大典》作浪）方勇（《大典》作涌）也。弊，壞也。天杭即大舟也。

葉子奇曰：杭，舡也。九窮則變，水所以載舟，今反羣飛，而反蔽于天舡，言變其上下之常也。

陳本禮曰：金，夜。九居劇終而在夜，時海內大亂，干戈四起，始於五原代郡，繼則臨淮琅琊，及荊州綠林兵起，眾各聚黨數千人。海水群飛者，民皆聚而為盜也。天杭，天漢也。

孫澍曰：海水者，百姓之象。群飛者，亂離之象。杭，航也。天杭者，天漢也。君國之象。《書》曰：民為邦本，本固邦寧，未有百姓亂離而君國不弊者也。

鄭維駒曰：《史記·天官書》：旁有八星絕漢，曰天潢，天杭當即天潢，蓋天漢以喻漢室，海水群飛，則民眾亂而漢室將不復見也。

鈴木由次郎曰：十一月二十八日，夜，金。天杭，天漢，天河。海水集而飛於天而成雨，蔽天漢。次九在劇首之終，當夜，天下大亂，戰爭起於四方。此喻此時皆集而為盜。

測曰：海水群飛，終不可語也。

范望曰：劇世之民，不可解語而止之也。

陳本禮曰：時莽忌諱盜賊，有使者還言民窮為盜者，輒大怒免之，故不可語也。

馴

𝌨　馴：陰氣大順，渾沌無端，莫見其根。

范望曰：三方三州二部二家。人玄，陽家，五土，中中，象坤卦。行屬於土，謂之馴者，言陰氣已順，渾沌無端，包其根原，故當馴撫，故謂之馴。馴之初一，日入斗宿三（《四庫》作四）度。

司馬光曰：陽家，土，準坤。宋曰：坤，順也。馴亦順也。宋曰：謂陰成功於是，將大順時，歸之於陽。其事渾沌無有端際，莫能見其根源也。

陳仁子曰：馴者陰極而順也。蓋六陽為坤之候也，天地間陰陽二氣不可偏廢，聖人非喜陽而惡陰也，特陰體柔躁，宜於順而從陽，惡其不順而戰陽。《易》曰：順承天，又曰：利牝馬之貞。夫行止惟人之從者，馬之順也，牝馬又順之順也。子事父，臣事君，皆然。馴之測曰馴非其正，曰馴義忘生，其蓋順而貞邪。

葉子奇曰：坤陰至靜，莫窺其朕。馴之初一，日入斗宿五度。

陳本禮曰：陽家，五，中中，卦準坤。《傳》：馴，順也。此時否極泰來，氣運將轉，天道如此，故不得不馴而從陽。渾沌無端者，外雖未見而中心向化歸誠，與渾沌合德，無端倪可象，故云莫見其根。

孫澍曰：準坤，《太玄》以君子黃中通理，順天執矩。

鄭維駒曰：坤初六，陰之根也。馴而至於純坤，則渾沌無端，莫見其根矣。《莊子》：中央之帝為渾沌，坤為地，故以中央土言之也。

鈴木由次郎曰：第七十七首，陽，三方三州二部二家。五土。馴，順。渾沌，同混沌，元氣未分貌。馴首陰氣已極，陽氣欲發動，正是氣運轉換之時，陰氣欲大順，但混沌而外不現其端緒，不能知其根本。

初一：黃靈幽貞，馴。

范望曰：一為君子，居土之行，故謂之黃，中央之色，求克於一，故謂之靈。馴者順從於土，故幽貞也。

司馬光曰：土家，故黃。生神，故靈。下下，故幽。當晝，故貞。思慮之始，具此四德，順而能正者也。

劉按：思慮之四德，司馬氏如此提，有意義。唯黃之德，可進一步說是中，土居中，黃，中之色。靈為神妙，幽為潛思，貞，為思之貞，思之正。幽思，思之貞，《太玄》中都有說，靈思，神思，也有說，只是說法不同。黃，中，《太玄》亦推崇。

葉子奇曰：一以陽德，能盡其道，無偏邪褊躁之非，有中美雅正之操，所以順也。

陳本禮曰：水，晝。黃靈，地也。一為水，水能包地，故曰幽貞。

鄭維駒曰：陰始凝而未著，則陰精之靈也，坤土以黃為正，故曰黃靈。在初故幽，時數皆陽，故貞。馴者順而從乎陽也。

鈴木由次郎曰：十一月二十九日，晝，斗四度，水。黃靈，地神。黃，土之色。大地之神隱微而正，且從順。

測曰：黃靈幽貞，順以正也。

范望曰：順其性，故正也。

次二：繩其膏，女子之勞，不靜亡命。

范望曰：二，陰也，膏，潤澤也。陰受於陽，猶臣受於君，妾受於夫也。靜，安也。國以安則潤澤，以至生育，女子之勞也。不安不育，是亡君夫之命也。

司馬光曰：宋、陸本繩作繩，小宋本作婉，音鴛，云：美好也，今從范、王本。王本亡作正，今從諸家。吳曰：繩，古孕字。范曰：膏，潤澤也。

葉子奇曰：繩音懷。二坤靜陰柔，如懷其膏沐，乃女子之為功容耳。夫坤以貞靜為功，苟反其德，至于不靜，則亡其正命矣。

陳本禮曰：火，夜。繩同懷。女子懷孕，一月為胚，二月為膏，孕育之事，女子之勞也。二為火而生土，故有繩其膏之象。不靜亡命者，婦人有孕當遠嗜欲，薄滋味，節飲食，慎寒暑，靜以養之，否則必致有墮胎橫生之患矣。

孫澍曰：膏，民脂膏。孕其膏，貨賄中飽於奸人之室也。誰秉國鈞，卒勞百姓至役及婦女，政之不靜甚矣。《漢書・曹參傳》：守之載以甯，能清靜也。

鄭維駒曰：坤為土，類為脂，故曰膏。坤為腹，故曰繩。萬物皆致養焉，故曰勞。天地閉，萬物不生，故曰靜。繩其膏，以生萬物，可謂勞矣。既勞以後，靜以藏之，則生之不已，命之所以長也。乃發泄而不靜，如十月桃李華之類，則將來無以生物，命之所以亡也。二為火，不靜象。坤為死喪，亡命象。

鈴木由次郎曰：十一月二十九日，夜，火。膏，胎兒。懷孕一月曰胚，二月曰膏。懷了胎兒，懷孕是女子心勞之事，若不小心注意而靜養，則胎兒生命不保。

測曰：繩膏之亡，不能清淨也。

范望曰：女子勞類，故不清靜也。

鄭維駒曰：言不能清靜以自養也。

次三：牝貞常慈，衛其根。

范望曰：牝，陰也。貞，正也。陰道常慈，順於君則能衛其本根也。

司馬光曰：《易》曰：恆其德貞，婦人吉。坤為母，三性仁，情喜，又為多子而當晝，故曰牝貞常慈。言常慈乃婦人之正道也。三為木、為思上、為成意、為自如，能不忘其本者也。

葉子奇曰：三陰靜貞正，常不失于慈順，乃所以固其本也。

陳本禮曰：木，晝。牝貞，指太皇太后也。史稱莽使王舜索璽，太后不肯與，怒罵之曰：而屬父子宗族，蒙漢家力，富貴累世，既無以報，受人孤寄，乘便利時，奪取其國，不復顧恩義，人如此者，狗豬不食其餘，此所謂衛其根不忘其本也。

鄭維駒曰：坤以生物為慈，以不生之生為常慈，蓋惟靜翕然後動闢也。三木，故稱根。

鈴木由次郎曰：十一月三十日，晝，斗五度，木。女子貞正而常慈愛。善守作為婦人之根本。

測曰：牝貞常慈，不忘本也。

范望曰：能衛其根，故不忘本也。

次四：徇其勞，不如五之豪。

范望曰：徇，衛也。四為臣道，有勞能自徇衛，欲人稱知之，故不如五。處柔順之尚，以道得眾，有豪友也。

司馬光曰：小宋本作不如五五之豪，今從諸家。王曰：德兼千人為豪。光謂：四為下祿，其位當夜，小人事君則伐其功，不如五之靈囊大包，不敢自盛也。

林希逸曰：五，中也。苟伐其功勞，則不如五之得中為過人也。豪，過人者也。

葉子奇曰：狥，示眾也，如木鐸狥于道路之狥，言四矜代其勞，不如五之包容也。

陳本禮曰：金，夜。徇，矜誇也。四為夜陰，小人竊位食祿，偶有微勞，必誇示於人，固不如五之豪宕不伐也。

鄭維駒曰：自衒名行曰徇，上德不德，是以有德，下德不失德，是以無德。四德其德，故不如五之一豪也。豪能毫。

鈴木由次郎曰：十一月三十日，夜，金。豪，以才或力勝人者。德兼千人為豪。五之豪，指次五靈囊大包，其德珍黃。小人竊位而食祿，偶而將他微小之功夸示於人。根本不及次五那種大人物。

測曰：徇其勞，伐善也。

范望曰：自衛其勞，故伐善也。

次五：靈囊大包，其德珍黃。

范望曰：五處尊位，包有四方，如有囊之所裹括也。家性柔順，故可珍愛也。

司馬光曰：王本靈作虛，今從諸家。小宋本靈囊作靈括巨橐，今從諸家。王曰：珍者為物所貴，黃者得中之義。光謂：五為囊、為包，地之為物，含弘光大，故曰靈囊大包。五居盛位而當晝，君子為臣，位高而不驕，功大而不伐，故有是象。故坤六五曰：黃裳元吉。

林希逸曰：靈，善也。囊，有涵蓄也。大包，可以包容而大受也。此為珍美黃中之德，以其不自大也。

葉子奇曰：囊，承載之物。坤象五處中，為坤德之至，如坤道兼載，其德珍美而中也。

陳本禮曰：土，晝。五為重土，靈囊，坤土也。《易》曰：坤厚載物，德合無疆，含弘光大，品物咸亨，所謂大包也。五以中和為德，黃乃土之正色。《易》曰：君子黃中通理，正位居體，美在其中，而暢於四支，發於事業，美之至也。故曰珍黃。

鈴木由次郎曰：十二月一日，晝，斗六度，閉塞而成冬。土。靈囊，指地。《易》坤《彖傳》：「坤厚而載物，德合無疆，含弘光大，品物咸亨。」珍黃，《易》坤卦《文言傳》：「君子黃中通理，正位居體，美在其中，暢于四支，發于事業，美之至也。」大地大包容萬物。其德大而應珍重，且得中庸。

測曰：靈囊大包，不敢自盛也。

范望曰：括囊其德，不自盛大也。

葉子奇曰：盛，平聲。

陳本禮曰：《易》曰：陰雖有美，含之以從王事，弗敢成也。地道也，妻道也，臣道也。地道無成，而代有終，故不敢自盛也。

鄭維駒曰：地道卑下，故不敢自盛。

次六：囊失括，泄珍器。

范望曰：六，水也。家性為順，水性順下，不可停貯，故囊失括也。括之不密，珍器不固，猶君不密則失臣也。

司馬光曰：小宋本囊作橐，今從諸家。六為穴、為竇，過中而當夜，小人不能含章以從王事，如囊之失結而泄珍器也。《易》曰：臣不密，則失身。

林希逸曰：有囊而不括，則其珍美之器皆泄露矣。此伐善矜能者之喻。

葉子奇曰：括，結也。坤以靜默為正，六以陰躁不能致謹，故慢而致失也。口溢謂不密而失身也。

陳本禮曰：水，夜。

鄭維駒曰：此與坤二四爻義相反，泄珍器者，有美而不含之也。六水，故稱泄稱溢。

鈴木由次郎曰：十二月一日，夜，水。囊失括，坤卦六四：「括囊，無咎無譽。」繫囊之繩已鬆開，珍器泄於外。機密之事輕易傳出臣之口。

測曰：囊失括，臣口溢也。

范望曰：囊失括，故口溢也。

鄭維駒曰：謨猷入告曰惟我后之德，地道也，臣道也，勿敢成也，反是則有成矣。

次七：方堅犯順，利臣貞。

范望曰：七，火也。火性有恒，寒暑雖至，不為增減，猶正直之臣，堅意犯顏，不變其色，臣之正也。

司馬光曰：七離咎而（《大典》無而字）犯菑（《大典》此處有而字）當晝，君子事上，獻可替否，行之以方，守之以堅，雖有犯而無隱，而不失其順，得為臣之正道，故利也。

葉子奇曰：堅，剛也。七以陽明，能守其方正堅剛之節，以犯顏納諫於君，是利於臣之守其正也。

陳本禮曰：火，晝。

鄭維駒曰：陰以順陽為貞，堅冰方至，陰犯順矣。為臣者利於□貞，不移於陰禍也。

鈴木由次郎曰：十二月二日，晝，斗七度，火。有方正堅剛之節操，犯顏而諫君主，亦不失從順之道。合乎為臣正道。

測曰：方堅犯順，守正節也。

范望曰：固意不撓，故守節也。

次八：馴非其正，不保厥命。

范望曰：八，木也，是金之財，宜當順從，反順其子，欲上害九，子上介八，遠不能救，木必見克，故不保其命也。

司馬光曰：八為疾瘀、為耗、為剝落而當夜，小人事上，左右前卻（《大典》作後），是非可否，惟君是順，不能守道執一，故不保其命也。

葉子奇曰：八過時而處禍，資稟陰邪，所以馴非正，豈足以保其命哉。

陳本禮曰：木，夜。八以敗落之木，而欲克家世之土，是馴非其正矣。不知上九之金，乃其子也，土能生金克木，故不保厥命也。

鄭維駒曰：馴非其正，所謂馴致其道，至堅冰者也。坤為死喪，故不保厥命。

鈴木由次郎曰：十二月二日，夜，木。只是從順而不執正道，不能保全生命。

測曰：馴非其正，無所統一也。

范望曰：所順非正，故一無所統也。

陳本禮曰：此指不靜亡命者言，此時陰已大順而尚有馴非其正者，雜乎其間，故曰無所統一也。

鄭維駒曰：坤統於天，故曰先迷後得主。八時數皆陰，是外乎陽而無所統一也。

上九：馴義忘生，賴于天貞。

范望曰：家性為馴，九為之終，終於善道，展義忘生，必得其正，唯天知之，故賴于天也。

司馬光曰：九，禍之窮也，而當晝，君子事君盡節，有死無貳，順義忘生。所賴者，天之正命耳。

葉子奇曰：九居殄絕之位，不能逭於死亡，尚幸得陽之貞，能馴義以忘生，得其正命以死，蓋盡人道之宜，所以得天理之正也。

陳本禮曰：金，晝。

鄭維駒曰：君父之禍，由來漸矣。然臣子之義受之於天，舍生取義，臣貞即天貞也。得天之貞，順天之命，則可以轉坤而為乾矣。

鈴木由次郎曰：十二月三日，晝，斗八度，金。君子事君從乎正義，忘其生命，只依從天之正命。

測曰：馴義忘生，受命必也。

范望曰：順而以義，必受命也。

陳本禮曰：授，舊訛受。子張曰：士見危授命，見得思義，君子徇義忘生，是所欲有甚於生者，故曰授命必也。

將

𝍞 將：陰氣濟物乎上，陽信將復始之乎下。

范望曰：三方三州二部三家。人玄，陰家，六水，中上，象未濟卦。行屬於水，謂之將者，言陰成物於上，萬物順而相將，故謂之將。將之初一，日入斗宿九度。

司馬光曰：陰家，水，準未濟。入將次八，日次星紀，大雪氣應，斗建子位，律中黃鐘。陸曰：將者，陰陽窮上反下，甫當復升。既濟曰：物不可窮，故受之以未濟。其誼同之。王本始作如，今從諸家。宋曰：謂是時陰成物於上，功成者退。故陽氣復始之於下也。

陳仁子曰：將者陰盛而陽漸欲復也。陽無間可容息之理，變於上則生於下，蓋翕無余乃闢之始也。以卦氣言，則坤當十月，以月氣言，則月為陽月，陰極之時，未嘗無陽。《列子》所謂運轉無已，天地密移，疇覺之哉者，人自不知其然者，特此時將復而未就耳。《易・雜卦》曰：未濟，男之窮，謂三陽皆失位也。《玄》曰：陽氣將復，謂一陽欲救伸也。二將無疵，四將飛得羽，五大爵將飛，蓋將欲濟而未者。

葉子奇曰：將之初一，日入斗宿九度。

陳本禮曰：陰家，六，水，中上，日次星紀，斗建子，律中黃鍾，大雪氣應，卦準未濟。傳：濟，助也。此時陽氣胚胎朕兆已見，故坤道大順，冀陽速昇，故先濟物乎於上，以俟陽之復始乎於下也。此正陰之知命處，跟上馴義忘生來。將者，已然未然之辭。

孫澍曰：準未濟，君子以服善樂志。

鄭維駒曰：既濟屬十月，萬物告成，坤之所以代有終也。然物不可窮，已然之物濟矣，未然之物又有待於濟，物之既濟，陰也，物之所以濟，則陽也。十一月一陽始生未濟，居其初，故云陽信將復始之乎下。

鈴木由次郎曰：第七十八首，陰，六水，三方三州二部三家。將，助。又已然未然之辭。濟，助。陰氣希冀陽氣快速上升，而助物上升。陽氣欲恢復其勢，而始動於下。

初一：將造邪，元厲。

范望曰：厲，危也。元，始也。一為下人，造欲作邪，上侵於二，火性炎上，不得侵，侵而不得，已自危懼，故始厲也。

司馬光曰：范曰：厲，危也。元，始也。王曰：居將之初，而失位當夜，將造於邪者也。以危為本，故云作主。光謂：一為思始而當夜，故有是象。

葉子奇曰：一為思始，始謀之不臧，未有不為大危也。

陳本禮曰：水，夜。此又為馴非其正者所累，使陰無所統。元，始也。厲，危也。小人陰謀作惡，伏倚水勢，欲挺而走險，是以危作主也。

鄭維駒曰：一陽為元，善之長也。故復初九曰元吉。十一月初為未濟，又將然之元也。初時陰雖未邪而將造邪，是無元也。無元而元，非元吉，亦元厲而已矣。

鈴木由次郎曰：十二月三日，夜，水。元，始。厲，危。竊謀而欲為邪惡。始即危。

測曰：將造邪，危作主也。

范望曰：作主常危，故厲者也。

次二：將無疵，元睟。

范望曰：睟，純也。二為平人，而在將大之家，故無疵瑕也。人無瑕疵，故大純也。

司馬光曰：范曰：睟，純也。王曰：得位當晝，將寡其過，故曰將無疵也。二之本質純睟，故云元睟。始而無疵，後必易繼也。光謂：二為思中而當晝，故有是象。

林希逸曰：元，善也。睟，美也。將求無過，則其德必善美矣。謹之於初，則後易為矣。

葉子奇曰：二得中逢陽，思而無邪，其意已誠，所以其德大純而無雜。

陳本禮曰：火，晝。

鄭維駒曰：乾之德純粹精，二時陽，一陽之所以生，乾之元，二實有之，故曰元睟。

鈴木由次郎曰：十二月四日，晝，斗九度，火。睟，純粹。欲寡其過。其性純粹。

測曰：將無疵，易為後也。

范望曰：純厚之人，故易為後也。

鄭維駒曰：自一陽至純乾，皆無疵者為之也，故易為後。

次三：鑪鈞否，利用止。

范望曰：冶為鑪，陶為鈞。三為進人，已見陶冶，當升祿位，四不可犯，故利用止也。

司馬光曰：宋、陸測作鈞不化內傷也，今從范、王本。范曰：冶為鑪，陶為鈞。王曰：鑪鈞者，造物之始。始而不以其道，利在速止也。將道益盛而失位當夜，將而不以理者也。光謂：否，音鄙，不善也。三為成意而當夜，故有是象。

林希逸曰：冶人為鑪，陶人為鈞，鑪鈞既不可用，則宜止矣。強以化物，徒自傷損也。化猶《考工記》飭化八（《大典》作人）材之化也。即工欲善事必利其器之意。

葉子奇曰：冶為鑪，陶為鈞，三不中，其為鑪鈞已非，焉能復有美器不如其已也，蓋用非其人，寧復有成功，用非其法，寧復有善治，知其不能不若止之為愈也。

陳本禮曰：木，夜。冶必用爐，陶必用鈞，三以木逢夜陰，其為爐鈞已非，焉能煅煉美器，蓋用非其人，寧能成功，用非其法，寧有善治，知其不能，不若止之為愈也。

鄭維駒曰：離火坎水，有似於爐。未濟承坤土而轉運之，有似於鈞。陰當得陽，運用以為爐鈞。三時陰，是不能造化，故否而利於止也。

鈴木由次郎曰：十二月四日，夜，木。鑪，爐。鑄物用爐。鈞，轉盤，制陶用鈞。製造鑄造物和陶器時，其爐與鈞出現故障，則宜於中止之。

測曰：鑪鈞否，化內傷也。

范望曰：進而不止，恐見傷損也。

次四：將飛得羽，利以登于天。

范望曰：四為公侯，當賓于王，有羽翼之助，如鳥將飛也，故為利登于天也。

司馬光曰：四為下祿、為外他而當晝，君子得位，人復輔之，如將飛而得羽也。

林希逸曰：欲飛得羽，言有助也。

葉子奇曰：四以陽剛，離下升上，如欲將飛，復得羽之助，可以進于高遠矣。

陳本禮曰：金，晝。四以陽剛而在公侯之位，上近於五，如將飛之鳥，得羽翼之助，必能上賓於王也。

鄭維駒曰：離為飛鳥，二陽，其羽也。四時陽，猶鳥得羽，自是而昇於純乾可也。故利以登於天。陽主昇，故曰飛曰登。

鈴木由次郎曰：十二月五日，晝，斗十度，金。鳥將飛而得羽翼之助。直登至天。得輔弼之臣，上為天子之賓。

測曰：將飛得羽，其輔彊也。

范望曰：將飛得羽，以益彊也。

鄭維駒曰：四數陰，故貴得陽以輔之也。

次五：大爵將飛，拔其翮。毛羽雖眾，不得適。

范望曰：五為陰家之陽，小人之象，雖在天位，其道不正，故稱大爵。爵大人微，如鳥將飛而失其翮也。無翮失羽，不得適也。

司馬光曰：王曰：五居盛位，當為首主，而失位當夜，乖於其宜。如大鳥將飛，而拔其六翮，雖有毛羽之眾，安得有所往哉。光謂：晉平公曰：吾食客三千餘人，尚可謂不好士乎？古桑曰：鴻鵠沖天，所恃者六翮耳。夫腹下之毳，背上之毛，增去一把，飛不為高下。不知君之食客，其六翮耶，將腹背之毳耶。

葉子奇曰：爵雀通。五陰暗不淑，如大爵將飛，乃拔其翼之翮，其餘羽毛雖眾，復何用哉，宜其不得其所適矣。

焦袁熹曰：大爵將飛拔其翮，毛羽雖眾不得適，爵體大所以能高舉者，翮之力也。今而拔之，其毛羽存者不足恃賴，強思騫翥，終不得往，數武而控於地，為物所傷。

陳本禮曰：土，夜。翮，翅也。大爵，摶扶搖而上者，翮之力也。今乃拔去其有用之翮，其餘羽毛雖多不得適我之用。五陰暗不君，不知敬大臣，體群臣，是先自拔其翮，焉能高飛遠逝哉？

鄭維駒曰：離為爵，五為主，故為大爵。翮，羽根也。十一月一陽始生而未濟，居其初，是陽之根也。五時陰，則拔其陽之根，猶是無翮不可以飛，毛羽雖眾，其何以往哉。

鈴木由次郎曰：十二月五日，夜，土。大爵，大鳥，隼。翮，翅。隼欲高飛至天，拔其有用之翅。其他羽毛再多也不能飛遠。昏暗之君不能用有能之士。

測曰：大雀拔翮，不足賴也。

范望曰：羽翮不足，故非賴也。

次六：日失烈烈，君子將衰降。

范望曰：降，下也。五為日中，故六為日失也。烈烈，盛也。日之熱恒在中之後，故言烈烈也。日稱君子，時過將暮，故將衰降也。

司馬光曰：宋、陸本衰降作襄隆，王本降亦作隆，今從范、小宋本。小宋本失作昊，今從諸家。范曰：降，下也。五為日中，故六為日昳也。烈烈，盛也。日之熱常在中之後，故言烈烈也。光謂：失與昳同，徒結切。六為上祿，然過中而當晝，雖有烈烈之盛，君子知其將衰，能自降抑，故不失其光大也。

葉子奇曰：烈烈，熾盛貌。六居隆盛之極，盛極不能以終盛，盛極必衰，如日之失乎烈烈，終必為寒之基，豈獨天道為然，以人事而言，君子將亦降于衰微也。

陳本禮曰：水，晝。失同昳。五為日中，六為日昳，日之昃矣，而猶烈烈，必不久矣。故君子知其將衰，先自貶損，而降於下也。

鄭維駒曰：離為日，日中則昃，故持盈之君子雖烈烈而若失其烈烈，況微陽將生，君子靜養之不暇，所以不敢自盛，而嘗若將衰以自降下也。未濟雖在上，能降則可以成既濟矣。

鈴木由次郎曰：十二月六日，晝，斗十一度，鶡鳥鳴。水。失通昳，日傾斜。日已過中天，光猶烈烈而盛，君子知其將衰，而自謙遜。

測曰：日失烈烈，自光大也。

范望曰：雖衰猶烈，故大也。

陳本禮曰：謙尊而光，故能成其大也。

鄭維駒曰：不自盛，乃所以盛也。

次七：跌船跋車，其害不遐。

范望曰：七為失志，船車載治之具，賢者亦治世之具也。失志之王，故蹋趹之。不親治正，故害不遠也。

司馬光曰：王本舡作肱，遐作遠，今從宋、陸、范本。趹，古穴切。跋，蒲撥切。范曰：七為失志，舡車，載治之具。賢者亦治世之具也。失志之主，故蹋趹之。棄治之具，害自已招，故不遠也。光謂：七為禍始而當夜，故有是象。國之將敗，先棄賢輔者也。

林希逸曰：趹，古穴切。跋，蒲撥切。趹，踏趹之也。跋，難行貌。車船所以行濟也，今自棄之，害必至矣。此不求助者之喻。跋，韻書不由蹊隧而行曰跋。

葉子奇曰：趹音決，趹跋，皆蹴踏，皆賤棄而不用之意。船車水路，任重之器，棄其任重之器，豈能有達，宜其害之不遠也。

陳本禮曰：火，夜。舩車者，任重載道之器也。家有舩車而不能用，反蹴蹋之，破壞之，使其不適於用，豈能達於道耶。宜其害之不遠也。

鄭維駒曰：至日閉關，商旅不行，養微陽也。船則疾行而趹，車則草行而跋，是不能養陽，急欲求濟而未能濟也。火性燥，故趹跋。坤為害，未濟去坤未遠，故其害不遐。離中虛，船象。坎為輿多眚，故稱車。

鈴木由次郎曰：十二月六日，夜，火。趹，蹴。馬以後足蹴地。跋，用足踏。雖有船與車，或蹴或踏而破壞之，不能用之。其弊害必生於近。國滅在於不能用賢臣。

測曰：趹舩跋車，不遠害也。

范望曰：棄治之具，害自己招，故不遠也。

次八：小子在淵，丈人播舩。

范望曰：八，木也，故稱舩，為祖父，故稱丈人。小子謂百姓也，在禍難中，若在淵也。丈人播舩而濟之，猶以禮義濟於世也。劉按：播船，猶言搖船也。

司馬光曰：范曰：小子謂百姓也。在禍難中，若在淵也。丈人播舡而濟之。光謂：八為禍中而當晝，故有是象。

葉子奇曰：小子在淵，謂天下溺矣。丈人播船，思以道濟之也。夫拯溺亨屯，非耆德君子，其誰能之？

焦袁熹曰：小子在淵，丈人播船，徒手不可以拯溺，拯溺之急在於播船。《孟子》所謂援之以道也，非丈人則或胥而溺矣。

陳本禮曰：木，晝。小子，黎民也。丈人，大人也。在淵者，謂天下胥溺矣。不有有力之大人拯其溺而救其災，則天下蒼生胥淪沒於水矣。

孫澍曰：將為陰極，次八節應大雪，于《易》為未濟之象，小子在淵，民溺也，丈人，有德位者，如禹稷之類，播船，拯溺也，《孟子》曰：天下溺，援之以道。

鄭維駒曰：在淵，坎陷之象，初至四為孫子，八為曾祖，故曰小子、曰丈人。未濟坎下，小子在淵也，丈人播船，則離之中虛，濟之於下，坎之陰陷，出之於上。離下坎上，是未濟轉為既濟矣。

鈴木由次郎曰：十二月七日，晝，斗十二度，木。小子，人民。丈人，同大人，有德君子。播，遷。天下人民皆溺於水，有力君子移船而救助之。

測曰：丈人播舩，濟溺世也。

范望曰：濟溺之急，唯舩是用，丈人得之也。

上九：紅蠶緣于枯桑，其繭不黃。

范望曰：九為毛蟲，故為蠶。蠶之初生有毛，為老故為紅。桑謂八也，為九所克，故枯也。在八之上，故緣也。蠶須桑，民須食，老蠶遇枯，故紅繭不黃也。食麋桑者其繭黃，可絃琴瑟也。

司馬光曰：范本測緣枯不黃作緣于枯桑，王本作枯桑不黃，今從宋、陸本。范曰：蠶之初生有毛，為老故為紅。王曰：九居亢極而失位當夜，無所復將。紅蠶，蠶之病者，而緣于枯桑，則何由成其繭矣？不黃，謂不中用也。

林希逸曰：蠶之初生有毛，既老故曰紅。枯桑無所食也。不黃，不中用也。此不能自養者之喻。紅者，以老無毛而但紅也。

葉子奇曰：紅蠶，爛蠶也。九居將極，何能有成？如爛蠶緣于枯桑，必不成繭也。以腐才當於敗局，必無成功也。

陳本禮曰：金，夜。紅蠶，老蠶也，蠶老則紅。枯桑，桑之無葉者。緣者，蠶飢循樹而覓食也。九居亢極而當夜，狀失德之人，如老蠶之緣於枯桑，終不能望其吐絲結繭而黃矣。

孫澍曰：廣漢王文長，晉梁王彤辟除洛陽令，聞益州亂，筮得老蠶緣於枯桑之卦，歎曰：桑無葉，蠶以卒，吾蜀人殄於是矣。後拜蜀郡太守，暴疾卒，事見《華陽國志》。

鄭維駒曰：離為絲，故曰繭。離於木為科上槁，故曰枯桑。蠶緣於枯桑，無所得食，故其繭不黃也。

吳汝綸曰：紅，功字。

鈴木由次郎曰：十二月七日，夜，金。紅蠶，老蠶。蠶老而變紅色。老蠶饑而從無葉之枯桑而求食，縱然吐絲也不能作黃白色之繭。

測曰：緣于枯桑，蠶功敗也。

范望曰：大而緣走（走恐是誤字），故敗也。

難

𝌵　難：陰氣方難，水凝地坼（原作拆），陽弱於淵。

范望曰：三方三州三部一家。人玄，陽家，七火，上下，象蹇卦。行屬於火，謂之難者，大雪之節，陰氣亢極，水凝地拆，陰極陽生，方當龍變（《大典》龍變作微弱），度（《大典》無度字）難卻（《大典》作出）而已，故謂之難。難之初一，日入斗宿十三度。

章詧曰：陰氣為難，殆陽氣潛于九泉，俟時未信，《衝》曰：難過乎詘，《錯》曰：難頡頏。

司馬光曰：難，乃旦切。陽家，火，準蹇。小宋本陰氣方難作太陰難，今從諸家。小宋曰：陰氣窮極，陽信來復。陰懼於陽，大作險難。

陳仁子曰：難者陰盛而陽未易伸也。凡勢未濟則易反，已極則難圖，故一物不頓起，一形不頓虧，人不覺其成，亦不覺其虧也。陽無驟進之理，至亥則生三十分之一，至子則生至二三分，而為復便成一畫，特已復則如建瓴之易，未復則如登霄之難，檻而進，挫而堅，處蹇難之時，未易言也。《易》之蹇，艮下坎上，夫坎，北方也，艮，東北方也，險在前也。《玄》之難，猶蹇也，一之難我冥冥，五之難于非常，難何如哉！

葉子奇曰：微陽方萌于地下，故弱于淵也。難之初一，日斗宿十三度。

陳本禮曰：陽家，七，火，上下，卦準蹇。小宋曰：陰氣窮極，陽信來復，陰懼於陽，大作險難。《傳》：前陰氣既已濟物乎上，而又何難之有？蓋是月元冥當令，朔風凜冽，諸多造邪者，邪心未靖，皆倚之肆虐，而陽又力弱，不能達物於深淵，若陰氣難之者然。

孫澍曰：準蹇，《太玄》以經德秉矢。坢，古型字，當是坼字之誤，醜格切，音折，裂也。禮月令：仲冬之月地始坼。

鄭維駒曰：仲冬之月，冰益壯，地始坼，故曰冰凝地坼。陽在淵下，方生之始，故弱於淵。

鈴木由次郎曰：第七十九首，陽，七火，三方三州三部一家。難，痛苦煩惱，困難。陰氣正已煩惱痛苦，此時水凍地坼，已至陰陽交替之際。陽氣在下雖尚微弱，但已有向上伸長之勢。

文字校正：難首首辭：「陰氣方難，水凝地拆，陽弱于淵」（范本），《集注》本「拆」作「坼」，嘉慶本作「坍」，《集韻》：「㨓，《說文》『裂也』，或從手，亦作斥」，是拆、坼皆「㨓」之異體也，坍，或為「坼」之訛體，二字形近，故易訛誤。

初一：難我冥冥。

范望曰：初九將起，難卻羣陰而上，今尚在地下，故言難我冥冥也。我謂陰氣也。

司馬光曰：范本作未見形也，今從二宋、陸、王本。難者，阻抑之象。一，思之微也而當晝，阻抑禍惡於未形之時，夫何病哉？

葉子奇曰：難在純陰空寂之時，萬物未兆，一在難初，是難我以冥冥，初未有可見之形也。

陳本禮曰：水，晝。我，陽自謂也。冥冥，暗中，人所不見之地。一在難初，水先克火，而人不覺，故曰難我冥冥。

鄭維駒曰：冥冥之中，臨深履薄，人不難我，我自難我也。

鈴木由次郎曰：十二月八日，晝，斗十三度，大雪。水。難首性為火，初一為難之始，當水。水首先克火，而人未覺之。我之力未現形，人尚未覺之，我惱於此。

劉按：鈴木訓釋難為苦惱，似乎不太合適。難當是困難。難我冥冥，未見形也。是說我未見形，尚弱，此時雖為難，但我未現形，亦不會有大禍及我。若是有形，則有禍。所以在難世，己弱就在冥冥中不表現自己，也是此時之正道。這裡重點是未見形，見讀作現，表現。冥幽之。而不是煩惱之，痛苦之。范注是我是陰氣，也不對。司馬說阻抑禍惡於未形，也非是。鄭維駒說人不難我，我自難我，也不確切。難為時世，處難之時世。

文字校正：難首初一測辭：「難我冥冥，見未形也」（《集注》本），范本作「未見形也」，按：當作「未見形也」，《集注》本「未見」二字誤倒，《漢書・鄒陽傳》：「鄉使濟北見情實」，《集注》：「見謂顯也」，《韓信傳》：「情見力屈」，注：「見，顯露也」，《淮南・俶真》：「是非無所形」，高注：「形，見也」，《漢書・貨殖傳》：「二者形則萬貨之情可見矣」，注：「形，顯見」，是見、形二字義通，然則既言「見」，則不得言「未形」，既言「未形」，則不得言「見」矣，可知「見未形也」一句自相牴牾，必作「未見形也」，始文從義順。

測曰：難我冥冥，未見形也。

范望曰：尚在地下，故形體未見也。

陳本禮曰：陽被懸殺，形亡久也，今雖潛靈地中，然原形未復，況在純陰冥暗之中，故曰未見形也。

次二：凍冰瀆，狂馬椯木。

范望曰：瀆，敗也。冰而得火，故敗也。二為馬，火中之馬，若狂之象也。椯，差也。陽在木下，差次當上，故言差木也。

司馬光曰：范本無于字，揣作椯，今從二宋、陸、王本。

鄭氏曰：椯，舊市專切，陳云：椯，差也。集韻：椯，楚委切，捶也，剟也。《尚書》：隨山刊木，謂隨行山林，刊槎其木也。槎，仕雅切，斜斫木也。椯之訓捶訓剟，乃刊槎其木之謂也。蓋椯，槎也，或誤作差。范望承誤立說云：差次當上，故言差木也。

葉子奇曰：椯音摶，椯，控止也。二在蹇難陰凝之時，不宜有所行，苟或如狂馬之妄行，則見控止于木而已，何能有進乎？

陳本禮曰：火，夜。椯舊訛揣。瀆，敗也。冰而遇火，故敗。二為火中之馬，飆飛踐走，故若狂也。然陰火力弱，不足以融壯冰，欲借三之木生火，以助己也。揣者，意中忖度之辭，故曰妄生也。

孫澍曰：冰凍瀆堅，迍如邅如，乘馬狂如，不利貞。揣，量度也，謂以手耑意之也。按乘畜生於午，稟火氣，火受氣於木，木類為狂，馬有肝無膽，膽，木之精氣，《玄》曰揣木，明其妄也。

鄭維駒曰：坎為溝瀆，於馬為亟心，故狂。坎木堅多心，艮木堅多節，可用為箠之木也。瀆凍馬狂，而復箠之以木，是遇難而不知止也。

鈴木由次郎曰：十二月八日，夜，火。瀆，敗。次二當火，凍冰遇火，故曰瀆。狂馬，難首性為火，火中之馬，故是狂馬。揣木，揣，揣摩。次二非現實之木，但次三為木，故曰揣木。凍冰已融。狂的馬，幻的木，此乃形容陰陽交替之時，陽將來复，陰邪妄生。

劉按：他似據陳本禮說：揣者忖度之辭，故曰妄生。妄生是據測辭，妄生也。若揣測揣摩三之木，也不一定是妄生。妄生猶曰發狂。揣釋揣測揣摩，肯定不對。

文字校正：難首次二：「凍冰瀆，狂馬椯木」（范本），《集注》本「凍」下有「於」字，「椯」作「揣」，按：《集注》本是，范注：「瀆，敗也」，非是，

《說文》:「瀆，溝也」，瀆中有水，凍而成冰，故曰「冰瀆」。首辭：「水凝地坼」，水凝為冰也，冰瀆乃處所也，故曰「凍於冰瀆」(意謂凍之於冰瀆中)，若無「於」字，則文義不通，初一:「難我冥冥，未見形也」，次二:「凍於冰瀆，難以見形」，正承初一而言，首辭:「陽弱于淵」,「凍於冰瀆」即謂「陽弱於淵」也，若作「凍冰瀆」，亦與「陽弱於淵」之意不合，皆可證當有「於」字也。《說文》:「揣，箠也，箠，擊馬也」，據段注:「擊馬」上脫「所以」二字，此說是。《說文》竹部:「策，馬箠也，箠，(所以)擊馬也，築，箠也」。策、箠、築三字並列，名雖有異而其實一也，皆擊馬之具。是為名詞，而非動詞(擊馬之動作),《廣雅・釋器》:「箠，築也」,《文選・報任少卿書》:「其次關木索被，箠楚受辱」，注:「箠楚，皆杖木之名也」。《漢書・王莽傳》中:「士以馬箠擊亭長」，注:「箠，策也」,《刑法志》:「其定捶令」，注:「捶，策也，所以擊者也」,《婁敬傳》:「杖馬箠」,《王吉傳》:「手苦於箠轡」，注皆曰:「箠，馬策也」,《吾邱壽王傳》:「民以耰鉏箠梃相撻擊」，注:「箠，馬撾也」,《陳餘傳》:「杖馬箠」，注:「箠，馬撾也」,「撾」當為「檛」，又或作「簻」,《文選・長笛賦》:「當簻便易持」，注:「簻，馬策也」,《左》文十三年傳:「策馬檛」,《釋文》:「檛，馬杖也」，是典籍中「箠」通作名詞，可證《說文》「箠，擊馬也」之訓必有脫文也。(以上「箠」或作「捶」。)「椯」從木訓箠，亦為名詞，然《太玄》此句，字當為動詞,《說文》:「揣，量也，一曰捶之,《說文》:『捶，以杖擊也』」,「捶」即「箠」，而「揣」即可訓捶而與「箠」通也,《說文》:「椯，箠也」，知「椯」為名詞,「揣」為動詞，皆與「箠」有關,「揣」之訓「捶」，猶「椯」之訓「箠」也。此處當作「揣」，不當作「椯」,「狂馬揣木」，謂馬狂而以蹄踢木也，馬本受捶者，今而捶木，是為反常，故曰「狂馬」，故曰「妄生」(測辭)。「凍於冰瀆」，喻處難之時也,「狂馬揣木」，喻陽氣不甘於弱而猶有所掙扎也。然此時陰氣亢極，陽氣極弱，為蹇難之時，當順應其時，養精蓄銳，以待陰氣衰竭，而後可生，今反此道，雖如狂馬揣木，以其不得時也，故止為「妄生」而已，仍於事無濟也。范注:「椯，差也，陽在木下，差次當上，故言差木也」。此說誤。

測曰：狂馬椯木，妄生也。

范望曰：氣遠來復，如妄生也。

鄭維駒曰：妄念生，故逐險也。

次三：中堅剛，難于非常。

范望曰：首居蹇難，家性屬火，木當是時，枝葉搖落，復為火所燥，故中堅剛也。陰氣極盛，陽未發生，難非常也。

司馬光曰：王本傾作顧，今從諸家。三為成意而當晝，心能堅剛，以阻抑非常者也。

葉子奇曰：三為陽家之陽，故中實堅剛，在蹇難之世，雖有非意相干，曾何足動之哉？

陳本禮曰：木，晝。木本堅剛而值火世，生已被克，乃忽遇狂馬上炎，突被焚燒，豈非禍出非常之難乎？

鄭維駒曰：三為木，木堅多心，中堅剛也。有非常之難，以別其非常之材，歲寒然後知松柏之後凋也。

鈴木由次郎曰：十二月九日，晝，斗十四度，木。本性本是堅剛，但陰氣猶旺盛，遭此非常之際，必為困難。

測曰：中堅剛，終莫傾也。

范望曰：雖為陰困，木終不傾也。

陳本禮曰：午火之力弱也。

次四：卵破石毈。

范望曰：四為雞，故稱卵。卵在金石之間，故破也。卵，陰物也，為陽所亂，故毈也。

司馬光曰：宋、陸、王本難作雜，今從范、小宋本。毈，徒玩切。王曰：當難之時，失位當夜，不知難之道，是欲以卵破石，則其毈壞而不生也必矣。

林希逸曰：毈，徒玩切，以卵破石，則其毈壞不生也必矣。毈，卵不孚曰毈。楊子曰雌之不才，其卵毈矣。

葉子奇曰：毈，徒玩切。毈，壞也。卵喻君子，石喻小人，當蹇難之世，君子道消，小人道長，是卵見破由于石毈之也。言君子之見陷害于小人也。

陳本禮曰：金，夜。毈音段。四在火世，為火所克，如卵之破於石也。鳥之敗卵曰毈，金喻卵，火喻石，金遇火則鎔，卵遇石則破，言小人不可與君子為難也。

孫澍曰：毈，音段，《說文》：卵不孚也，《法言》：雌之不才，其卵毈也。

鄭維駒曰：鳥乳卵為孚，蹇卦氣近於中孚，故以卵言。艮為小石，四，金類為石，故稱石𣫀。𣫀，石之似卵者，以能生之卵破於似卵之石，則是陽不能生也。

鈴木由次郎曰：十二月九日，夜，金。𣫀，卵破。《法言》：「雌不才，其卵𣫀。」以卵擊石，反而因石而破。此言小人與君子共事時之難。

文字校正：難首次四：「卵破石𣫀」，測辭：「卵破石𣫀，小人難也」，各本「𣫀」字右旁作「叚」，皆誤。《說文》：「𣫀，卵不孚也，從卵，段聲」，是字本從「段」，不從「叚」。「段」「叚」二字，不可混同，然其形近，極易訛誤，此其一例也。范本《釋文》出「𣫀」字，此字上當為「段」，下當為「卵」，寫手刻手誤為此形，可知范本原作上「段」下「卵」之字，字又可寫為左「卵」右「段」，以此亦可證此字當作「𣫀」，而不可從「叚」。

測曰：卵破之𣫀，小人難也。

范望曰：卵而𣫀敗，故大也。

次五：難無間，難大不勤。

范望曰：五為天位，而在難世，重門居尊，不可得泄（《大典》作近），故無間也。居上臨下，下之所奉，故不勤也。

司馬光曰：王曰：得位處中，為難之主，是能窒塞其端而無間，則禍難無自入矣。雖處大難之際，不勞勤力而遂免焉。

葉子奇曰：五中而逢陽，其道純備，雖居難世，曾無間隙之可議，是以雖當大任，德足堪之，曾不以為勞也。

陳本禮曰：土，晝。

鄭維駒曰：堯懼蹎土，湯若隕淵，自古殷憂啟聖，皆難無間之心為之也。能惕厲自無勞苦，故不勤。

鈴木由次郎曰：十二月十日，晝，斗十五度，土。雖是大難之際，但無間隙而使困難進入，故雖不勤勞，亦能免。

劉按：測曰中密塞也，故說無間隙，難不能入。此時雖不勤勞，亦無禍。強調中密塞。

測曰：難無間，中密塞也。

范望曰：重門自固，故中密也。

陳本禮曰：無隙可入。

次六：大車川川，上轄于山，下觸于川。

范望曰：六為上祿，故乘大車也。上則轄山，謂九在上也。川川，重遲之貌也。下觸于川，謂車非水物也。

司馬光曰：宋、陸、王本川川作巛巛，吳曰：巛，古川字。范、王、小宋本上下軔作上下轄，今從宋、陸本。吳曰：轄，苦海切，礙也。軔，而振切。范曰：川川，重遲之貌。王曰：六居盛滿而失位當夜，不得免難之宜也。

葉子奇曰：六過中而陰暗，不能濟難，如大車川川然而行，上則轄于山，下則觸于淵，進退維谷，何能有所進也。

陳本禮曰：木，夜。轄，礙也。六為上祿，故稱大車。川川者，見其車之多也。轄於山，礙於石也。獨於川，阻於水也。六居盛滿，不思減賦薄斂，以濟難世，而其輜重至於如是之多，宜其窒礙而難行也。

孫澍曰：轄，車不平也。

鄭維駒曰：坎於輿為多眚，川川即車如流水之意。上轄於山，艮之難也。下觸於川，坎之難也。

鈴木由次郎曰：十二月十日，夜，水。川川，行遲貌。轄，礙。大車行甚遲，上而在山被石礙之，下而觸川，亦被水礙。

劉按：上下皆有礙，極難之象。

文字校正：難首次六：「大車川川，上轄於山，下觸於川」，測辭：「大車川川，上下軔也」（《集注》本），「於山」，《道藏》本作「千山」，「千」乃「于」字形訛，「於山」「於川」或本作「于山」「于川」，故由于而訛為千。「於山」「於川」對文，知不可作「千山」。范本「軔」作「轄」，按：當作「轄」，「轄」與次七測辭「時」、次八測辭「治」、上九測辭「之」等諸字協韻，若作「軔」則不協。「上下轄也」之「轄」，與「上轄於山」之「轄」同，通「閡」，《廣雅・釋言》：「礙，閡也」，王念孫《疏證》：「『礙』與『閡』，同聲而通用，《說文》：『礙，止也』，《小爾雅》：『閡，限也』，《列子・黃帝》：『雲霧不硋其視』，又云：『物無得傷閡者』，《力命》：『孰能礙之』，《太玄》難首次六云：『上轄於山，下觸於川』，並字異而義同。」其說是。然則「轄」可訓「礙」也，《廣雅・釋訓》：「轄軕，不平也」，《玉篇》、《廣韻》並作「轄軩」，范本《釋文》亦作「轄軩」，「轄」「礙」義通，故有不平之義，此亦旁證之一也。

測曰：大車川川，上下軫也。

范望曰：軫於山川者也。

陳本禮曰：軔，止車木。

次七：拔石碜碜，力沒以盡（司馬作引）。

范望曰：石以諭難，碜碜，難致之貌。此難世也，失志之王不可輔正，雖當託忠，碜碜如石，非才所堪，故力盡也。

司馬光曰：范本引作盡，今從二宋、陸、王本。碜，之人切。宋曰：時謂晝也。范曰：石以諭難。碜碜，難致之貌。王曰：力沒謂盡力而引，將出於難也。勞而僅免，以得位當晝之故也。

林希逸曰：碜，之人切。碜碜，難致之意。石雖難拔，我能沒盡其力以引致之，亦可拔也。此勉力濟難者之喻。

葉子奇曰：碜，之人切。石，頑而無知之物，喻難之主。碜碜，蹇蹇貌。七以陽明之資，猶拯難，蹇蹇之臣，雖忠力竭盡，然主難之君，乃頑而無知，終不能喻，雖其道不盡濟于時，然處己之義則盡矣。

陳本禮曰：火，晝。引一作盡。石喻遇難之君。碜碜，用力難拔貌。七以陽明之資，猶拯難之臣，盡心竭力，欲引主以出於難也。

鄭維駒曰：七禍始，難與禍遘，是畢生在難中，猶徑路多砒而難行也。石，金類，火克金，又在火行，故石為難而能拔之，雖難而不懼其難，期於力沒而難盡也。

鈴木由次郎曰：十二月十一日，晝，斗十六度，虎始交。火。碜碜，用力拔難貌。要努力拔掉石而不成功，盡力而拉起它，好不容易而撼動之。臣欲救君於困難，盡力而終於使免於難。

文字校正：難首次七：「拔石碜碜，力沒以盡」（范本），《集注》本「盡」作「引」，按：當作「引」，力沒即力盡之意，一句之內，似不當重復言之。「引」字承「拔石」而言，拔、引，文義相應，可證當作「引」也。

測曰：拔石碜碜，乘時也。

范望曰：乘於時難，故力盡也。

鄭維駒曰：乘火之世，故力能拔石也。

次八：觸石決木，維折角。

范望曰：陰為石，陽氣當上，觸陰而進，故觸石也。八為龍，木當用事，金克於木，故折角也。

司馬光曰：王曰：難道轉極，而失位當夜，無以自免，是觸石決木，必遇折角之凶。光謂：遇難當循理以免，乃與木石為敵，非所以治難也。

葉子奇曰：八居禍難之中，用非其時，不能有濟，徒自取傷而已。

陳本禮曰：木，夜。

鄭維駒曰：陽生之始弱，如新角，八時數皆陰，以上觸石決木，其折角也宜矣。

鈴木由次郎曰：十二月十一日，夜，木。決，決裂。欲從困難脫出，觸於石而木裂，結果只是遇上折角之凶。按道理應可免難，但以木石為敵，不是治難之道。

測曰：觸石決木，非所治也。

范望曰：以弱治剛，故非所任也。

上九：角觟𧣾（原作角解豸），終以直，其有施。

范望曰：解豸，直獸也，有疑則以角觸之，乃別其曲直也。而終為人別曲直，故可施行也。

司馬光曰：范本觟𧣾作解豸，范、王本其有犯作其有施，小宋本作有所施，今從宋、陸本。觟𧣾與解豸同。觟，音蟹。𧣾，直介切。王曰：處難之極，而得位當晝，是以直免禍。若用其解豸之角以直之，終必有所施，而不至於咎悔也。光謂：解豸之角，所犯必以直也。

林希逸曰：獬豸，本作觟觽，獬豸之直，始終如一，則可以有施矣。戒中變也。

葉子奇曰：九居難極，難極必通，君子將得遂其行，如任角之解豸以觸邪枉，終將直其所施也。

陳本禮曰：金，晝。觟同獬。觽同豸。

孫澍曰：《論衡》曰：觟觽者，一角之羊也。性知有罪，皋陶治獄，其罪疑者，令羊觸之。

鄭維駒曰：《困學紀聞》卷十八引難上九云：角觟𧣾終以直，其有犯。施作犯與，今本不同。觟觽与解豸同，亦見王充《論衡》云：一角之羊也。解豸一角，艮一陽在上之象，角如解豸則弱而終強，可施之於觸邪，而去其難矣。

鈴木由次郎曰：十二月十二日，晝，斗十七度，金。獬豸之獸是正義之獸，以角刺不正之人，以分曲直。此言以直而能免難。

文字校正：難首上九：「角觟鯱，終以直，其有犯」，測辭：「角觟鯱，終以直之也」（《集注》本），范本「觟鯱」作「解豸」，按：「觟鯱」、「解豸」同，皆是獸名，字又作「解廌」、「獬廌」，《說文》：「廌，解廌，獸也，似山牛，一角，古者決訟，令觸不直」。又曰：「觟，牝（牂）羊生角者也」。又曰：「解，判也，一曰：解廌，獸也」，段玉裁注：「《太玄》、《論衡》『觟鯱』、『解廌』，字之假借也。《神異經》曰：『東北荒中有獸，見人鬥則觸不直，聞人論則咋不正，名曰獬豸』。《論衡·是應》篇：『獬豸者，一角之羊也，性知有罪，皋陶治獄，其罪疑者令羊觸之，有罪則觸，無罪則不觸」。《漢書·司馬相如傳》上：「弄解廌」，注引張揖：「解廌，似鹿而一角，人君刑罰得中則生於朝廷，主觸不直者」。《續漢書·輿服志》下：「解豸，神羊，能制曲直，皆是獸也」。故范注曰：「解豸，直獸也，有疑則以角觸之，乃別其曲直也」。

測曰：角觟鯱（原作角解豸），終以直之也

范望曰：稟性平直，終不曲也。

勤

𝍏 勤：太（原無太字）陰凍沍，戁創于外，微陽邸冥，膂力于內。

范望曰：三方三州三部二家。人玄，陰家，八木，上中，象坎卦。行屬於木，謂之勤者，言是時陰氣尤壯，陽從九天，當下於泉，將甚勤勞，故謂之勤。勤之初一，日入斗宿十八度。

司馬光曰：陰家，木，亦準蹇。諸家無太字，今從小宋本。小宋本冥作寘，今從諸家。戁，奴板切。吳曰：悚，懼也。邸與抵同。王曰：陰氣已極，雖凍沍凝閉，而戁恐創艾於外，陽氣尚微而將抵觸冥昧之中，以見其膂力於內。陰極陽生之漸，故象勤勞也。

陳仁子曰：勤者陽之復其力甚勞也。《玄》之勤象《易》之坎者也。坎以一陽陷於二陰之中，其自拔也。難、勤以一陽復六陰之後，其用力也勞，故以卦氣論，則為離、坎、震、兌，止列於四正之位，而《玄》欲準《易》，乃悉例配之，其寓意蓋深。覩《玄》之九測曰抱車入淵，負舟上山，處此蹇難之交，非勤曷成？若《玄衡》勤苦而無成功者，非愚則誣。

葉子奇曰：戁，女板切。戁創為屯厄也。邸冥，來于冥漠之中也。膂力，著力貌。勤之初一，日入斗宿十八度。

陳本禮曰：陰家，八，木，上中，卦準坎。《傳》：戁，悚懼也。邸，抵也。

膂力，努力也。此時太陰雖凍沍於外，然微陽日增於內，努力冥抵無難，冒土而出，故太陰亦懼其迸裂而被創也。

孫澍曰：準蹇，王臣以壯猷濟艱險。

鄭維駒曰：創者陰陽傷也，坎心憂故戁。邸，根柢也。言陽之根柢甚微也。膂力於內，即勤勞之意，蓋戰乎乾之後，天一之微陽在乎陰中，憂勞之甚也。

鈴木由次郎曰：第八十首，陰，八木。三方三州三部二家。凍沍，凍。沍亦凍。戁，懼。邸通抵，觸，當，至。膂力，同努力。陰氣凍而凝閉，但在陰極而陽將生之際，故懼陽氣在外傷之。然陽氣尚弱，在冥昧之中冒出土中，自知在內努力，日增其力。

文字校正：勤首首辭：「太陰凍沍戁創於外，微陽邸冥膂力於內」(《集注》本)，范本「陰」上無「太」字，「凍沍」作「凍泫」，「膂」作「膂」，按：「太陽」與「微陽」對言，是范本脫文也。《說文》：「泫，湝流也」，《後漢書・張衡傳》注：「泫泫，水流貌」。既言凍，則水不得流也，知非「泫」字。《莊子・齊物論》：「河漢沍而不能寒」，《釋文》引向注：「沍，凍也」，《文選・思玄賦》：「清泉沍而不流」，舊注：「沍，凍也」，「凍」「沍」義通，故此連言之。又，《史記・封禪書》：「春以脯酒為歲祠，因泮凍，秋涸凍」，《集解》引服虔曰：「解凍」，《索隱》引小顏：「涸，讀與沍同，沍，凝也，春則解，秋則凝」，《漢書・五行志》上：「金鐵冰滯涸堅」，師古注：「涸，讀與沍同，沍，凝也」，《春秋左氏傳》曰：「固陰沍寒」(今十三經注疏本作「沍寒」)，可知水凝為冰，即是凍也，《太玄》難首首辭：「水凝地坼」，次二：「凍於冰瀆」，亦水凝而為冰凍之意。勤首承難首而言「凍沍」，其意一也。又，《太玄》八十一首分配於一年四季十二月，難、勤二首皆在冬季十一月、十二月間，亦天冷冰凍之時，故其辭皆言「凍沍」「冰坼」也。此皆可證當作「凍沍」。又，陰氣盛則為凍沍，故曰「太陰凍沍」，《集注》於此字無校語，知范本原亦作「沍」，今作「泫」者，當是「沍」之形訛。戁，吳秘曰：「悚懼也」。王涯曰：「戁恐」，范本《釋文》：「戁，慙也」。按：勤首之時，陰氣盛壯，故稱「太陰」，與「微陽」相對，何以有所悚懼、有所戁恐乃至慙也？諸家說非是。《爾雅・釋詁》：「戁，動也」，郭注：「戁，搖動貌」。陰氣盛故曰動也，動則創傷萬物，凍沍戁創，皆陰氣之動，故「戁」不得訓悚懼、訓恐、訓慙也。「膂」、「膂」當是一字異體，《集韻》：「膂，或從肉」，是其證。《方言》六：「踞、膂，力也，東齊曰踞，宋魯曰膂，膂，田力也」。此言「膂力於內」，義同《方言》，可證《太玄》原本當作「膂」

也。《集注》於此字無校語，則范本原亦作「篟」之證，後之抄手習見「箐」而希見「篟」，改寫作「箐」也。

初一：勤謀于心，否貞。

范望曰：水出於泉而流百川，晝夜不伏，實勞其心，故勤于心也。陰當降退，故否。陽正當（《大典》作出）上，故貞也。

司馬光曰：諸家無謀字，今從宋、陸本。王曰：處勤之初，而失位當夜，勤而不以其道者也。否貞，不正之謂也。光謂：一為思始而為勤勞，居勤家而當夜，故有是象。

葉子奇曰：以陰邪而居思始，是勤于心而不以其正也。夫思而已正，猶恐行之不能無邪，況思之以邪，寧復其行之有正哉？

陳本禮曰：水，夜。勤於心者，前欲助陽而濟物乎上，見陽弱於淵，遂又從元冥之令，而難物於冥冥，是其心否貞也。心雖勤而不正，故戁然也。

鄭維駒曰：坎為心，微陽方生之始，宜於勤矣。初時陰則所勤者非陽也，故曰否貞。

鈴木由次郎曰：十二月十二日，夜，水。勞心而勵，但其道不正。

文字校正：勤首初一：「勤謀於心，否貞」，測辭：「勤謀否貞，中不正也」（《集注》本），范本贊辭作「勤於心」，測辭作「勤否貞」，按：當作「勤於心」、「勤心否貞」。次四贊辭：「勤於力，放倍忘食」，測辭：「勤力忘食」，初一與次四文例一律，《太玄》多有此類，如羨首初一：「羨於初」，次二：「羨於微」，次三：「羨於塗」，銳首次四：「銳於時」，次六：「銳於醜」，次七：「銳於利」，交首次三：「交於木石」，次五：「交於鸚猩」，次七：「交於鳥鼠」，上九：「交於戰伐」，傒首初一：「冥賊傒天凶」，次二：「冥德傒天昌」，次六「傒福貞貞」，次七：「傒禍介介」，皆是文例一律而相對之文，復據《玄數》言之，一為下人，四為下祿，下人潛德勿用，故只得勤於心，下祿之人多有公務，故不得不勤於力，「勤於心」者，即謀也，似不當重復言之，測辭「勤力否貞」，當為贊辭之省，猶次四測辭「勤力忘食」，為其贊辭之省括，其所省括，初一、次四亦屬同例。今之范本測辭「勤」下脫去「心」字，「否貞」即「不貞」，《太玄》多有此語，如更首初一「冥化否貞」，彊首初一「彊中否貞」，迎首次五「黃乘否貞」，養首次二「墨養邪元函，否貞」之類皆是。《太玄》以「否貞」與「貞」對言，意謂「不貞」，范注於各首「否貞」皆曰「否」，又曰「貞」，分而釋之，既否又貞，殊為無理，不可從。

測曰：勤謀（原無謀）否貞，中不正也

范望曰：水唯赴下，無常正也。

次二：勞有恩，勤悾悾，君子有中。

范望曰：二，火也。子在母行，母氏勞苦，勞而不怨，慇懃之意也。悾悾，信慤之貌。君子信慤，故有中誠也。

司馬光曰：悾，音空。王曰：二得時（《大典》作位）當晝，得勤之道，勞而有思，勤不虛施者也。悾悾猶款款也。勤而款款，不倦其勤者也。又得君子之中道，則何咎悔之能及乎？光謂：中，衷情也。二為思中而當晝，君子盡忠於人，恩斯勤斯，至誠悾悾，非徒有於外者也。

葉子奇曰：二在思中，其德剛明，雖居勤勞而復恩勤，言其德力二者俱至也。彼雖悾悾然無知，君子未嘗不存諸心思有以覺之也。

陳本禮曰：火，晝。火在木世，能助陽之力，冥抵沍寒於外，故曰勞有恩勤也。悾悾，誠慤貌，狀萌孽初生雖蒙火力，然火由木生，是木之恩勤，勞而功者也。君子有中者，君子重其母並及其子，不肯沒其勞也。

鄭維駒曰：物藏之後，坎水養之於下，萬物之所歸，故有恩勤。坎一陽在中，故曰有中。言君子之誠慤出於中心也。

鈴木由次郎曰：十二月十三日，晝，斗十八度，火。悾悾，誠貌。勤勞而施恩澤于人，不倦于其勤勞。君子得中道。

測曰：勞有恩勤，有諸情也。

范望曰：恩勤之意，情有之也。

陳本禮曰：情，顧復之也。木火相生，如鬻子者，然《鴟鴞》之詩曰：恩斯勤斯，鬻子之閔斯，故曰有諸情也。

次三：羈角之吾，其泣呱呱，未得繈杖。

范望曰：吾者我也，我謂二也，二為三子，而見羈角，不忮不求，何用不臧？義不犯難，故泣呱呱也。幼者宜繈，老者宜杖，勤苦之家，故未得也。

司馬光曰：小宋本未得作未有，今從諸家。二宋、陸、范本扶皆作杖，今從王本。繈，居兩切。宋曰：羈角謂童幼也。王曰：男角女羈，孩子之飾也。吾者，吾吾然無所歸之貌。呱呱，泣聲。繈，抱，扶，持也。若孩童之吾吾而泣，不得長者抱持之，雖勤勞怨苦，終無所為（《大典》作歸），以諭三當勞苦之時，而失位當夜，無所復歸，故云然也。

林希逸曰：男角女羈，孩子之飾。吾者，吾吾然無（《大典》無下有所字）歸也。繦抱，扶持也。不得命者，不得活也。此孤弱而無歸者之喻。

葉子奇曰：三當勤世，勤於其事，不暇顧其子，故曰羈角之吾，其泣呱呱。然未得繦負與杖扶也。

陳本禮曰：木，夜。三為木，男羈女角，狀木初出土中，如稚子之在母懷也。之吾，兒童學語聲。呱呱泣者，此痛孺子嬰之被幽於四壁中，雖阿乳母尚不得與語，何能訥訥望父母之繦負之耶？

俞樾曰：羈角之吾，吾當讀為牙，《後漢書・崔駰傳》注：童牙謂幼小也，是其義也。牙吾古同聲，故得通用，猶騶吾之或為騶牙矣。《管子・海王》篇：吾子食鹽二升少半，尹注曰：吾子謂小男小女也。與此吾字義同。王曰：吾者，吾吾然無所歸之貌，此未得其義而曲為之說。

鄭維駒曰：吾通作童，《管子》：吾子食鹽二升少半，注：吾子謂小男小女也。《內則》：男角女羈謂髻也。互艮為童，故稱吾，坎為涕洟，故泣。童子之生賴於鞠育，乃未得襁負扶持，則是穉陽不能生也。

鈴木由次郎曰：十二月十三日，夜，木。羈角，幼童。本為男女頭髮之形，角，《禮記・內則》「男角女羈」，疏：「兩旁當角之處，留髮不剪。」羈，《內則》注：「午達曰羈」，疏：「一縱一横曰午，今女剪髮，留其頂上縱横各一，交相通達，故云午達。」吾，幼兒即學語之聲。襁扶，扶通負，背負小兒。剛剛學語的小兒呱呱而泣，誰也不抱他背他。喻勞而無報。

文字校正：勤首次三：「羈角之吾，其泣呱呱，未得繦杖」（范本），《集注》本「杖」作「扶」，按：當作「扶」，扶、吾、呱協韻，可為證。此贊之辭蓋言孩童力弱，需長者扶養，故曰「繦扶」也，范注：「幼者宜繦，老者宜杖」，以為老者之事，然與贊辭「羈角」、「呱呱」之意不合，知其非是。

測曰：羈角之吾，不得命也。

范望曰：更相羈角，不得尊者之命也。

陳本禮曰：我生不辰，命也，如之何。

次四：勤于力，放倍忘食，大人有克。

范望曰：克，勝也。四為公侯而在勤家，故勤其力。放心倍意，忘食奉時，雖大人者亦不能勝也。

司馬光曰：范本陪作倍，今從諸家。宋、陸本德作得，今從范、王、小宋本。放，甫罔切。王曰：勤道轉盛而得位當晝，不失其宜。是當勤難之時，而能勤其力，放乎陪隸之事，而忘其祿食之報，有大人之德乃能（《大典》能下有用字）之，以至於成功也。光謂：四為下祿而當晝，故有是象。

葉子奇曰：放，上聲。放，比也。四為公侯而當勤世，能勤于力，比於眾人，加倍而復忘其食，是其事君，敬其事而後其食，此惟有大人之德，始克能之。

陳本禮曰：金，晝。

鄭維駒曰：《左傳》：獄之放紛，謂獄事放縱紛繁也。放倍或即事繁之意。四為下祿，故曰食。大人者萬物之所歸也。勤力至於忘食，惟大人能之矣。

鈴木由次郎曰：十二月十四日，晝，斗十九度，金。倍，加，益。放通倣，倣倍，倣效群臣愈益用力而自己也努力。勤於國政，群臣愈益用力，倣效於此，自己也至於拼命努力而忘食，此始有可能成為有德之大人。

文字校正：勤首次四：「勤於力，放倍忘食，大人有克」，測辭：「勤力忘食，大人德也」（范注本），《集注》本「放倍」作「放陪」，范注：「放心倍意，忘食奉時」，王涯曰：「放乎陪隸之事，而忘其祿食之報」。按：二說「放倍」與「忘食」無涉，故非。放者，棄也，置也，《小爾雅・廣言》：「放，棄也」。《論語・微子》：「隱居放言」，《集解》引包注：「放，置也」，《廣雅・釋詁》四：「放，置也」。陪謂陪鼎，《左》昭五年傳：「飧有陪鼎」，陪鼎亦稱羞鼎，《儀禮・聘禮》：「羞鼎三」，鄭注：「羞鼎則陪鼎也」，以其實言之則曰「羞」，以其陳言之則曰「陪」。《左》昭五年傳杜注：「熟食為飧」，陪鼎、羞鼎皆盛飧之器，然則陪鼎、羞鼎亦可為飧之代名也，是古文以其器代其實之例。陪則陪鼎之省，「放陪忘食」，蓋謂置飧而不食也，猶後世所謂廢寢忘食，此言「勤於力」之甚，次四為下祿，故曰「勤於力」，勤之次四辭例當休，故曰「放陪忘食，大人有克」，意謂其勤而至於廢寢忘食，終能去下祿而至大人之位也。「大人有克」，克謂能也，范注訓克為勝，非是。測辭：「勤力忘食，大人德也」，亦為此意，謂有大人之德也。次六：「勤有成功，幾於天」，則正承此而言也。四、六之辭，遙相呼應，文意一脈相承也。

測曰：勤力忘食，大人德也。

范望曰：人生在勤，以成大人之美德也。

次五：狂（原作往）蹇蹇，禍邇福遠。

范望曰：五為天位，蹇蹇，平直也。家性為勤，念相勤邮，六水近五，見克為禍，故禍近也。七生於金，故福遠也。

司馬光曰：宋、陸、范本狂作往，今從王、小宋本。王曰：五居盛位而失位當夜，勤而大失其宜，故象狂而蹇蹇，宜其遠福而近禍矣。

葉子奇曰：以陰弱而當尊，在坎陷之世，不能以有為，以此時而往，徒有蹇蹇而已，不惟不足以有成，將恐禍近而福遠也。

陳本禮曰：土，夜。五在木世，受木之克，故往而蹇蹇也。《易》之蹇曰：蹇難也，險在前也。五在勤世，不宜有為，往而涉險，故禍邇而福遠也。

鄭維駒曰：蹇，險在前也，習坎重險，故蹇蹇。五時陰，處重險之中，不來復而往蹇蹇，是邇於坤之禍而遠於乾之福也。

鈴木由次郎曰：十二月十四日，夜，土。蹇蹇，困難貌。往險阻而困惱。禍近而福遠。

文字校正：勤首次五：「往蹇蹇，禍邇福遠」，測辭：「往之蹇蹇，遠乎福也」（范本），其注曰：「蹇蹇，平直也」。《集注》本「往」作「狂」，「蹇蹇」之義無說，按：范本訛也，注亦非是，若謂往而平直，則不得言禍邇福遠、遠乎福也，當作「狂」，「狂」與「往」形近而訛，小篆「狂」字從犬、㞷聲，「往」字從彳、㞷聲，形近易訛。《書・微子》：「其發出狂」，《史記・宋微子世家》作「其發出往」，是其例也。《漢書・淮南厲王長傳》：「驕蹇數不奉法」，注：「蹇謂不順也」，《循吏傳》：「蹇蹇亡已」，注：「蹇蹇，不阿順之意也」，《說文》：「蹇，跛也」，《呂覽・別類》：「合而淖則為蹇」，注：「蹇，彊也」，《方言》六：「蹇，妯也，擾也，人不靜曰妯，秦晉曰蹇」，跛而彊，故有不呈之義，不順不靜，故有狂擾之義，然則蹇蹇謂狂擾不順也。「狂而蹇蹇」，故禍邇福遠、遠乎福也，文意亦暢通無礙，可無疑也。

測曰：狂（原作往）之蹇蹇，遠乎福也。

范望曰：言所福者，遠在九也。

次六：勤有成功，幾于天。

范望曰：六為宗廟，下之所奉，勤苦之世，故有成功。功成身退，近得天福，故幾于天也。

司馬光曰：宋、陸、王本作天夾（《大典》作來）也，宋曰：夾，近也。近之所以禍（《大典》作福）也。陸曰：夾者，洽也。小宋本作天所夾輔，今從范本。王曰：六居盛位而得位當晝，故曰勤有成功。幾，近也。

葉子奇曰：六以剛明，故勤則有成，由其行合于天之道也。

陳本禮曰：水，晝。六，君也。大君勤於政事，自強不息，法天之健，故其成功幾與天合其德也。

鄭維駒曰：天一生水，地六成水，是坎之功成也。以地成天，故幾於天。

鈴木由次郎曰：十二月十五日，晝，斗二十度，水。勤勞於政治，其恩澤加於四海之人民。誠近於與天同其德。

測曰：勤有成功，天所來輔也。

范望曰：天之所助，來賢輔也。

葉子奇曰：先天而天弗違也。

陳本禮曰：君能不倦於勤，則四海蒼生咸被其澤，故能得天之佑助也。

文字校正：勤首次六測辭：「勤有成功，天所來輔也」（范注本），盧校：「司馬本『來』作『求』，何焯云：『輔』當作『弼』。」《道藏》本作「求」，嘉慶本作「來」，宋、陸本作「天夾也」，宋惟幹本作「天所夾輔」，按：當作「天所來輔也」，「輔」與次五「福」字為韻，可為證。《集注》：「今從范本」，是《集注》本當作「來輔」，今《道藏》本訛「求」，以「來」與「求」字形近而易訛也。《書・呂刑》：「惟貨惟來」，《釋文》：「馬本作『求』」，是其例也。《一切經音義》十二引《蒼頡》：「夾，輔也」，夾、輔義通，或即據此而作「夾」，實非。《儀禮・既夕》：「圉人左牽也」，注：「在左右曰夾」，《詩・旄丘》：「序使伯佐牧」，《正義》：「夾輔者左右之辭也」，一左一右曰夾，故《穆天子傳》曰：「左右夾佩」，注：「夾佩，左右兩佩」，《釋名・釋宮室》：「夾室，在堂兩頭，故曰夾也」。左右為夾，然則夾輔當謂主上左右之輔臣也，六為上祿，天為至高無上者，必不可為上祿者左右之夾輔也，以此知必不當作「夾」也，《儀禮・特牲饋食禮》：「來女孝孫」，《釋文》：「來，賜也」。勤有成功，天所來輔，蓋謂其所以成功者，乃天所賜、天所助之也，天之助，即天之所賜。

次七：勞牽，不其鼻，于尾，弊。

范望曰：七為繩，故牽也。午為馬，馬，牛之類也。牽牛不其鼻而尾者，故勞弊也。

司馬光曰：范曰：牽牛不其鼻而尾，故勞弊也。光謂：七為索、為繩，又為失志，而當夜，故有是象。

林希逸曰：牽牛徒勞，不以鼻而以尾，（《大典》自上有徒字）自弊也。此操持失理者之喻。

葉子奇曰：七過時而失志，故其制人處事，不得其道，如牛馬之類，牽之不於其鼻，乃於其尾，寧無自及之禍哉？所以弊也。

陳本禮曰：火，夜。

鄭維駒曰：互艮為鼻，坎為後為臀，故曰尾。艮為手，故牽。微陽之生，當引其端，畜牽其鼻，然後能行，若不得其鼻而牽於尾，亦徒勞而困矣。

鈴木由次郎曰：十二月十五日，夜，火。牽牛而引以至骨折。這是因為不牽牛鼻而牽牛尾。疲勞而不合理。劉按他訓弊為疲。

測曰：勞牽之弊，其道逆也。

范望曰：舍鼻取尾，故逆也。

次八：勞踖踖，心爽，蒙柴不卻。

范望曰：踖踖，慙媿貌也。爽，差也。八為疾瘀，年老抱疾，故有慙也。老木稱柴，心雖差貳（《大典》作忒），蒙柴自終，不貳（《大典》作忒）也。

章詧曰：八晝，君子也，在勤之世，踖踖然勞苦以自勵，中心爽悟，其德不渝，雖謂豺狼之暴，亦不卻退也，故測曰躬殉國也。柴，豺，爽，悟也。

司馬光曰：踖，吳：資昔切，小宋：音鵲。

葉子奇曰：踖，七爵切。踖踖，勞貌。蒙柴，謂蒙冒柴木之中，言其所行勞甚也。八居禍中能盡其勞而踖踖然，其心之精爽，惟在于勤王，雖冒艱阻，曾無退卻之心也。

陳本禮曰：木，晝。踖踖，勞貌。《詩・執爨》：踖踖此公卿，祭於宗廟，君婦執爨，以為燔炙也。八為老木，故稱柴。爽，明，蒙，被也。木既老，乃勞王君之婦，躬親執我燔炙牲醴以禮神，則我之心亦甘為柴而不卻也。

孫澍曰：踖踖，《爾雅・釋言》：敏也，《詩》執爨踖踖是也。柴，塞也。卻，止也。君子丁國危之時，殺身成仁，捨生取義，以身殉國，其心爽如白日，雖有蒙塞，不自退止，諸葛武侯死而後已，此之謂也。《易》曰：王臣蹇蹇，匪躬之故。

鄭維駒曰：坎為叢棘，為蒺藜，八為木，故曰柴。踖踖，敏也。勞踖踖，夙夜匪懈也。心亨故爽，身困故蒙，柴食焉不避其難，故不卻也。八在禍中，故云然。

鈴木由次郎曰：十二月十六日，晝，斗二十一度，木。踖踖，愧於心之貌。柴，次八為老木，故稱柴。年老抱疾而勞於國政，有愧於心，反於心，但甘為柴（老木）而盡心於國事。

測曰：勞踖踖，躬殉國也。

范望曰：殉，衛也。勤力之家，以身衛國也。

陳本禮曰：得正命而死，是亦可以報國矣。此子雲暮年見兵戈滿眼，世道孔亟，故懼而作此想也。

鄭維駒曰：禍與險遘，故君子殉國難也。

文字校正：勤首次八測辭：「勞踖踖，躬殉國也」（范本），《道藏》本作「勞踖其心，躬殉國也」，嘉慶本與范本同，按：當從范本，贊辭各本皆作「勞踖踖」，可為證。且「踖踖」二字重文，亦不當分之，《集注》本中惟《道藏》本作「勞踖其心」，恐為抄者筆誤所致，次八之勞，謂勞其身，以致殺身以殉國，非謂勞其心，躬殉國，可為證。且言「殉」者，必謂身也，無以心為殉者，可知不當言「勞踖其心」也。范注：「踖踖，慚愧貌」，未得《玄》意。《爾雅·釋訓》：「踖踖，敏也」。此言「勞踖踖」，蓋謂其敏於勤勞也。《玄錯》：「勤蹶蹶」，《爾雅·釋訓》：「蹶蹶，敏也」，《詩·蟋蟀》：「良士蹶蹶」，毛《傳》：「動而敏於事」，蹶蹶、踖踖，一聲之轉，皆謂敏也，彼「勤蹶蹶」，即此「勞踖踖」也（勤與勞亦相對）。

上九：其勤其勤，抱車入淵，負舟上山。

范望曰：家性為勤，九為之終，終於勤苦之事，舟反上山，車反入淵，反覆之難，故重其勤也。

司馬光曰：王曰：九居亢極之地，而又失時當夜，勤而不以其道者也。

葉子奇曰：九居勤之極，時不可以有為，重言豈其勤哉，徒費其勤，不得其道，雖復疲弊，復何補哉。

陳本禮曰：金，夜。

孫澍曰：車入淵，舟上山，言其用力勤而致功難也。

鄭維駒曰：坎為車為眚，在木行，木行於水，故曰舟。互艮稱山，艮為手，故抱。為背，故負。陸宜乎車而抱之入淵，水宜舟而負之上山，是勤非其道也。

鈴木由次郎曰：十二月十六日，夜，金。勤勞又勤勞，如同抱車入淵，負舟上山一樣，勞而無功。

測曰：其勤其勤，勞不得也。

范望曰：車淵舟山，不得其所之也。

陳本禮曰：車淵舟山，勞而無功，此為勤心否貞者，作夢醒時指點語也。

鄭維駒曰：言勤勞不得其道也。

養

䷿ 養：陰弸于野，陽蘁萬物，赤之于下。

范望曰：三方三州三部三家。人玄，陽家，九金，上上，象頤卦。行屬於金，謂之養者，言是時陰氣盛極，陽氣隱藏淵深，萬物之根荄，使皆芽赤（《大典》作蘖）於地下，養長使出，故謂之養。養之初一，日入斗宿二十二度。

司馬光曰：陽家，金，準頤。九之末，天度氣餘，猶有六分（《大典》作六十分，據下文所說當是六十）二十四秒，踦當四十分十六秒，贏當二十分八秒。宋、陸本弸作（弓台），王本作殆，小宋赤作殷，今皆從范本。（弓台）字字書無之，弸，蒲萌切。蘁，陳：吳侯切，吳：音敷。宋曰：盛極稱（弓台）（《大典》作弸）。蘁，隱也。物之初生，其色赤。謂是時陰氣盛極於田野，故陽隱藏萬物，赤之於下。陸曰：蘁，讀與漚菅之漚同。言陽養漚萬物之根，使皆赤也。光謂：弸者，滿也。

陳仁子曰：養者處陽氣將復之會，而不可無所蓄也。盈天地間物未有無所養而遽長者，易云七日來復，陽無間斷之時，亦無驟生之理，特貴善養之而已。苟得其養，無物不長，是以《易》之頤以震動于下，艮止于上，而觀其所養。《玄》之養以陰弸于野，陽冥於內，而亦貴於自養。《玄經》曰：養受群餘，君子養吉，小人養凶，而又曰：養自茲，然則養之功，其關係豈小哉？

鄭氏曰：弸，蒲萌切，滿也。蘁，《集韻》：匈于切，引《太玄》陽蘁萬物，云：煦也。范讀作嫗，注云：陽氣隱藏淵深，萬物之根荄皆芽赤於地下，是嫗養之義也。《集韻》之說，與注雖異，理亦通也。舊說為茎，草名，則其乖疏甚矣。

胡一桂曰：陽主動，動則蘁於外，陰主靜，靜則弸諸內。一內一外，交養而萬物紐牙焉。《漢志》：辰在丑謂之赤奮。養擬頤，人元，陽家，九，金，上上，日在斗二十二。

葉子奇曰：𪗆音冰。藘音邱。𪗆，滿也。藘，萌也。赤，陽色。養之初一，日入斗宿二十二度。

陳本禮曰：陽家，九，金，上上，卦準頤。《傳》：此時陽既冒土欲出，陽不能固，故外𪗆於野也。藘者，陽氣融和，煦育萬物，如雞抱卵。赤者，胞胎初生，含乾元大赤之氣，故色皆變而為赤也。

孫澍曰：準頤，君子以孚德既天下而民從之。藘，煦煦也。

鄭維駒曰：𪗆，滿也。陰滿於外，陽氣煦育於下，北方方伯為坎，坎為赤，十一月物在地下，其色赤，故周尚赤也。行屬金，金生水，時坎方用事，養萬物者天一之水也。故贊中多取坎象。坎為赤。

鈴木由次郎曰：第八十一首，陽，九金，三方三州三部三家。𪗆，滿。藘通煦，暖而育，煦育。赤之於下，胎兒初生含乾元大赤之氣，色皆變赤。陰氣盛而滿於田野，陽氣暖育萬物之根，在於下而使之變赤。

初一：藏心于淵，美厥靈根。

范望曰：美，茂也。水最在下，故為淵。靈根，道德也。家性為養，養神於淵，道德彌盛，故茂（《大典》有美字）也。

章詧曰：一晝，為水為思內，君子之人，在養之世，養神求志，其樂也內，故藏心于淵。（此處原有嘿也二字，疑衍）。靈根謂神志也。神志為五常之根本，神用無窮，故稱靈根。全其浩養，日積茂美，故測曰神不外也。

司馬光曰：小宋本美厥靈根作芙厥靈元，今從諸家。光謂：一為思下，存神固本，所以養生。

林希逸曰：淵，深靜也。藏心於深靜，以自養其性，則美矣。靈根，性也。

胡一桂曰：淵虛而靜，初一之水，藏心于淵，則神不外。精，精之養神，美厥靈根，夫是之謂善養。

葉子奇曰：淵謂靜深也。靈根，善本也。一初養始，養心之要，莫若存之於靜深之中，以致其涵養之功，培之於本原之地，以致其靈美之效，蓋必使之大本立而用有以行也。按《法言》：或問神，曰：心。請問天。曰：潛天而天，潛地而地，天地神明而不測者也。蓋言人心之妙，惟在所潛而已矣，語實相發。揚子此語，於存養之功至為精密，後世養生家為說雖多，不能出于此矣。

陳本禮曰：水，晝。淵，深靜也。靈根，善本也。養心之要在涵養於深靜之中，而致謹於宥密之地。神不外馳，故功益密矣。此與中首陽氣潛萌於黃宮語意相應。然中首屬水，養首屬金，金生水，一亦水，故曰藏心於淵，美厥靈根也。

鄭維駒曰：初為水，坎為心，水藏於下，故藏心於淵。木滋於水，坎為美，故美厥靈根。

鈴木由次郎曰：十二月十七日，晝，斗二十二度，水，荔挺出。靈根，道德。置心於深靜之處而養之，則道德成為優秀。

測曰：藏心于淵，神不外也。

范望曰：在於淵中，故不外也。

次二：墨養邪，元函否貞。

范望曰：貞，正也。元，始也。函，容也。二者陰位，故稱墨也。火在金行，恐見克害，故言養邪。始見容載，故貞終也。不相讓，故否也。

司馬光曰：范本匪作否，今從二宋、陸、王本。吳曰：墨與默同。函，胡男切。王曰：失位當夜，失養之宜，默然養其邪僻之道。光謂：元，始也。二為思中而當夜，小人之惡雖未著於言行，養其邪端，內含非正，終不能入於君子之塗。

林希逸曰：墨與默同。元，始也。函，心中含養之地也。隱默之中，養其邪思，則用心之始已匪正矣。

胡一桂曰：二逢夜，況之墨陰火也。

葉子奇曰：墨，默也。元，大也。函，包也。二以陰戾，故默存於邪心而大包於不正之道，此小人誠於惡者。

陳本禮曰：火，夜。二逢夜陰，故稱墨。火伏金中，金受火克，故曰養邪。元，始也。函，容也。始見包容，終相克害，故否貞也。

鄭維駒曰：黑，暗昧之謂。二，夜人，故稱墨。陽始為元，二當養正而養邪，是始涵不正無以養微陽矣。

吳汝綸曰：小宋、司馬皆以邪元作句。否，不也。否，宋陸本作匪。

鈴木由次郎曰：十二月十七日，夜，火。函，容。默默而養邪僻，自初就包含不正。

測曰：墨養邪，中心敗也。

范望曰：邪於中，故心敗也。

鄭維駒曰：微陽不生，故敗。

次三：糞以肥丘，育厥根荄。

范望曰：三，木也。火生土，故三為肥丘。木生肥丘，根荄見育，猶君子以義化人，人得以如草本之生肥丘也。

司馬光曰：荄，古哀切。王曰：得位當晝，善於養道，故象糞於肥丘之上，以育草木之根荄，則其滋茂蕃昌，可立而待矣。

葉子奇曰：言種其德也。與闕首次四贊臭肥滅鼻利美貞義同。

陳本禮曰：木，晝。三在金世，理當相克，然以陽明而在養世，得二火之助，反克金以生土，如以糞肥邱園育厥根荄也。

鄭維駒曰：上艮象頤，互坤，坤積土而為上，糞以肥之則資之深，而木之根荄育矣。

鈴木由次郎曰：十二月十八日，晝，斗二十三度，木。糞，肥料。根荄，草木之根，荄亦根。施肥料使丘肥沃，以養育草木之根。

測曰：糞以肥丘，中光大也。

范望曰：民蒙君化，故光大也。

陳本禮曰：根之茂者其實遂，故光大也。

鄭維駒曰：艮輝於外，由光大於外也。

次四：燕食扁扁，其志傴傴，利用征賈。

范望曰：四為公侯之位，陽家之陰，又稱小人，小人而居大位，不能以正，扁扁若燕，既飛且食，或得或失，傴傴然也。兌為口舌，故利行賈，明非王臣，王臣尚蹇蹇然也。

司馬光曰：小宋本在作有，今從諸家。扁，音徧（《大典》作篇）。傴傴，居螻切。賈，音古。宋曰：賴，利也。光謂：四為下祿而當夜，小人得位，志在求利以自養，如燕之飛，扁扁然獵（《大典》作傴）食而已，此乃行賈之道耳。

林希逸曰：扁扁即翩翩也，音篇。傴傴，求利貌。賴，利也。小人求利，如燕之飛，欲但攫食而已，此賈者之事。

葉子奇曰：傴，居遇切。既飛且食曰燕食，扁扁，飛貌。傴傴，得此而復望彼貌。四以陰邪而居公侯之位，食君之祿，復營私利，如燕之扁扁然，既飛且食，其志復然得此而復望於彼，如《孟子》謂子叔疑登隴斷者之所為，實賤丈夫之態，非君子之所行，惟利用於征商耳。

陳本禮曰：金，夜。僾同攫。賈音古。扁扁，飛食自得貌。僾，以爪撲而取之也。四以陰邪而居公侯之位，食君之祿，而猶復攫人之食，此其志不在養而在於奪也。此關吏壟斷征商者之所為，非君子之行也。

孫澍曰：攫音矍，《說文》：爪持也，執也，《增韻》：撲取也。

鄭維駒曰：燕同宴，安也，息也。扁，卑也。僾當同矍，矍，《說文》：隹欲逸走也，從又，持之矍矍也。是僾僾者有恐其失之意，安息而食卑，卑之人不養以正，其志急欲得利，利何從生哉？惟用以征賈可矣。漢世桑、孔似之。

鈴木由次郎曰：十二月十八日，夜，金。扁扁，同翩翩，疾飛貌。僾僾，同攫攫，以爪取物。燕疾飛而獵餌，其志在於貪求取利。此為行商之為，而非君子之道。

測曰：燕食扁扁，志在賴也。

范望曰：賴，利也。志在於利欲也。

胡一桂曰：志之所賴，捨五而何。

葉子奇曰：賴，利也。

次五：黃心在腹，白骨生肉，孚德不復。

范望曰：五為天位，多包稱腹，在中為黃，陽為白骨能生肉也，信不復也。

司馬光曰：范本上德作上得，今從諸家。宋曰：言上德如天施也。光謂：黃，中也。骨，枯槁之物也。孚，信之洽者也。五為福中而當晝，為養之主，允執其中，以養天下，雖白骨可以生肉，況於人乎？況於鳥獸草木乎？其德如天，雲行雨施，洽乎四方，萬物不可德之而報復也。

胡一桂曰：黃心在腹，指五。白骨生肉，指四。黃，土色，心，土之體，而腹者心之宅。白，金色，骨，金之形，而肉者骨之外捍。君子為可信而已，不求人之必信，宜其上得天助也。

葉子奇曰：黃心在腹，腹以養心也。白骨生肉，肉以養骨也。此言凡物皆得其養也。五以陽明，中正之君以道濟人，是以天下莫不得其所養，故其德之所孚，人莫不服，豈俟于再也。

陳本禮曰：土，晝。此刺莽也。黃心在腹，則心不可以外求，白骨生肉，則肉由骨生。孚德不復，則人當修德以感天。莽世受漢家豢養之德，苟有良心者，當亟思感恩圖報，乃乘時利便，奪取其國，此正太皇太后所謂不復顧恩義，狗豬不食其餘者也。

鄭維駒曰：互坤為腹，黃心在腹，土中養育萬物也。坤死喪，故稱白骨。白骨生肉，陽復生也。五為土，以孚萬物為德，而物不知所報，故言不復。

鈴木由次郎曰：十二月十九日，晝，斗二十四度，土。黃心，心執中德。黃，中之色。孚，誠。允執其中，養天下之民。恩德及於鳥獸草木，使白骨也重新生肉。此洪大之德無以報答。

測曰：黃心在腹，上得天也。

范望曰：君而黃心，黃中通理，得天之心也。

鄭維駒曰：坤順承天，得天之陽而後能生也。

文字校正：養首次五測辭：「黃心在腹，上德天也」(《集注》本)，范本「德」作「得」，按：范本是，當作「得」。「上得天」，猶言得上天之助，意同勤次六測辭「天所來輔」，養首次五贊辭：「黃心在腹，白骨生肉」，得天之助，白骨亦得生肉，非天莫有此功，意亦貫通，養首次五乃養之最吉者，故得白骨生肉，是為養之極，若非得天之助，何以至此？若作「德天」，則意不合，不如作「得天」於義為長。《集注》本作「德」者，蓋涉贊辭「孚德不復」之「德」而誤也。

次六：次次，一日三餽，祇牛之兆，肥不利。

范望曰：六為宗廟，次次，次睢不安之貌也。祭祀之事，惟竦惟懼，猶不可數，數則致瀆，瀆則不敬。家性為養，雖當養神，一日三餽，猶為數也。是養牛之肥，卜之已兆，無所利也。

司馬光曰：王本無次次字，小宋本作沉沉睢睢，又曰：肥沒身也。今從宋、陸、范本。吳曰：次與趑同，音咨。范曰：次次，不安之貌。已卜之牛，待肥則用，故無身也。陸曰：六居過滿，失位當夜，養之太過而不得其宜者也。故象一日三餽，以豐其食。若神祇郊廟之牛，芻秣過常，已應卜郊之兆。然而體益肥，則益不利於身矣。光謂：六為上祿而當夜，故有是象。

林希逸曰：次與趑同，音咨，不安之貌。祇，神祇也。祭祀之牛，卜既得兆，一日而三飼之，肥則烹矣。此以利自禍者之喻。

胡一桂曰：六為宗廟，一日三餽，祭之數也瀆矣。牛兆肥不利，卜牲也。肥無身者，物雖厚，不誠其身耳。

葉子奇曰：次音咨。次次，猶孜孜為利之孜。餽，生牲也。祇，神祇也。六居福盛，陰而不中，專利無厭，次次然厚奉其身，一日致享三牲之餽，酣于豢養而不知其為身之禍。譬之祭神之牛，已得卜兆，雖飫于芻豆以肥其身，而不知其死之將及也。《莊子》所謂雖欲為孤犢，豈可得乎？世之嗜富貴而蹈危機者多矣，可不自省哉！

陳本禮曰：水，夜。次同孜。

鄭維駒曰：鍾惺曰：犧牛衣文繡，食芻菽，及入太廟，求為孤犢不可得，即此義。補：坤為地為牛，祭地之神故為祇牛。牛養而肥，牛之利也。然一日三饋，屢問之卜兆，是牛以肥而反不利矣。

鈴木由次郎曰：十二月十九日，夜，水。次次，同孜孜。饋，犧牲。三饋，牛羊豕。祇牛，供於神的牛。祇，神祇。孜孜厚養其身，日饗牛羊豕三牲，不知其身之禍。正如牛為犧牲供品，飽食之而身肥，然而不久就被殺而成為供品。

測曰：次次之饋，肥無身也。

范望曰：已卜之牛，待肥則用，故無身也。

陳本禮曰：知其肢解臠分之惡劫不遠也。

鄭維駒曰：肥身而無身，為自肥者戒也。

次七：小子牽象，婦人徽猛，君子養病。

范望曰：小子謂六也。婦人謂四也。五為中，六牽之也，三為虎而四在前，故徽墨（《大典》作纆）之也。故七為君子，六四勞病，故七養之。馳騁發狂，故病也。

司馬光曰：宋、陸本徽作微，今從諸家。王曰：七居過滿之地，理近於危，然得位當晝，君子處之則吉，小人婦人處之則凶。若小子牽象，力不服制，必有顛危之患。惟君子知時之極，以道養其病，乃可以得終吉焉。一吉一凶，二道相反，故曰不相因也。光謂：徽，大索，謂縻縶也。猛，猛獸也。七為敗損、為禍階，故曰病。時當晝，故為君子。養之太過，福極禍來，小人不量其力，尚欲固其所養。君子知時，與之消息，如養病然，故無咎也。

胡一桂曰：小子婦人牽象徽猛，柔弱勝剛彊之意。中養不中，才養不才，病者君子養之，測貴革而不因。

葉子奇曰：徽，索也。以小子牽象，以婦人徽猛，是以至弱繫至剛，至柔馭至暴，言不勝其任也。七過時入禍，小人任事，而君子引避焉，故養於病也。

陳本禮曰：火，晝。火在金世，有克金之象。小子，稚陽也，雖赤根於下，已具有牽象之勢。婦人，老陰也。雖土弸於野，尚欲恃力以制猛出之陽。是時天下州郡兵起，莽猶鑄威斗以勝猛，可謂愚矣。君子養病者，漸臺之誅，莽將授首，君子不肯與其難，故托言養病，欲以引避之耳。

鄭維駒曰：在金行，金類為毛，故稱象稱猛。徽猛，以三股之徽系猛獸也。小子艮象，互坤，故稱婦人。小子牽象，婦人徽猛，妄之甚也。君子當戰乾之後，勞坎之中，有心病焉。止而養之，不亟亟於為，將以大有為也。

鈴木由次郎曰：十二月二十日，晝，斗二十五度，火。徽，大索，以索繫之。次七為過滿之位，近於危。但得位而當晝，君子處此而吉。小人婦人處此則凶。小儿牽象，婦人索繫猛獸。其力不足，必有顛危之患。如君子養病，量己之力而不過分而行。

測曰：牽象養病，不相因也。

范望曰：小子婦人，各不相因緣也。

葉子奇曰：不相因，小人進則君子退也。

陳本禮曰：不相因，謂各行其志也。莽自篡弒以來，歲歷一紀，人事幾更，天道幾改，數窮理極，雄恐不能目擊其敗，惟冀養病，自壽以俟。《太玄》早成，藏之名山，以垂不朽，雖無補於世，然較之獻符命以求榮寵者，其事固迥不相因也。

鄭維駒曰：動妄靜養，不相為謀也。

次八：鯁不脫，毒疾發，鬼上壟。

范望曰：八為疾瘀，小人居之，故有鯁害不脫之疾。鯁而不脫，故毒發也。木近於金，當見克害。害人為鬼，故鬼上壟也。

司馬光曰：八為禍中而當夜，小人固養不已，如骨鯁在咽，不能自脫，以致大禍。如毒疾之發，而不可救藥也。

胡一桂曰：禍福無不自已求之者。

葉子奇曰：鯁，骨刺也。八居剝落，禍之將極，惟得疾死，埋而已，何能救哉？

陳本禮曰：木，夜。史稱莽末年見軍師外破，大臣內畔，憂懣不能食亶飲酒，啗鰒魚而已。鯁不脫，毒疾發，則死期近矣。

鄭維駒曰：八木屬巽，巽為魚，故言鯁。坎為毒為疾為鬼，壟，艮山象，口食不謹，骨或鯁之，鯁之久則毒發而為鬼，此養不正之凶也。

鈴木由次郎曰：十二月二十日，夜，木。鯁，魚骨。鬼上壟，指人死。人死曰鬼。壟，丘。《禮記・祭義》曰：「眾生必死，死必歸土，此之謂鬼。」魚骨卡於喉而不能拔，毒疾發作，近於死期。

測曰：鯁疾之發，歸于墳也。

范望曰：疫發鬼見，故歸于墳也。

陳本禮曰：子雲極知陰陽之數，故能預知之明如此，記於養首之末，以為日後之驗也。

上九：星如歲如，復繼之初。

范望曰：九為金石之精，上為星宿，星宿之相次，如歲月之相襲，新故相易，周而復始，後嗣之君，復為之初，初為故也。先後相傳，終始相扶，以道相養，轉相迎致，百世不遷，《玄》之道也。

司馬光曰：范本作終始養，今從宋、陸、王本。養之上九，居首贊之末，日窮於次，月窮於紀，星回於天，歲將更始。以終養始，以初繼末，循環無端，此天道之所以無窮也。

胡一桂曰：《月令》：星曰于天，歲將幾終之謂。復繼之初，《易》言窮則變，變則通，終則有始，大行也。

葉子奇曰：《玄》以二贊當一日，九贊當四日半，七百二十九贊當一歲三百六十四日半，至此星周歲終，復繼於始之中首也。

陳本禮曰：金，晝。星如歲如，二如字見《太玄》托始之義。是月也，日窮於次，月窮於紀，星回於天，歲將更始。復繼之初者，見天道之無窮，世運將復起，言外見莽死後，漢室山河，固依然若漢之初也。

鄭維駒曰：止而養之，然後一陽復動，如歲星之偕行而復其初，貞下起元，與《易》同義，此《玄》之所以作也。

鈴木由次郎曰：十二月二十一日，晝，斗二十六度半，金。日月星運行窮盡，歲又重新開始。終以養始，以初繼末，循環無端，天道無窮。

測曰：星如歲如，終始養也。

范望曰：終始相養，不相越失也。

陳本禮曰：天道終則又始，養者言天未絕漢，必將陰佑，默相待其中興，若養之者然。《詩》云：保佑命之，自天申之，此養字之義也。一部《太玄》此為結穴。從成首起，至養首止，人玄之三九九首，終。

鄭維駒曰：《玄》終以養，終則有始也。

文字校正：養首上九測辭：「星如歳如，終始養也」（范本），《集注》本作「終養始也」，按：當從《集注》本。范注：「終始相養，不相越失也」。亦終養始、始養終之意，若作「終始養也」，則與注意不合，是范本原文亦作「終養始也」之證。又，贊辭：「星如歳如，復繼之初」，養首為《太玄》八十一首之終，上九又為養首之終，是為終之終也，《太玄》八十一首終則復始，迴圈周還，養首之後又從中首開始，此即象歳時之周還迴圈而行，故曰「復繼之初」也。「終養始」者，亦終中含始之意，與「復繼之初」文意相符，且合《太玄》之例，若作「終始養也」，則全失其意，不知何所云矣。

踦贊一

踦贊一：凍登赤天，晏入玄泉。

范望曰：踦贊，屬水，象閏。一，水也，而次於九者，金所生也。言玄道相襲，不常所終而已，故益之以水火嬴歳（《大典》作盛）之數，故有二贊。凍，至寒也，而天至高也，晏，至熱也，而泉至深也。以井中之凍，知天日之熱，以卑知高，氣應然也。水王於天，建子之月，寒而登天，熱而入泉，以避其害，無怪異也。

司馬光曰：水，踦，不足也。朞三百六十五日四分日之一，《玄》七百二十九贊當三百六十四日半，其不足者，半日為踦贊。踦，居宜切。范曰：凍，至寒也。而天，至高也。晏，至熱也。而泉，至深也。凍在天上，故為道也。光謂：赤，陽之盛也。玄，陰之極也。凡物極則反，自始以來，陰陽之相生，晝夜之相承，善惡之相傾，治亂之相仍，得失之相乘，吉凶之相反（《大典》作承），皆天人自然之理也。

林希逸曰：晏，至熱也。陽氣深入，而陰得時，此小人道長之喻。

葉子奇曰：踦贊，屬水，象閏。以準朔虛。凍，至寒之氣，謂陰。晏，至熱之氣，謂陽。言陰生于上，陽生于下也。《莊子》（原作老子，誤）云：至陰肅肅，至陽赫赫，肅肅出乎天，赫赫出乎地。揚子語本此。

陳本禮曰：屬水，象閏，以準朔虛。陰木在下，今反在上，陽本在上，今反在下，陰極則凍，日晚為晏，乾為大赤，故曰赤天。凍登赤天者，以賊臣而君臨天下也。晏入淵泉者，真陽退位，入於虞淵，其蟠天際地者，皆陰為之主，故曰陰作首也。

鄭維駒曰：乾為冰，為大赤，故曰凍曰赤天。冬至乾初一陽始生，踦當大雪之末，氣實先之，陰極於凍，故云凍登赤天。養之上九為晝，踦承其後，於時為陰，故以晏言，屬水，故稱玄泉。

鈴木由次郎曰：十二月二十一日，夜，水。踦，不足之意。準于朔虛。一年日數為三百六十五日四分日之一，太玄八十一首七百二十九贊，二贊當一日（晝夜），故為三百六十四日半。以不足之半日為踦贊，合而為三百六十五日。凍，至寒。陰極而凍。赤天，赤指陽之盛，乾之象為大赤，故曰赤天。陰本在下，但今陰凍而登於至高之天，陽本在上，但今陽衰，入於至深之玄泉。

文字校正：范本作「踦贊一、嬴贊二」，嘉慶本、《備要》本皆無「一」字，《道藏》本同范本，嬴贊之辭，范本作「一虛一嬴，踦奇所生」，嘉慶本、《備要》本「虛」下無「一」字，《道藏》本同范本，「踦奇所生」，《集注》本作「踦踦所生」，按：嘉慶本兩處脫去「一」字，《備要》本沿其誤。「踦奇」當作「踦踦」，測辭：「虛嬴踦踦」，范本、《集注》本皆作「踦踦」，可證。嬴贊測辭曰：「禪無已也」（范本），《集注》本作「儃無已也」，按：「已」與「己」、「巳」古多混，據文意可定，此處當作「已」，謂終也，不可作「無己」。范注：「陰極陽生，更相禪代無窮已也」，亦誤為「己」，「無窮」二字即可證當作「已」。「儃」當為「禫」之形訛，《說文》：「儃，儃何也」，段玉裁云：「未聞，假令訓為儋何，則又不當析廁於此，或當作『儃佪』，《楚辭・九章》：『欲儃佪以干傺』，又曰：『入漵浦餘儃佪』，王逸曰：『儃佪，猶低佪也』」。如此說來，實為一連綿詞，「儃」即「儃佪」之省稱。《莊子・田子方》：「儃儃非不趨」，則與段說不同，《釋文》引李注：「儃儃，舒閑之貌」，然此義與《太玄》此處文意不合，《廣雅・釋詁》四：「禪，傳也」，《淮南・繆稱》：「禪于家國」，注：「禪，傳也」，《史記・惠景間侯者年表》：「禪五世」，《索隱》：「禪者傳也」，此「禪無已」，即「傳無已」，謂《太玄》八十一首終始周旋傳繼而無已也，「禪」古作「禫」，《漢書・武帝紀》《集注》引晉灼：「禫，古禪字」，《異姓諸侯王表》《集注》、《陸宏傳》《集注》、《蓋饒寬傳》《集注》並曰：「禫，古禪字」，《後漢書・梁竦傳》注：「禫，古禪字也」，皆其例也，可知《太玄》原文當作「禫」，《集注》本從宋、陸、王本作「儃」者，乃「禫」之形訛，范本作「禪」者，以「禫」與「禪」古通，故改寫作「禪」，而儃佪、儃儃、儋何等，皆與《太玄》此語無涉。

測曰：凍登赤天，陰作首也。

范望曰：凍在天上，故為首也。

胡一桂曰：踦屬水，嬴屬火，水以一贊以補其陽之不足耳，踦贊陽以陰作首，則嬴贊陰以陽作首可知也。

葉子奇曰：物必由靜而後動。

陳本禮曰：首逆作惡，由陰始也。

鄭維駒曰：言陰首，見陽之不可為首也。

嬴贊二

一虛一嬴，踦奇所生。

范望曰：屬火，象閏。二，南方也，盛夏之時，萬物所長，而繼之養首下者，言當養盛萬物也。晝夜嬴虛，踦奇其數，以滿三百六十五日四分日之一，嬴虛之所生也。《玄》有三方、九州、二十七部、八十一家、二百四十三表、七百二十九贊，而生三（《大典》作二）萬六千二百四十四策，以周三百六十五日四分日之一。七十二策為二（《大典》作一）日，故得一（《大典》無一字，當無一字。此處策數與日數可以算出來。）三百六十四日有半，不起四分日之三，應得五十有四策，乃成之耳，故有水火二贊以合歲之日也。如此則歲盡於亥，及子復生矣也。

司馬光曰：火，嬴，有餘也。三百六十五日之外有餘者四分日之一為嬴贊。

林希逸曰：踦，奇數也。數之有盈有虛，皆自奇而生，所以相禪代而無窮也。夫惟不齊，乃能生變化也。

葉子奇曰：屬火，象閏，以準氣盈。踦奇，有餘零也。一虛一嬴，由其有餘零不盡，所以相生無窮也。

陳本禮曰：屬火，象閏，以準氣盈。一虛一嬴，見陰陽有循環之理，此時陰極陽生，否極泰來。奇者零餘也。漢高祖正脈已盡，將來代興者，皆漢火之餘燼旁支庶族也。《法言》曰：漢興二百一十載而中天其庶矣乎，是光武中興，子雲生前早已預知，故其言如龜卜而燭照之也。後儒何可浪讀？

鈴木由次郎曰：火。嬴，有餘之意。準於氣盈。《太玄》八十一首七百二十九贊，使踦贊為三百六十五日，但猶餘四分之一日，以此有餘為嬴贊，而使三百六十五日四分日之一之數。踦奇，奇數。或虛或餘，此虛嬴變化之中生有奇數，陰陽變化於無窮。

測曰：虛羸踦踦，禪無已也。

范望曰：陰極陽生，更相禪代，無窮已也。

司馬光曰：范、小宋本踦踦作踦奇，范本僤作禪，今從宋、陸、王本。僤，古禪字，時戰切。陸曰：陰極陽生，更相禪代，無窮已也。光謂：數之踦羸。雖天地不能齊也。夫惟不齊，乃能生死變化（《大典》作變化生生）無窮。是故日二十九日有踦而遷次，月二十七日有踦而周天，然後有晦朔、十干、十二支，然後有六甲，此其所以為長久也。

胡一桂曰：養受羣餘，故以二贊繼養之後。右養首，《太玄》第八十一首也，故繫踦羸二贊於七百二十九贊之末，今具此起中末三首，亦可以見首、贊、測之規模次第矣。

葉子奇曰：禪，代也。虛羸相因，四時迭代，何有終窮之日哉？右按歲法，該三百六十五日四分日之一，今七百二十九贊，以二如一，止該三百六十四日半，尚欠一日，似以踦羸二贊復當一日，以滿一年之歲法。然尚餘四分日之一，未有歸宿，豈以踦羸二贊不足以當全贊而殺三時歟？范望曰：《玄》有三方、九州、二十七部、八十一家、二百四十三表、七百二十九贊，而生三萬六千二百四十四策，以當周歲三百六十五日四分日之一，以七十二策為一日，止得三百六十四日半，欠歲法四分日之三，應得五十四策始合其數。今立踦羸二贊，以合歲法之日也。如此則歲盡于亥，至子復生矣。